主　编：赵智明　贾爱平

副主编：吴旭妍　张　丞　梁　瑛　李相宁　项　生

参　编：金　徽　安　云　冯伟宁　王翰霖　张晶晶

谢振华　韩　慧　马　瑞　施文艺

MALINGSHU ZHUSHI CHANYEHUA
KAIFAJISHU YANJIU

马铃薯主食产业化开发技术研究

赵智明 贾爱平 编著

黄河出版传媒集团
阳光出版社

图书在版编目（CIP）数据

马铃薯主食产业化开发技术研究 / 赵智明, 贾爱平编著. -- 银川：阳光出版社, 2021.12
ISBN 978-7-5525-6218-7

Ⅰ. ①马… Ⅱ. ①赵… ②贾… Ⅲ. ①马铃薯－产业发展－研究－中国②马铃薯－栽培技术 Ⅳ. ①F326.11 ②S532

中国版本图书馆CIP数据核字(2021)第267159号

马铃薯主食产业化开发技术研究　　赵智明　贾爱平　编著

责任编辑　马　晖
封面设计　赵　倩
责任印制　岳建宁

黄河出版传媒集团
阳光出版社　出版发行

出 版 人　薛文斌
地　　址　宁夏银川市北京东路139号出版大厦（750001）
网　　址　http：//www.ygchbs.com
网上书店　http：//shop129132959.taobao.com
电子信箱　yangguangchubanshe@163.com
邮购电话　0951–5014139
经　　销　全国新华书店
印刷装订　宁夏银报智能印刷科技有限公司
印刷委托书号　（宁）0022475

开　　本　787 mm × 1092 mm　1/16
印　　张　19.25
字　　数　280千字
版　　次　2021年12月第1版
印　　次　2021年12月第1次印刷
书　　号　ISBN 978-7-5525-6218-7
定　　价　48.00元

序

马铃薯耐干旱、耐瘠薄、耐寒冷，抗灾力强，稳产高产，生长期需水少，相对于其他主要粮食作物来讲对土壤肥力要求较低，几乎在世界各地均有种植。近年来，世界马铃薯种植面积基本保持在2.9亿亩上下，产量保持在38 820万吨左右，是继小麦、水稻、玉米之后的世界第四大粮食作物。中国、印度、俄罗斯、乌克兰、美国是马铃薯种植大国，其产量加起来超过全球产量的一半。

在17世纪中期时，马铃薯已经成为欧洲的重要粮食作物并传播到中国，由于其对环境条件要求不高，很快便在内蒙古、河北、山西、陕西、贵州、云南、青海、甘肃、宁夏等温热条件较差、土地贫瘠、粮食产量不高的高海拔、高纬度区域得到大面积种植，在群众生活中，它不仅发挥着粮食的功能，同时也发挥着蔬菜作物和经济作物的功能。改革开放以来，随着我国马铃薯栽培、商品薯出口、种植业结构的调整以及加工业的快速发展，马铃薯种植已由高寒边远地区向口原、南方地区迅速扩展，我国从南到北、从高海拔到低海拔、春夏秋冬一年四季都有种植，马铃薯也成为唯一能在我国各省、市、自治区大面积种植的农作物。据《中国农业年鉴》统计，2017年中国马铃薯种植面积为7 289万亩，鲜薯产量达8 848万吨（折粮1 769.6万吨），我国已成为世界上最大的马铃薯生产国之一，在国际上具有举足轻重的地位。

马铃薯块茎富含碳水化合物、蛋白质、维生素、矿物质、膳食纤维、多酚类物质，特别是含有人体所需的全部7大营养素，且适口性好、营养丰富、产业链长、加工价值高，适合居民饮食需求，世界食物史的演变历程同样也证明了马铃薯是适合人类需求的主食。俄罗斯和东欧国家将马铃薯作为日常饮食中的主食，人均年食用量在120 kg以上；西欧、北美人均年食用量为60~100 kg；非洲卢旺达和马拉维每年人均食用量也在100 kg以上；安第斯山脉、地中海沿岸和东亚各国人均食用量为20~60 kg。就中国而言，在西北的陕西、宁夏部分地区，东北部分地区，马铃薯已经成为老百姓餐桌上不可缺少的食物。随着经济发展及大众消费理念的转变，中国居民的饮食需求正在加速从以温饱为主的基础需求向追求高品质、高营养、多样性以及便捷性饮食的更高、更多层次需求转变，马铃薯主食产品越来越被更多的人认可，马铃薯产业也开始由副食消费向主食消费转变、由原料产品向产业化系列制成品转变，实现了农业供给侧和需求侧的有效对接，使得马铃薯主食产业在西部开发、脱贫攻坚和乡村振兴中成为重要的支柱产业，也成为新时代各地扶贫产业和特色主导产业的理想选项。

马铃薯是重要的粮菜兼用经济作物和工业原料作物，经济效益高，发展前途广阔，在保障国家粮食安全、推进农业结构调整、促进农民持续增收、改善膳食结构和增强人民体质等方面具有重大意义。党和国家近年来始终重视与关心马铃薯产业的发展，为了加快马铃薯产业的发展，2009年全国人大常委会把“加快宁夏马铃薯脱毒种薯三代繁育体系建设”列为重点建议之一，宁夏成为首个全国马铃薯种薯“三代繁育”体系试点省区；2010年在“中央1号文件”中，明确提出了“扩大马铃薯补贴范围”；2015年我国正式启动马铃薯主食化战略，适合我国居民传统饮食习惯的马铃薯馒头、面条等薯类主食产品加工技术逐渐兴起；2016年农业部公布《关于推进马铃薯产业开发的指导意见》,提出将马铃薯作为主粮进行产业化开发;2016年年底国务院办公厅发布的《关于进一步促进农产品加工业发展的意见》明确提出要"加快推进马铃薯主食化";2016—2019年,中央财政每年安排1亿元资金支持马铃薯主食产业化开发,引导和扶持了一批马铃薯主食加工重点企业。政策的支持及产业发展极大地调动了农民种植马铃薯的积极性,强有力地推动了马铃薯加工业的发展,马铃薯主食产业的发展迎来了前所未有的重大机遇,马铃薯产业也逐渐走上了品种专用化、种薯脱毒化、栽培标准化、病害防控专业化、耕种机械化、贮藏高效化的产业化发展道路。

本书由宁夏回族自治区粮油产品质量检测中心、宁夏回族自治区农业农村厅信息中心、银川市农业综合执法支队、银川市农业技术推广服务中心等单位的专业技术人员共同完成。全书共8章,第一章对马铃薯文化及现状等进行了概述;第二章是马铃薯生物学特性;第三章对马铃薯优良品种的标准、品种选用及目前主栽和推广的品种进行了阐述;第四章对优质脱毒种薯生产进行了论述;第五章第六章运用理论和实践相结合的方式,分别对马铃薯高效栽培技术、病虫害防治技术进行了综合性阐述,涉及的栽培技术措施简单明了、可操作性强;第七章第八章对马铃薯贮藏保鲜、主食加工技术进行了介绍。参考文献编排以作者姓名汉语拼音为序,同一作者的则按年代先后排序,英文文献排在中文文献之后。

本书在编写过程中得到了银川市农业农村局、银川市农业技术推广服务中心领导、同事、朋友的大力支持和帮助;参阅了有关马铃薯主食技术的专著、论文、专利以及相关厂家的最新资料,部分取材于国内外相关教材、技术专著、期刊文献、学位论文、网络资料图片;宁夏兴唐米业集团有限公司、宁夏麦尔乐食品股份有限公司、银川麦清香食品有限公司、宁夏昊鑫现代农业开发有限公司对本书的出版给予了大力支持;本书的顺利出版也离不开宁夏青年拔尖人才培养工程的资助。在本书付梓之际，对他们的鼎力帮助和辛勤付出一并表示衷心感谢！

本书旨在结合目前马铃薯产业发展实际，梳理总结近几十年马铃薯主食产业发展的各项关键技术，以期有助于科研单位、生产企业和农业管理部门从事马铃薯研究、生产、开发、推广人员加深对马铃薯科学的认识，提高马铃薯生产加工的技术技能。本书可供从事马铃薯生产的种植户及从事马铃薯加工、推广的技术人员阅读参考。

由于笔者水平有限，阅历不足，也可能存在一些疏漏，错误和不足之处在所难免，敬请广大同仁和读者批评指正。

编者

2021年3月于宁夏银川

目　录

第 1 章　马铃薯概况

马铃薯是世界第四大重要的粮食作物，仅次于小麦、稻谷和玉米。马铃薯块茎含有大量的淀粉，能为人体提供丰富的热量，且富含蛋白质、氨基酸及多种维生素、矿物质，在保障粮食安全方面具有不可替代的作用。由于马铃薯耐干旱、耐瘠薄、高产稳产、适应性广、营养成分全、产业链长，在贫困地区作为主要粮食、经济收入和环境资源利用的优势作物，而在经济发达地区作为蔬菜和出口创汇作物，为解决我国经济欠发达地区的温饱和食物安全及带动农民增收致富作出了重要贡献。

1.1　马铃薯起源

人类栽培马铃薯的时间已很久远，但它在世界各地广泛传播，仅仅只有 400 年左右的历史。通常认为马铃薯原产地为南美洲，它既是粮食，又是蔬菜，也是重要的经济作物，在世界人民生活中占有重要地位。1536 年，西班牙探险队员在哥伦比亚的苏洛科达村最先发现了马铃薯的踪迹，按照卡斯特朗诺在《格兰那达新王国史》中的记录："这种块茎有很多用途，印第安人把生薯切片敷在断骨上疗伤，擦额头治疗头痛，外出时随身携带预防风湿病，或者和其他食物一起吃，预防消化不良。印第安人还把马铃薯作为互赠的礼品"，从中可以推断出印第安人在西班牙人到来之前已经有种植并食用马铃薯的习惯。西班牙探险队员很快发现了这种植物在当地的重要地位，还发现它可以补充身体的能量，于是就把马铃薯从南美洲带回欧洲，此后不久，马铃薯便传入美国，经过种植与推广后，逐渐传到亚洲、非洲和澳大利亚等地。

近代考古学家在南美洲沿安第斯山麓的古墓里，发掘出远古印第安人贮藏的一种干制马铃薯，称为“朱糯”或“土达”，呈黑色或白色，C^{14} 测定距今约 3 100 年，南美洲偏僻山区的印第安人今天仍然沿用这种薯干的制备方法。考古学家在靠近秘鲁利马的奇卡盆地发掘出了部分马铃薯残枝和块茎，通过采用 C^{14} 的方法进行测定，确定挖掘出的马铃薯距今约 8 000 年。考古学家在秘鲁北部太平洋沿岸发掘出的陶器上也发现了马铃薯图案的绘画，这些陶器象征性地镶嵌着马铃薯的块茎或芽眼，有些陶制器皿上还把马铃薯绘制成人形，以次生根象征人的四肢，芽眼象征着嘴巴，马铃薯长出的幼芽象征着牙齿，芽眼周围的突起象征着嘴唇。考古学家在秘鲁中部山区发掘出一具专供祭祀用的陶缸，高约 2.44 m，其上镶嵌着马铃薯图案，从陶器艺术风格推断出应属于穆卡、智姆和印加时期文化艺术，佐证马铃薯在南美洲栽培的时期，至少可以追溯到距今 4 000~4 800 年。

虽然南美洲基本被确定为马铃薯原产地，但学术界对于源头是单一还是多个长期存在着争论，持有单一马铃薯起源地的学者认为马铃薯主要起源于秘鲁南部。美国的植物分类学家 David Spooner 通过收集马铃薯野生和栽培种并进行研究，他通过采用 DNA 标记法分析了 261 个野生马铃薯品种和 98 个栽培马铃薯品种，否认了原先广泛认可的“多地区起源说”，认为马铃薯为单一发源地——位于秘鲁南部。David Spooner 认为部分科学家之所以认为马铃薯有多个起源，可能是因为较早种植马铃薯的地域比较广阔，也可能因为有多个野生植物品种形态上与马铃薯较接近，但基因证据清楚地指明了种植马铃薯的单一起源。

而持有马铃薯多源头起源地的学者认为马铃薯有两个起源中心：一个是马铃薯栽培种，以秘鲁和玻利维亚交接处的 Titicaca 湖（the Lake Titicaca）盆地为中心地区，从秘鲁经玻利维亚到阿根廷西北部的安第斯山(Andes)高地,包括南美洲的哥伦比亚、秘鲁、玻利维亚的安第斯山区及乌拉圭等地;另一个是野生多倍体种起源中心,在中美洲及墨西哥中部,主要分布着不同倍性的野生种,即 2n=24,2n=36,2n=48,2n=60 和 2n=72 等种,但数量较少。

在马铃薯的原产地南美洲生长着许多马铃薯种,目前已定名的栽培种有 20 余个,野生种约 150 个,绝大部分分布在南美洲,但在墨西哥及美国西南部也有发现,在南纬 40°以南的地方也有野生种生存。到 20 世纪 80 年代,科学家们仍在继续发现新的野生种,因而对马铃薯种的数量还不能做定论。苏联的科学家们,从 1925 年开始,以布卡索夫(G. M. Byxacob)为首的植物考察团,到南美洲和中美洲的大部分地区对马铃薯栽培种和野生种进行了考察,指出马铃薯栽培种在南美洲分布极广,从南纬以北到赤道以南,从海平面到高达 4 000 m 以上的安第斯山都有分布,马铃薯的栽培种和野生种在南美洲有两个分布中心:一个是智利的南部,主要是智罗岛和它附近的地区;另一个是秘鲁—玻利维亚高原。这两个中心,马铃薯的类型非常丰富。但在这些丰富的类型中,只有两个种与近代的栽培种类似:一个是智利种即普通栽培种(*Solatium tubersum*),分布于智利南部;一个是秘鲁–玻利维亚种(*S. andigena*),分布于秘鲁–玻利维亚高原。这两个种在原产地栽培生长发育的情况都很正常,智利种在植物形态上比较进化,并要求较长的日照。当把这两个种引至欧洲北部栽培时,智利种能正常生育,而智利–玻利维亚种就不能得到正常的生育,需将每天日照时数缩短到 12 h 或以下,才能正常发育。布卡索夫根据这一观察结果认为,欧洲栽培的马铃薯是属于智利种系统,因而推断智利是欧洲马铃薯栽培种的原产地。

南美洲印第安人一般将马铃薯称为巴巴,除了这个通用的名称外还有许多其他名称,如在秘鲁称为伊巴里或阿萨,在哥伦比亚称为约札或龙尼,在玻利维亚称为肖克或安卡,在智利北部称为波尼,在厄瓜多尔称为替鲁成普洛。这些名称表明马铃薯的进化是在安第斯山区的印第安人部落进行驯化的。

通过许多科学工作者的大量调查研究可以断定，马铃薯的原产地是南美洲的安第斯山山区，包括智利北部、秘鲁、玻利维亚、厄瓜多尔、哥伦比亚等地。但野生种的分布范围，则超出南美洲，在墨西哥及英国西南部都有分布。

1.2 马铃薯的传播

马铃薯是南美洲的古老栽培作物，据考古学考证，在原产地马铃薯的人工驯化栽培可以上溯到 8 000 年前，随后印第安人对其进行驯化，经历 2 000 多年，野生型马铃薯才被驯化成适宜在安第斯山区栽培种植的作物，驯化之后的马铃薯具有较强的适应性和耐旱性。

1.2.1 马铃薯在世界上的传播

16 世纪 30 年代，西班牙殖民者“发现”了马铃薯，从此拉开了马铃薯在世界各地传播的序幕，16 世纪 50 年代马铃薯开始传入西欧，16 世纪 70 年代初在西欧得到零星种植。马铃薯在欧洲的发展十分曲折，长期受到歧视和冷遇。先后经历了观赏研究、蔬菜园圃和主粮主食 3 个种植发展阶段。16 世纪下半叶马铃薯传入亚洲，明朝后期传入中国，清代开始在中国得到种植。马铃薯现已分布到全世界 160 多个国家和地区，对 17 世纪以来欧洲和中国人口的增长起到了很重要的作用。

1.2.1.1 在西班牙的传播

1492 年，哥伦布发现新大陆后，人们开始知道还有一个遥远的地方拥有这类可以使欧洲经济发生改观的土地、矿石和原材料，于是西班牙、葡萄牙的殖民者在经济利益的驱使下沿着哥伦布的线路纷纷来到南美洲搜寻奇珍异宝，公开掠夺财富。1532 年，在弗朗西斯科·皮萨罗（Francisco Pizarro）带领下一批西班牙殖民者来到了安第斯山地区，在秘鲁的苏洛科达村附近最先发现了被当地印第安人称之为珍宝的马铃薯，马铃薯被当作掠夺的“战利品”带到了欧洲。1538 年,到达秘鲁的西班牙人把印第安人培育的马铃薯介绍给欧洲。哥伦布也将马铃薯作为贵重的礼品,献给了当时的西班牙女王伊莎贝拉一世(Isabel I la Católica),但由于当时的西班牙人对于美洲地区的兴趣主要集中在金银财宝上面，加上当时欧洲人主要以面包为食物，不习惯把马铃薯作为食物，因此对于马铃薯并不重视,马铃薯没有被当地人民广泛接受。1551 年,西班牙人瓦尔德维(Vald evii)把智利有马铃薯作物这一情况向查理五世皇帝作了报告。1553 年,西班牙航海家谢拉·德·勒奥(Sierra De Leon)在他所出版的《秘鲁纪事》上详细记载了他 1538 年在秘鲁见到的马铃薯,很多欧洲人通过西班牙的这部书第一次知道了马铃薯这种农作物。1565 年,马铃薯被运至西班牙,国王将它作为药物献给了有病的罗马教皇庇尤四世，此时西班牙人在美洲的大肆掠夺也基本告一段落,开始运送金银财宝之外的其他物品,马铃薯也开始大批被运回西班牙。1570 年,西班牙人开始在塞维尔地区种植马铃薯,马铃薯的种植逐渐在欧洲扩散开来。

1.2.1.2 在法国的传播

路易十六时代(1754—1793 年),马铃薯从西班牙传到了法国,由于马铃薯繁育方式为块茎,并且埋在地下,与欧洲传统种植作物的繁育方式有较大区别,因此法国的农夫对于马铃薯的种植缺乏浓厚的兴趣,对于新物种的引入很多人都持怀疑态度,甚至部分人迷信马铃薯是发烧的诱因、催情的食物等。1756—1763 年,欧洲大陆爆发了又一次的多国混战,史称“七年战争”,巴孟泰尔作为随军的药剂师在战争期间服役,结果被普鲁士军队抓获并坐牢,坐牢期间巴孟泰尔能吃到的食物几乎只有马铃薯。当他回到法国的时候,他的祖国正闹饥荒,为了度过荒年,有许多法国人都在想方设法寻找能够替代粮食的东西,巴孟泰尔通过对马铃薯成分的分析,发现马铃薯不仅无毒,而且还含有大量淀粉,能够像粮食作物一样供人们食用。于是他亲自种了一大片马铃薯,并撰写了许多有关马铃薯的宣传材料,在多种场合下进行公开宣讲。同时,他还在与当地有名望的人一起就餐或举行宴会时将马铃薯做成各种各样的菜肴进行食用，虽然付出了很大的努力来宣传、推广和种植马铃薯,但是收效甚微,法国人潜意识中仍然将马铃薯与魔鬼相等同。为了让马铃薯在法国得到大面积推广,巴孟泰尔依旧尝试着各种办法,值得庆幸的是,在国王的生日晚会上所献的马铃薯花被王后看见了,王后对马铃薯花朵情有独钟,经常将马铃薯花朵摘下作为头饰使用。在她的影响下,佩戴马铃薯花成为法国贵族时尚,达官贵人纷纷效仿,马铃薯逐渐开始从田间地头走向上流社会的花园。1785 年以来法国粮食连年歉收,马铃薯适应能力强、产量高、淀粉含量高、能充饥等特点被人民广泛接受，在粮食歉收的时节马铃薯成为解决饥荒问题的主要粮食作物,对于法国人度过荒年起到了重要的作用,从此马铃薯在法国才得到推广。

1.2.1.3 在德国的传播

1651 年马铃薯经法国传到普鲁士王国,刚开始日耳曼人对马铃薯并不接受,尤其看到它的果实深埋地下,很少有人直接把马铃薯当作食物,而是将其作为饲料用来喂牲畜。18 世纪中叶,普鲁士王国又发生了各种瘟疫和灾害,导致农业歉收,很多灾民由于缺少食物而四处逃亡、流离失所,甚至饿死街头。腓特烈二世(Friedrich II)前瞻性地意识到马铃薯是一种重要的农作物,能够提供充足的粮食,因此在他统治时期,决定开始在全国推广种植马铃薯,并颁布了《日耳曼马铃薯种植法令》。为确保颁布的法令能够得到贯彻落实并严格执行，腓特烈二世安排相应人员在全国范围内进行督促检查,通过这些政策及执行的保障,马铃薯在德国民众的认识中发生了根本性的改变,并迅速得到了大面积的种植。

1756 年,“七年战争”爆发,作为主要战争的参与国家,普鲁士王国多次遭受到同盟国法国、奥匈帝国和俄国的入侵。粮食作物在战争中大面积遭到损坏,尤其是地表作物摧毁较为严重,庆幸的是马铃薯由于深藏于地表之下,从而在战争中未受到严重损害,躲过劫难的马铃薯帮助普鲁士人度过了食物紧缺的战争年代。很多国家看到马铃薯在普鲁士战后恢复中所起的作用,开始纷纷仿效,引进种植马铃薯,以确保战争期间地上粮食作物遭到损毁后有足够的食物应对灾荒。19世纪初,德意志各邦经常发生战争,严重影响农业生产,战事不仅影响地上农作物种植,也严重影响到了马铃薯的收成,部分地区和国家的民众由于遭受饥饿而发生暴乱,为了避免战争产生更多的灾民,各邦专门针对马铃薯问题而沟通协商制定了相应的休战条约,规定在马铃薯生产季节进行休战,马铃薯得到了前所未有的重视。

1.2.1.4 在俄国的传播

18世纪初期,马铃薯被引进俄国。据史料记载,彼得大帝(Peter the Great)在游历欧洲时被鹿特丹公园里的马铃薯花所吸引,在他的推广带动下,马铃薯又通过其他渠道在白俄罗斯、立陶宛及乌克兰一些富有人家的庄园中进行种植。但在引种后的半个世纪中,马铃薯通常只作为稀有花卉或高档蔬菜供上流社会享有,在全社会中尚未得到广泛种植。“七年战争”(1756—1763年)对于马铃薯在俄罗斯的大面积种植起到了巨大的推动作用,在欧洲作战的俄国士兵将马铃薯作为战利品带回故乡进行种植,在两年多的时间里,拉脱维亚、爱沙尼亚、俄罗斯、乌克兰等多个地区都开始种植马铃薯。18世纪60年代,俄罗斯一些地方发生饥荒,粮食匮乏,当时医学委员会向政府倡议,认为马铃薯种植适应性强、产量高、生长势强,大面积种植马铃薯能够快速解决饥荒。1765年年初,俄罗斯枢密院根据叶卡捷林娜二世(Catherine II)的命令在全国发布公告,要求大面积种植马铃薯,并向爱尔兰、普鲁士等国采购马铃薯,分发给农民种植。1765年3月,俄罗斯枢密院公布了医学委员会拟定的《马铃薯种植条例》,该条例详细列举出栽培马铃薯的农业技术操作规程。同年12月,枢密院又颁发了《马铃薯贮存和运输条例》以及补充的农业技术措施。18世纪末期,宫廷新设立的农业委员会为了扩大繁殖马铃薯种薯,在皇家领地划定马铃薯育种区域,制订种薯扩繁计划,俄罗斯沙皇尼古拉一世(Nicholas I)根据国家财产部的建议，命令在多个省份按照公有种植方式设立马铃薯育种区。19世纪初期，俄国人为了快速扩大马铃薯种植面积，开始利用本国适宜马铃薯生产的冷凉气候条件，就地采集种子进行繁殖，不再从欧洲继续进口种薯，并主要集中在俄罗斯中部地区进行种植。“十月革命”后苏联将马铃薯规模化种植作为提升农业发展方式的重要手段，于1920年先后建立了波鲁金、科列涅夫、布特里奇和科斯特罗姆马铃薯试验站，1924年在莫斯科郊区建立全苏联最大的马铃薯联合繁育良种场，并有计划地开展马铃薯种质资源采集和育种工作，进行马铃薯品种改良。1925年以后，在布卡索夫教授率领下，苏联考察队先后4次到南美洲采集马铃薯野生和栽培原始种质资源，回国后开展品种选育工作，在本国建立马铃薯种质库以及比较完善的马铃薯繁育体系。1932年，为进一步改善马铃薯种植特性，苏联在北极建立了北极区实验站，成功培育出高度抗寒性马铃薯品种“伊曼德拉”等，这使马铃薯种植得以推广到卡列里、科雷马、堪察加等高寒区域，马铃薯种植面积迅速得到扩大，种植面积位居同时代世界第一。

1.2.1.5 在英国的传播

1578年，英国著名航海家和海盗弗朗西斯·德雷克(Francis Drake)在智利海岸附近的穆哈岛发现了当地人将马铃薯作为食物。1585年，德雷克率舰队袭击了部分西班牙在美洲的殖民地，并先后攻陷了西印度的圣多明各、南美哥伦比亚的卡塔赫纳等区域，抢劫西班牙商船的金银财宝，并将马铃薯贮藏在船上作为食物于1586年带回了英国，于是马铃薯开始传入英国。据记载，1586年，英国人雷利(S.W.Raleigh)在爱尔兰柯克伯爵的庄园中看到种植的马铃薯。1590年，从新大陆归来的人把马铃薯作为礼品奉献给英国国王詹姆士一世（James I）。同一时期苏格兰和威尔士也有了关于种植马铃薯的记载。1597年，英国植物学家杰拉尔德(G. Gemrd)所著的《植物标本史集》中绘制了马铃薯图像，详细记述了马铃薯的形态特征，并刊有杰拉尔德手执马铃薯花枝的图片。马铃薯传入英国后，由于英国人不了解马铃薯的作用和烹饪方法，也片面地认为马铃薯是对传统饮食文化的亵渎，因此在很长一段时间也只是小面积零星种植，规模化大面积种植始终处于停滞状态。1663年，英国皇家学会也发布文告向农民推荐马铃薯，马铃薯在1794年小麦歉收的时期迎来了转折点，很多人开始接受马铃薯可以充饥的观点，从此马铃薯开始大面积种植。

爱尔兰的地理气候条件及政治、文化因素，特别适合马铃薯栽培，在1588年西班牙舰船上漂浮的马铃薯被爱尔兰居民捞起试种时，马铃薯很快就被爱尔兰的农民所接受，在爱尔兰的种植面积迅速扩大。但由于当时的病虫害防治手段还很落后，1845年马铃薯的"晚疫病"迅速在爱尔兰传播，马铃薯大面积腐烂，农民严重歉收，这一时期大概有110万爱尔兰人由于缺少食物而死于饥荒，100万人逃往其他国家，不计其数的村庄被废弃荒芜，造成了前所未有的大饥荒，马铃薯在解决爱尔兰人粮食生产问题的同时也带来了巨大的灾难。

1.2.1.6 在美国的传播

直到1621年才有马铃薯在北美洲的弗吉尼亚零星种植，马铃薯在美国的大面积种植，离不开多个总统和科学家对他的喜爱和重视，其中美国的第一任总统乔治·华盛顿(George Washington)于1767年在自己的庄园中种植了马铃薯；第二任总统约翰·亚当斯(John Adams)也在书信中多次提到马铃薯；第三任总统托马斯·杰斐逊(Thomas Jefferson)一生都比较钟爱马铃薯做的各种美食；美国科学家本杰明·富兰克林(Benjamin Franklin)在任法国大使期间，偶然间在宴会上看到了多种用马铃薯制作的食品，从此对其留下深刻印象，回到美国后，四处推荐马铃薯，认为马铃薯属于蔬菜中不可多得的佳品，从而有力地促进了马铃薯在美国的传播。1802年，时任美国总统的托马斯·杰斐逊在白宫用炸薯条招待宾客，自此炸薯条迅速成为美国最时尚、最流行的食物，并影响至今。19世纪中期，美国科学家为了提高马铃薯产量，扩大种植面积，再次从巴拿马引进了南美洲的一些马铃薯品种，用于改良现有种植品种及提高产量。1851年，美国驻巴拿马领事在市场上采购了很多种类不太一样的马铃薯，由古德里奇(R. C. Goodrich)牧师负责把它运回美国,经过种植后筛选出了一个紫皮的马铃薯品种,古德里奇将其命名为智利粗紫皮,并在种植过程中获得了一些自交实生苗,通过育种技术又选育出了一个优良品种,将其命名为红石榴,从而在此基础上选育出了早玫瑰、丰收、绿山、凯旋等一系列品种。特别所选育出的早玫瑰品种成为科学家育种的重要种质材料,例如美国著名植物育种家路德·布尔班克 (L. Burbank)所培育出的布尔班克薯就是采用早玫瑰作为重要亲本材料,布尔班克薯自 1876 年美国农业部开始推广以来, 很快就成为欧洲及北美洲的主栽品种。到了 20 世纪 20 年代,美国出现了马铃薯自动削皮机,这更加有力地促进了马铃薯从单纯的蔬菜、主食变为产业链更加丰富的休闲食品了。

1.2.2 马铃薯在中国的传播

马铃薯传入中国的时间在明朝万历年间(1573—1619 年),最早进行马铃薯记录的为万历朝进士蒋一葵,其在所著的《长安客话》中记载:“土豆,绝似吴中落花生及香芋,亦似芋,而此差松甘。”万历朝另一文人徐渭也有一首题为《土豆》的五律诗:“榛实软不及,菰根旨定雌。吴沙花落子,蜀国叶蹲鸱。配茗人犹未,随羞箸似知。娇颦非不赏,憔悴浣纱时。”说明马铃薯在万历年间已经开始种植。农学大师徐光启在《农政全书》中也对马铃薯有所描述:“土芋,一名土豆,一名黄独。蔓生叶如豆,根圆如鸡卵,肉白皮黄,可灰汁煮食,亦可蒸食。又煮芋汁,洗腻衣,洁白如玉。”万历以后,马铃薯逐渐跻身宫廷美食,明代晚期刘若愚在《酌中志》记载,正月十六之后的宫中灯市中就能看到“辽东之松子,蓟北之黄花、金针,都中之山药、土豆”,但是这一时期马铃薯尚未普遍种植,只能作为较为稀有的蔬菜出现在达官贵人的餐桌上,普通老百姓很难品尝到。到了明清之际,一方面由于马铃薯本身对于土壤肥力要求不高, 所需要的栽种技术普通老百姓也基本能掌握, 加上其产量比传统蔬菜高许多, 因此很容易被人们接受,马铃薯也由权贵美食转向普通人的餐桌。特别是在清朝建立后,皇室的蔬菜供应不再是专人进行种植，因此马铃薯的种植方法也就很快扩散到京城周边，特别是天津、河北等京城周边区域马铃薯种植面积较大。1682 年编撰的《畿辅通志》物产部记载了马铃薯相关资料，1685 年所出版的《宛平县志》中就提到了“地豆”，说明 18 世纪中叶马铃薯在京津地区已经广泛种植。在雍正年间，马铃薯在河北一带又被当地农民称之为“地生”，说明马铃薯的种植区域进一步得到扩大。到了清代中叶后，由于社会稳定，多年无战事，人口出现剧增，为了解决人口增加所带来的粮食问题，人们开始寻求高粱、水稻、小麦、玉米等传统粮食作物以外的食物，由于马铃薯具有淀粉含量高、产量稳定的特性，很快就被农民优先考虑，在这样的社会背景下，马铃薯迎来了种植高峰。到了乾隆年间，开始允许农民自由流动，鼓励移民垦荒种植，伴随着人口的流动，马铃薯及其种植技术在全国范围内得到了推广应用，甚至在西南、西北地区及陕南高原等一些偏僻地区也开始种植。1700 年出版的《松溪县志》提到康熙十八年（1679）县府曾号召民众种植马铃薯，因此在 1679—1700 年马铃薯在福建也有广泛种植。按汉中知县严如熤所称，嘉庆年间的马铃薯单株普遍可结实数十颗，即使在贫瘠的沟地，通常栽种后也能产出十数石马铃薯，说明在当时的条件下，马铃薯的种植技术相比其他作物来讲已经比较成熟。1848 年吴其濬的《植物名实图考》记载了马铃薯的素描图，书中描述了不同花色、不同叶形的马铃薯，说明在 19 世纪前期，我国的云南、贵州、山西、陕西、甘肃已有大面积种植，并有相当的产量，当时生产上所用的品种也并不单一，并已有压茎栽培和多种食用方法。到道光年间，马铃薯进一步传播到山西中部、北部，其后山西逐渐发展成为中国马铃薯的主要产区，种植马铃薯开始在全国蔚然成风，南至闽粤等地，北至内蒙古、东北，几乎随处可见马铃薯的身影。历经 300 多年的传播，跨越明清两个朝代，外来的马铃薯终于在中国落地生根。时至今日，马铃薯已是中国饮食文化中不可或缺的一部分。我国马铃薯的研究工作，起始于 20 世纪 30 年代。南京中央农业实验所农艺系技师管家骥在 1934—1936 年从全国各地收集整理马铃薯地方品种，并从英国、美国引进多个优良品种和品系，通过品种比较鉴定等手段，最终选出了卡它丁、七百万、红纹白和黄金4个优良品种，分别在江苏南京、陕西武功和河北定县等地进行示范推广，推广效果比较明显，随后又开展了进一步的引种和品种改良、杂交育种等工作，有力地推动了我国的马铃薯育种与推广应用工作。

中华人民共和国成立之后，马铃薯育种工作得到了快速发展，特别是改革开放以后，随着与世界各国文化科技交流的日益频繁，很多马铃薯种质资源得到引进，育种工作有了突破性的进展。从20世纪50年代起，各地的科研机构和育种专家先后培育出100多个优良品种，生产上有一定推广面积的品种有40余个，并进行了3~4次品种的更新换代，大大减轻了晚疫病、病毒病等严重危害马铃薯生长的病害，通常每个新品种都比原有的生产种增产15%以上，其中所培育出的“克新一号”品种1982年在东北的种植面积达到了100万亩以上；张家口地区坝上农科所培育的“虎头”品种对晚疫病有较高抗性，产量也比传统主栽品种高30%以上，1983年在河北、内蒙古、山西等地的种植面积达到了150万亩以上；这些优良品种的培育显著提高了马铃薯的种植效益。在种薯生产方面，1974年已经开始将组织培养技术应用在马铃薯脱毒繁育方面，并且基本建立了原原种、原种和良种的繁育体系。

1.3 马铃薯的营养价值

马铃薯具有很高的营养价值，欧美一些国家食用马铃薯与面包并重，有的还当成保健食品。早期荷兰人把马铃薯奉为上帝赐给人类最好的礼物；爱尔兰人则视马铃薯与婚姻一样至高无上。马铃薯可被食用的部分是块茎，其营养十分丰富，含有碳水化合物、蛋白质、纤维素、脂肪、多种维生素和无机盐，具有很高的营养价值。

1.3.1　马铃薯在日常饮食中的地位

为了指导居民合理选择食物，科学搭配食物，吃的营养，吃的健康，从而增强体质，预防疾病，2016 年 5 月 13 日由国家卫生和计划生育委员会、中国营养学会联合发布了《中国居民膳食指南（2016）》。指南建议，居民每天的膳食应包括薯类、谷薯类、全谷物和杂豆、蔬菜水果类、畜禽鱼蛋奶类、大豆坚果类等，其中膳食宝塔的最底部就是薯类，建议每天摄入薯类食物 50~100 g、谷薯类食物 250~400 g。谷薯类食物在我国居民膳食模式中有着重要地位，保证这类食物的摄入非常重要。

1.3.2　马铃薯的主要营养成分

马铃薯块茎鲜重的 24%左右是干物质，以淀粉为主，另外，还包括蛋白质、糖类、脂肪、维生素类和钾、钙、钠、铁、锰、铜、锌、硒、镁等矿质元素。

1.3.2.1　淀粉和糖类

淀粉是人类膳食中主要的碳水化合物，是食用马铃薯的主要能量来源。淀粉是马铃薯的主要成分，在马铃薯的含量中占块茎鲜重的 10%~20%，占块茎干重的 55%~80%。在马铃薯刚收获时，淀粉含量所占比例最高，糖含量所占比例较低，特别是收获前如未遭遇低温则含糖量极少，但是随着在低温条件下贮藏时间的延长，部分淀粉开始转化为蔗糖、葡萄糖、果糖等物质，糖分含量逐渐增多，一般能够达到块茎总重量的 1.5%左右。

1.3.2.2　蛋白质

马铃薯块茎中蛋白质含量占到其鲜重的 2%~3%，主要由盐溶性球蛋白和水溶性蛋白组成，其中球蛋白约占 2/3。马铃薯所含的蛋白质可消化成分高，能够很容易被人体所消化吸收。马铃薯虽然不是商业化生产蛋白质的主要原料，但通常也依据块茎中蛋白质的含量作为衡量马铃薯品质的一项重要指标。另据报道，马铃薯的蛋白质营养价值高于其他农作物，其品质相当于鸡蛋的蛋白质。

1.3.2.3 维生素

在粮食作物中，维生素含量最全面的当属马铃薯，主要包括胡萝卜素、硫胺素（VB_1）、核黄素（VB_2）、泛酸（VB_5）、烟酸（VPP）、维生素 E（生育酚）、吡哆醇（VB_6）、抗坏血酸（VC）、生物素（VH）、凝血素（VK）、叶酸（VB_{11}）、钴胺素（VB_{12}）、维生素 H 及维生素 K 等对人体健康有益的重要物质。

1.3.2.4 矿质元素

矿物质元素在维持人类身体健康中起着重要的作用，马铃薯主要含有磷（P）、钙（Ca）、镁（Mg）、钠（Na）、钾（K）、铁（Fe）、硫（S）、氯（Cl）、锌（Zn）、铜（Cu）、硅（Si）、锰（Mn）、铝（Al）、溴（Br）、硼（B）、碘（I）、锂（Li）、硒（Se）、钴（Co）、钼（Mo）等矿质元素，马铃薯块茎中的矿质元素占干物质重量的 2.12%~7.48%，平均为 4.38%。

1.3.2.5 其他

除了以上主要营养成分外，马铃薯块茎的周皮中还含有大约 0.2%的脂肪，有棕榈酸、油酸、亚油酸和亚麻酸；马铃薯还含有一些小分子复合物，其中很多为植物营养素。这些植物营养素包括多酚类物质（主要为黄酮类、花青素、酚酸等）、聚胺、生物碱、有机酸、生育酚和倍半萜烯等。彩色马铃薯除了含有花青素等丰富的色素外，还含有一些鲜味氨基酸，干物质、粗纤维、维生素 C 和维生素 B 等含量也高于普通马铃薯。

1.3.3 马铃薯的营养价值与功效

马铃薯在当代社会中越来越受更多人的青睐，并成为很多人养生保健、减肥美体和防癌养生的首选主食，究其原因，主要是马铃薯相比其他食物来讲具有更加齐全、丰富的营养成分，且所含比例符合人体健康的需求，营养效率更高。马铃薯既含有粮食作物所有的碳水化合物、蛋白质，也有果蔬所含有的多种维生素、膳食纤维和大量矿物质，甚至也有中医传统药材中的一些有效成分。马铃薯营养成分的多样性、全面性、均衡性和特殊性，决定了其营养价值与功效。

1.3.3.1 马铃薯蛋白的营养价值

马铃薯蛋白的必需氨基酸含量与鸡蛋蛋白相当，若将鸡蛋中的蛋白生物效价定为 100，则马铃薯蛋白的生物效价大约是 80，某些马铃薯品种的生物效价与鸡蛋不相上下，且其可消化成分高，极易被人体吸收，优于其他作物蛋白。马铃薯蛋白可分为 Patatin 蛋白、蛋白酶抑制剂和其他蛋白三大类，其中 Patatin 蛋白具有抗氧化活性和酯酰基水解活性，并具有一定的癌症预防作用。马铃薯蛋白含有大量黏体蛋白质，能预防心血管系统的脂肪沉积，保持动脉血管的弹性，防止动脉粥样硬化的过早发生，还可防止肝、肾中结缔组织的萎缩，保持呼吸道和消化道的润滑。

1.3.3.2 马铃薯淀粉的营养价值

马铃薯中淀粉含量一般为 51.07%~72.40%（干基），平均含量 64.15%，马铃薯淀粉在糊化之前属于抗性淀粉，相比其他类型淀粉很难降解，特别是在人体内消化、吸收和进入血液速度都较缓慢，但是经过糊化后却很容易被消化吸收。马铃薯淀粉具有结构松散、结合力弱的特点，这些特点使马铃薯淀粉被广泛应用于食品生产中。

1.3.3.3 马铃薯膳食纤维的保健功效

马铃薯膳食纤维包括纤维素、半纤维素、木质素、甲壳素、果胶、海藻多糖等。马铃薯中的粗纤维含量为 1.31%~2.86%，占成人日推荐量的 8%，它们在肠内吸收水分，不被完全消化。膳食纤维还能促进肠道有益菌的生长，使肠道菌群更加平衡。

1.3.3.4 马铃薯中维生素的保健功效

马铃薯是所有粮食作物中维生素含量最全的，维生素 C 可以延缓低密度脂蛋白胆固醇的氧化速度，保护血管细胞，预防血管硬化，提高人体免疫力等。维生素 B_1 是人体能量代谢，特别是糖代谢所必需的。维生素 B_2

能够促进发育和细胞的再生，促使皮肤、指甲、毛发的正常生长，帮助预防和消除口腔内、唇、舌及皮肤的炎症反应，增进视力，减轻眼睛的疲劳，促进人体对铁的吸收等。维生素 B_3 在人体内转化为烟酰胺，烟酰胺是辅酶Ⅰ和辅酶Ⅱ的组成部分，参与体内脂质代谢、组织呼吸的氧化过程和糖类无氧分解的过程。由于马铃薯是人们维生素的重要来源，所以一些国家都十分重视食用马铃薯。

1.3.3.5　马铃薯中矿物质元素的保健功效

马铃薯矿物质是维持人体健康的重要元素，对人体具有一系列重要的生理作用：比如钙、磷、镁对于人体骨骼和牙齿的发育有重要作用；钾是维持肌体电解质和体液平衡的重要离子，与蛋白质、碳酸盐一起，共同维持细胞组织的渗透压；镁、钾、钙和一些微量元素（如硒）维持神经、肌肉的兴奋度和细胞膜的通透性，对维持心脏正常功能、保持心脏血管健康有着十分重要的作用；磷参与蛋白质、脂肪和糖类的代谢过程，是能量代谢不可缺少的物质；锌存在于众多的酶系中，是核酸、蛋白质、碳水化合物的合成和维生素 A 利用的必需物质。马铃薯矿物质元素含量较高，属于典型的碱性食物，它与酸性食物搭配，有利于体液酸碱度（pH）的平衡，使体液的酸碱度在 7.35~7.45 之间，减少了有关疾病的发生。

1.3.3.6　马铃薯中多酚类物质的保健功效

马铃薯的色、味主要是由多酚类物质提供，以红紫、黄橘等颜色较深者含量最多，多酚类物质是马铃薯抗氧化活性的主要来源，能与维生素 C、维生素 E 和胡萝卜素等其他抗氧化物在体内一起发挥抗氧化功效，清除自由基，保护身体细胞和组织免受损害。马铃薯中多酚类物质含量范围为 7.13~30.64 mg/100 g（干基），抗氧化活性接近小麦的 2 倍。马铃薯中含量最丰富的多酚类物质是绿原酸，占马铃薯块茎总酚含量的 90%以上。马铃薯的多酚类物质具有降血压、抗菌、抗病毒、消炎、增高白细胞数量、预防糖尿病、显著增加胃肠蠕动和促进胃液分泌等药理作用，能增强免疫系统，促进血液循环和心脏健康，延缓骨密度流失，刺激身体燃烧更多脂肪和热量。

1.4 马铃薯主食产业发展现状

马铃薯主食化，就是把马铃薯添加到谷物中加工成馒头、面条、粉丝等适合国民饮食习惯的主食，最终实现马铃薯由副食消费向主食消费转变、原料产品向加工制成品转变、温饱消费向营养健康消费转变。马铃薯主食产业化开发对于保障国家粮食安全、促进农业产业结构调整、确保农民持续增收、改善居民膳食结构和增强人民体质健康具有重要意义。

1.4.1 中国马铃薯主食产业化发展现状

自 2015 年起，我国开始实施马铃薯主食化战略，马铃薯成为继水稻、玉米、小麦之后的第四大主粮作物，此后的几年中，相继出台了多项指导意见与扶持政策，从中央到地方都在积极鼓励马铃薯主食产业化开发。我国马铃薯主产区农业生产条件优越，很多地区都具有百年栽培历史，种植面积大、单产高、效益好。加之我国人口众多，消费市场潜力巨大，食品加工企业众多且基础好，为马铃薯主食产品开发提供了坚实的平台和基础。在这个背景下，抓住国家马铃薯主食化战略带来的历史性机遇，通过依靠消费拉动生产，不断研发、加工、销售各种新主食，能够有效延长产业价值链，促进一、二、三产业融合互动，实现马铃薯主食产业的纵深发展。

1.4.1.1 马铃薯生产现状

1. 总产量和种植面积稳定增长

中国马铃薯生产规模总体呈上升趋势，播种面积和产量持续增长，单产呈现波动上升趋势。尤其是 20 世纪 90 年代以来生产规模快速扩张。FAO（联合国粮食及农业组织）数据显示，2014 年中国马铃薯播种面积和产量分别达到 564.70 万hm^2 和 9 613.62 万 t，目前我国已成为世界马铃薯第一生产大国，马铃薯种植面积和产量均居世界首位，均占世界的 1/4。近年来年种植面积较大的有贵州、内蒙古、甘肃、云南、四川、重庆、山西、黑龙江、陕西、宁夏、湖北和河北等地。

2. 平均单产水平较低

中国马铃薯栽培区域主要分布在土地贫瘠、农作物生长条件较差的山区、干旱或半干旱地区，生产者种植规模小而分散，加之生产管理方式较为落后、耕作栽培多较粗放、优良种薯推广不足，限制了马铃薯单产的增长，单产水平依然较低，且增长幅度较小。近年，北方地区因土传病害发展快、种薯质量下降等导致防病难度加大，种植成本提高，单产水平提升受到影响；西南产区则受到高温高湿的气候环境制约，晚疫病和青枯病多发，且病害复杂，单产水平不高；加之甘肃、宁夏、内蒙古、贵州等地区容易受降水量不足、干旱等因素影响导致单产很难提升。20 世纪 90 年代以前，马铃薯单产多数年份不足世界水平的 80%。随着中国加大优质马铃薯品种的培育和推广，马铃薯单产水平得到有效提高，与世界平均水平的差距也在逐渐缩小。2000—2014 年，中国马铃薯单产除 2006 年仅为世界的 76.96%外，其余年份均为世界的 90%左右。FAO 数据显示，2014 年世界马铃薯单产平均为 19.99 t/hm^2，中国为 16.92 t/hm^2，约为世界的 84.68%。较美国、荷兰等马铃薯种植业强国而言，我国马铃薯单产仍有较大的上升空间。

3. 高效栽培技术得到应用

近年来，我国马铃薯优良品种的选育和脱毒种薯推广应用得到快速发展，全国现已育成的 110 多个新品种均拥有自主知识产权，目前有 50 多个在生产中进行规模化种植。我国年生产微型薯约 4 亿粒，脱毒种薯年推广面积超过 2 000 万亩，占马铃薯总种植面积的 25%以上。通过多年对种植模式和栽培技术的探索，各地总结出许多适合当地自然、气候、土壤和经济条件的技术体系，如北方地区广泛应用的机械化高产配套栽培技术、膜下滴灌水肥一体化技术、套作垄作种植技术，脱毒种薯+覆盖种植+机播机收+科学贮藏的技术模式，马铃薯—玉米（油菜）轮作，马铃薯与玉米、杂粮等作物套作；中原地区推广使用的全程机械化生产、水肥一体化管理、生物菌剂拌种、有机肥替代部分化肥及病虫草害物理、生物防控和化学生态调控等化肥农药减施增效技术模式；西南地区应用的平播起垄抗旱栽培技术、免耕栽培等节本增效技术；南方地区应用的稻草覆盖免耕、稻草包芯栽培等轻简栽培技术，早稻—晚稻—马铃薯轮作等种植模式。

4. 生产区域相对集中

我国马铃薯总体分布特点是北方多，山区多，杂粮区多，从南到北一年四季均有马铃薯种植。根据气候和种植条件可分为四个产区，北方一季作区包括甘肃、宁夏、内蒙古、黑龙江、陕西、山西、河北、吉林、辽宁、青海和新疆，占总种植面积的49%；西南混作区包括云南、四川、贵州、重庆和西藏，占总种植面积的39%；中原二季作区包括湖北、湖南、安徽和江西，占总种植面积的5%；南方冬作区包括福建和广东，占总种植面积的7%。马铃薯主产区集中在东北、华北、西北和西南等地区，中原和东南沿海各地较少。目前常年栽培面积在400万亩以上的省（区）有四川、黑龙江和甘肃，300万亩以上的省（区）有内蒙古、山西、湖北、陕西、云南和贵州，250万亩以上的省（区）有河南，100万亩以上的省（区）有吉林和辽宁，其中四川省是我国栽培马铃薯面积最大的省份，常年在600万亩左右。

1.4.1.2 马铃薯主食产业开发现状

据有关不完全统计数据，我国年生产冷冻薯条约7万t，马铃薯片产能为16万t，马铃薯全粉产能超过10万t。目前有300多种马铃薯主食产品先后问世，包括马铃薯面条系列、马铃薯馒头系列、马铃薯米制品系列、马铃薯地方特色系列、马铃薯方便即食系列、马铃薯休闲产品等。马铃薯主食加工产业发展迅速。

1. 形成多种马铃薯主食产品

在马铃薯主食化背景推动下，研究人员逐渐克服了马铃薯主食产品发酵难、成型难、口感差等一系列问题，研制出了符合我国居民饮食习惯的马铃薯主食产品。2015 年马铃薯主食化产业联盟成立，在联盟的带动及众多科研院所、企业的参与下，50 多项关键技术得到突破，实现了马铃薯主食产品的系列化、多样化和特色化。特别是在 2017 年，马铃薯主食专用薯泥、薯浆等原料加工技术与装备获得重大突破，与马铃薯全粉、生粉相比，成本大幅降低，品质显著提升，实现了马铃薯原料处理的节本增效。

2. 马铃薯主食产品加工技术及产业化取得突破

长期以来，马铃薯主食产品的相关技术在我国处于空白，随着马铃薯主食产业化的持续推进和研究的逐渐深入，我国马铃薯主食化加工技术取得了重要突破，在马铃薯中式主食产品以及相关的技术评价方法、专用设备、核心关键技术上都形成了相应的技术体系。目前我国研发出的马铃薯主食产品系列丰富，种类齐全，马铃薯的最适宜添加比例及操作工序也在开始标准化，冷冻薯条生产快速增长，马铃薯全粉扩大应用、稳健增长，马铃薯薯片等休闲食品市场需求旺盛。在马铃薯主食产业化试点项目的推动下，形成了一批具有较强经济实力、竞争能力、技术优势的马铃薯加工企业和产业集聚区，全国马铃薯加工企业总数现已经达到 4 500 多家，其中规模化企业已经超过 100 多家，符合国家一级标准的马铃薯淀粉厂发展至 30 多家，参与马铃薯主食开发的企业超过 200 家，北京海乐达、甘肃巨鹏、辛普劳（中国）、银川麦清香、宁夏兴唐米业、内蒙古华欧、秦皇岛原滋味、云南润凯、内蒙古凌志、四川光友等一批大型马铃薯加工企业已经发展成为全国性马铃薯主食加工骨干企业。

3. 国家出台多个促进马铃薯主食产品及产业开发的扶持措施

近年来，我国各级政府对马铃薯产业发展给予前所未有的重视，出台了很多促进产业发展的政策。2006 年，农业部出台了《农业部关于加快马铃薯产业发展的意见》，提出了具体的发展目标，并成立马铃薯生产专家指导组。2008 年，我国发布了《中国马铃薯优势区域布局规划》（2008—2015 年），提出了中长期发展目标。2009 年国务院常务会议通过了马铃薯原种繁育补贴意见，并在全国 9 个省（直辖市、自治区）开始实施马铃薯原种生产补贴试点政策，2010 年扩大到 14 个省（直辖市、自治区），主要通过对微型薯进行生产补贴促进良种应用，并在“中央 1 号文件”中明确提出要“扩大马铃薯补贴范围”。2012 年起农业部开始实施农产品产地初加工补助政策，重点支持农产品贮藏、保鲜、烘干等初加工设施建设，补助每年新建的马铃薯贮藏窖等三大类 19 种规格的农产品产地初加工设施，有效促进了马铃薯减损增效、市场均衡、带农增收。2016 年农业部整合项目资金，支持“镰刀弯”地区开展种植结构调整，同时，中央财政安排资金支持开展马铃薯产业开发试点，重点支持研发不同马铃薯粉配比的馒头、面条、米线及其他区域性特色产品，改善居民饮食结构，打造小康社会主食文化。另外，农机补贴和贮藏库（窖）补贴促进了机械化发展和贮藏库建设，给薯农带来了实惠，极大地促进了农民种植马铃薯的积极性。

1.4.1.3 马铃薯主食产品消费现状

自古以来，由于受传统饮食习惯的影响，我国除少数地区以马铃薯作为主食外，绝大部分地区的居民一直以来习惯以米面为主食，对主食的口感形成了强烈的依赖，许多人对以马铃薯为主食的消费在口感或肠胃上不适应，需要一个长期的适应过程。马铃薯主食产业化战略提出以来，相关部门及机构开展了相应的马铃薯主食化宣传，通过举办论坛、编印出版马铃薯主食书籍，组织马铃薯主食进校园、进机关、进社区等活动，以引导群众消费马铃薯主食产品，但是基于消费者的传统认识，消费者对马铃薯主食的认知接受程度依旧不高，短时间内难以改变，马铃薯主食销售范围有限，并没有大规模进入消费者家中。但随着近年来健康饮食的兴起，部分居民消费观念开始发生了改变，马铃薯营养全面的特点也符合健康饮食的需要，目前在一些大型的超市基本都能买到不同种类的马铃薯主食产品，但由于马铃薯馒头或其他主食的原料价格高，很多企业所开发的马铃薯主食产品多以礼盒为包装走精品高端路线，作为特色产品出售，价格是普通主食的好几倍，大多数消费者很难将其作为主食进行消费。

1.4.2 中国马铃薯主食产业化制约因素

1.4.2.1 种植技术落后、机械化水平较低严重影响规模化种植

我国马铃薯种植主要是以分散式种植为主，很多地方土地尚未实现大规模流转,难以推广和实施标准化生产以及形成品牌。受地域、环境、耕作模式、种植面积和种植习惯等因素影响,马铃薯单产水平和种植效益不高，小规模分散种植导致机械化作业率不高,2010 年我国马铃薯耕种收综合机械化水平为 26.60%,2011 年耕作整地、播种和收获的机械化水平分别为 48%、16.90%和 17.70%。主要生产环节仍以人工为主,与发达国家高达 80%的马铃薯机械化作业率更是无法比拟，甚至在有些特殊地形的偏远地区马铃薯总体机械化水平仅 1%左右。此外,我国马铃薯种植农业机械多以模仿国外为主,缺少核心技术,还面临作业区域地形复杂、机械设备性能单一等问题。

1.4.2.2 优质种薯供应不足,脱毒技术应用范围偏小

目前,我国 20 多个省(直辖市、自治区)均拥有脱毒种薯繁育技术并具备脱毒种薯的生产能力，基本每个省份都有规模化的脱毒繁种企业,但生产实践中优质种薯的覆盖率却不高。据估测,我国仅有约 1/4 的种薯属于优质脱毒种薯,受到农民种植过程中重原种生产、轻田间建设和环节控制等因素影响,微型薯产能略显过剩、种薯产能不足。除了脱毒种薯应用面积不大,马铃薯的优质品种在生产中也比较缺乏,特别是缺乏与各生产区域气候、土壤等自然条件相契合的优质马铃薯品种,如北方的旱作区缺少抗旱的马铃薯品种,南方种植区缺乏抗病品种。适宜马铃薯主食化应用的加工品种也屈指可数,长期以来育种专家以追求高产稳产为研究方向,所育品种以菜用为主,缺乏适宜生产马铃薯全粉、薯条、薯片的品种,特别是马铃薯品种外观不规则、芽眼较深,难以适宜加工企业的需要。

1.4.2.3 马铃薯主食原料价格高制约产业发展

长期以来,我国马铃薯生产主要用于鲜食菜用,用于加工淀粉、全粉、薯泥等工业化用途的品种较少,虽然目前已有20多个适宜主食加工的品种,但采用这些品种后仍然伴随着加工易褐化、蛋白质含量低的问题。国内外马铃薯主食开发目前仍主要以马铃薯全粉作为加工原料，由于加工设备、技术以及加工规模的限制，我国高质量马铃薯全粉的生产能力不足,与进口全粉相比,国内全粉价格偏高,马铃薯初级加工产品全粉、淀粉、生粉等每吨价格一般在1.0万~1.3万元,是小麦粉、玉米淀粉价格的2~3倍,导致马铃薯主食产品生产成本大幅度高于小麦等主食产品,从而造成马铃薯馒头、面条等主食产品的销售价格是传统主食的1.5~3.0倍,大大超出了普通居民家庭的消费预期。

1.4.2.4 大型龙头企业少,无法有效带动提升产业效益

我国马铃薯加工企业虽然有4 500家以上，但规模化的加工企业只有100家左右,大多数加工企业生产规模小,设备陈旧,技术落后,特别是管理方式和经营理念不适应现代市场经济发展的要求，直接影响马铃薯产业的持续健康发展。近年来,小型马铃薯加工企业遍地开花,由于设备简陋,工艺落后,资源综合利用率低、质量不能达标,部分加工企业违规使用化学品,既造成资源浪费、环境污染,又对马铃薯加工产业造成冲击和影响，脆弱的水环境生态承载能力与马铃薯加工业巨大的耗水矛盾制约着马铃薯加工产业的形成和发展。马铃薯加工企业与市场沟通、政府沟通、农民沟通及相关行业沟通缺乏专业协会提供技术指导和市场服务,马铃薯加工企业目前基本处于“各自为战、胡打乱拼”的发展阶段,生产、加工和流通无法处于良性、有序的发展环境。

1.4.3 中国马铃薯主食产业化发展展望

马铃薯主食产业化是促进马铃薯产业跨越发展的有效途径，是满足居民膳食结构转型升级的重要选择,对促进农业可持续发展、确保国家粮

食安全意义重大。

1.4.3.1 马铃薯种植面积具有扩大潜力

马铃薯生长需水较少，其最低蒸腾系数（需水量）只有 350，而小麦、水稻分别是 450 和 500。在年降水量 350 mm 左右的西北干旱半干旱地区谷物类作物生长发育困难，而马铃薯不仅能正常生长，还能减少水土流失，马铃薯不会出现与小麦、水稻、玉米三大作物抢水争地的情况。一是可以利用南方冬闲田发展冬作马铃薯。我国南方冬闲田面积较大，土地面积为 2 360 万 hm^2 左右，其中可用于种植马铃薯的面积在 400 万 hm^2 以上，冬作马铃薯通常是当年 10~11 月进行播种、第二年 1~3 月进行收获，按照每公顷产量 15 t 计算，每年可以生产马铃薯 6 000 万 t，按照与粮食作物 5:1 的比例进行折合，相当于增加粮食产量 1 200 万 t，通过利用冬季闲置的稻田种植马铃薯，既不影响水稻的栽培，又可以改善稻田土壤结构，提高肥力，其种植效益显著高于油菜等传统的冬季作物，是充分利用闲置土地资源、提高粮食产量、扩大农民增收的好途径。二是在华北地下水超采区推广种植马铃薯，通过对现有种植模式进行调整，大力种植马铃薯可以起到缓解该地区生态继续恶化的趋势。有数据表明，在年降水量 500 mm 的华北地下水超采区，完全雨养条件下马铃薯亩产仍达到 1.8 t。三是西北干旱区通过综合考虑资源禀赋、产业基础、区位优势和市场条件等来调整种植结构，适当增加马铃薯种植面积，并通过新品种的引进和脱毒马铃薯种薯应用，推广应用垄作栽培、黑色地膜和秸秆覆盖、测土配方施肥、机械化等先进技术，实现马铃薯产量的持续提高。因此，我国未来发展马铃薯生产的前景还十分广阔，种植面积还能进一步扩大。

1.4.3.2 马铃薯单产还有较大提升空间

我国马铃薯生产在种植面积和总产量持续增加的同时，平均单产稳定缓慢增长，但幅度较小，单产水平较低。据《中国农业年鉴》统计，2014 年平均单产为 18.7 t/hm^2，达历史最高水平，但仍低于世界的平均水平 19.4 t/hm^2。由于各地生产条件、经营管理水平的不同，我国不同省份马铃薯产量差异较大。山东、吉林和西藏的马铃薯平均单产均在 30 t/hm^2 以上，其中山东的平均单产为 37.5 t/hm^2，接近世界先进水平。黑龙江、河南、新疆、青海和广东的平均单产在 20~27 t/hm^2 之间，其余省区均低于 20 t/hm^2，尤其是内蒙古、贵州、陕西、河北、宁夏、山西、湖北和云南等主产省区的单产都低于全国平均水平。通过脱毒种薯应用、水肥一体化技术应用、轮作倒茬、标准化栽培技术应用、机械化率的提高，我国马铃薯单产有望大幅度提高。有数据表明，使用脱毒种薯的田块比未使用脱毒种薯的田块最高能增产 50%左右，而且使用脱毒种薯能够改善马铃薯的品质，同时还能够提高商品薯率。机械化播种每公顷可省种 150 kg，机收每公顷可减少损失 450 kg、减少伤损 300 kg，机械化播种、收获每公顷可节约用工 150 个以上，采用机械化规范化栽培，每公顷可增产 3 750 kg 左右。

1.4.3.3 马铃薯主食产品加工潜力巨大

2013 年，全世界马铃薯总产量达 3.76 亿 t，其中我国马铃薯产量达 9 600 万 t，排名世界第一，但人均消费仅 42 kg，消费量仅有马铃薯原产地秘鲁的一半。同时，欧美发达国家马铃薯主要以加工形式消费，加工产品占总产量的 70%，而我国仍以鲜食形式消费，加工产品不足总产量的 10%。2015 年，我国提出马铃薯主食产品开发战略，着力培养大众马铃薯主食营养健康的消费习惯，积极培育和拓展市场。随着主食产业化战略的持续推进，我国马铃薯主食化加工技术和装备不断取得新突破，马铃薯主食产品种类也不断增加。目前，我国已成功开发出一系列的马铃薯主食产品，包括马铃薯面条、馒头等符合我国居民饮食习惯的主食产品，马铃薯米线、馕等带有地域特色的主食产品和马铃薯面包、糕点等休闲食品，极大地丰富了我国马铃薯加工品的种类。如果马铃薯成为我国居民一日三餐主粮之一，替代 1/10 的现有米、面主食，相当于新增上亿吨鲜薯消费。马铃薯主食产品在改变人们饮食习惯的同时，也在影响着马铃薯产业的发展。随着为数众多的马铃薯加工企业的竞争与合作程度的提高，马铃薯产业整体发展能力日益增强，领导型的大型马铃薯加工企业将应运而生，通过产业整合与兼并，产业集中和升级成为必然。

1.4.3.4 居民收入提高消费结构升级，为马铃薯加工业供给侧改革提供了较强动力

据 FAO 数据显示，50 多年来我国马铃薯消费量总体呈上升趋势，但是仍然远低于世界上其他国家的马铃薯消费水平，2011 年中国人均马铃薯消费量为 41.2 kg 左右，同期欧洲国家人均马铃薯消费量已达到 84.16 kg。2015 年全国居民人均可支配收入 21 966 元，比上年名义增长 8.9%，扣除价格因素实际增长 7.4%。城镇居民人均可支配收入 31 195 元，比上年增长 8.2%；农村居民人均可支配收入 11 422 元，比上年增长 8.9%。当前，我国城乡居民生活更加殷实，居民消费进入一个新的阶段，收入的增长拉动了消费的升级，消费者从被动选择吃饱到主动追求吃好，对于营养健康食品的要求不断增长，对营养健康的关注度越来越高，对改善食物营养结构的愿望也愈加迫切。此外，城市生活的快节奏使得许多居民更多地选择方便速食产品和半成品，为马铃薯速食产品和半成品提供了较大的市场空间。

第 2 章　马铃薯生物学特性

马铃薯(*Solanum tuberosum* L.)又名土豆、山药蛋、洋芋等,为一年生草本植物,通常用块茎或块茎上产生的芽条进行无性繁殖,也可用种子进行有性繁殖。马铃薯种子繁殖主要用于育种,特别是用于抗病毒品种的选育,其结实率相对较低,所繁殖植株生长势当年较弱。目前已发现马铃薯有 150 多个二倍体(2n=24)野生种和 8 个栽培种(2n=2X~5X,X=12),世界上广泛种植的是四倍体马铃薯种。

2.1　马铃薯植物学特征

马铃薯植株按形态结构可分为根、茎、叶、花、果实和种子等,作为可食用的产品器官是马铃薯地下茎膨大形成的薯块,了解马铃薯的生物学特征在生产上有重要意义。

2.1.1　根

马铃薯的根是吸收营养和水分的主要器官，同时还起着固定植株的作用。用种子种植和用块茎种植时,根部发育的形态有明显区别,通过种子进行有性繁殖长成的植株,所形成的根系称为直根系,最终形成细长的主根和分枝的侧根,侧根上长有支根和毛根。由于马铃薯种子较小,通过种子种植的马铃薯在生长初期所发育形成的主根和侧根很不发达，幼苗发育相对缓慢,随着植株的生长,主根开始以圆锥形形状伸入土中,根的分枝也随植株的生长而增多。须根系是用块茎或芽条无性繁殖所形成的根系,一般有强大分枝的须根。

2.1.2 茎

马铃薯的茎可分为地上茎、地下茎、匍匐茎和块茎,虽然都源于同一器官,但它们的形态和功能却各不相同。

2.1.2.1 地上茎

由块茎芽眼中抽生或种子的胚茎发育并长出地面的枝条，即幼苗出土后地上部分的茎。地上茎在幼小时横截面为圆形,随着植株的生长,节间部分的横截面逐渐转变为三棱形、四棱形或多棱形形状,棱角突出呈翼状,茎翼分为直翼与波形翼,其中直翼沿棱作直线着生,波形翼沿棱作波状起伏着生,茎翼是识别马铃薯品种的一个重要标志。马铃薯的地上茎富含汁液,在生长初期大多为绿色,有的被花青素遮挡后呈淡紫色、浅褐色等,植株在生长中后期地上茎节部开始变得坚实而节间中空,但有些品种和实生苗只有下部是中空的,茎部节间始终充满髓。

2.1.2.2 地下茎

主茎的地下结薯部位称为地下茎,是块茎发芽后埋在土壤内的茎,其下部为白色,上部为绿色或褐色,越靠近地表处颜色越深,生长中后期时多变为褐色。地下茎上着生有根系、匍匐茎和块茎,其表皮被木栓化的周皮所代替,皮孔大而稀,无色素层,横切面近圆形。从地表向下至母薯,由粗逐渐变细。地下茎的长度因品种、播种深度和生育期培土厚度的不同而异,一般为 10 cm 左右。地下茎节间较短,大多数品种节数为 6~8 节,鳞片状小叶、匍匐根和匍匐茎着生在节上。每节长出放射状匍匐根 3~6 条,每节叶腋间通常发生匍匐茎 1~3 个。当播种深度和培土厚度增加时,地下茎的长度也随之增加,地下茎节数也略有增加。

2.1.2.3 匍匐茎

匍匐茎又称匍匐枝,是形成块茎的器官,由地下茎节上的腋芽长成,实际是茎在土壤里的分枝，一般为白色，因品种不同，也有呈紫红色的。匍匐茎出现后，在土壤中略呈水平方向生长，顶端钩曲，茎尖在弯曲的内侧，在匍匐茎伸长时，对生长点起保护作用。匍匐茎数目的多少因品种及栽培条件而有所区别，一般每个地下茎上能发生 4~8 条，每株（穴）可形成 20~30 条，多者可达 50 条以上，正常情况下匍匐茎的成薯率为 50%~70%，不形成块茎的匍匐茎到生育后期便逐步死亡。1 个匍匐茎上一般只结 1 个块茎，每株以 5~8 个匍匐茎并形成块茎为适宜，如果匍匐茎过多或匍匐茎又产生分枝，则形成块茎又多又小，很难进行利用，就失去商品价值。

2.1.2.4　块茎

块茎是短缩肥大的变态茎，既是马铃薯的食用器官、经济器官，又是繁殖器官，它的主要作用是贮存养分、繁殖后代，获得高产的块茎是栽培马铃薯的主要目的。块茎通常在播种后 45 d 左右或萌芽后 10~15 d，当植株开始显蕾、匍匐茎停止极性生长后的 10~15 d 内形成。当匍匐茎顶端停止极性生长后，由于皮层、髓部及韧皮部的薄壁细胞持续分生和增长，淀粉也在持续积累，于是匍匐茎顶端开始膨大而形成块茎。

2.1.3　叶

马铃薯无论用种子还是块茎繁殖，出苗后最先长出的几片叶均为全缘单叶，称之为初生叶。初生叶叶毛较密，叶背面浅紫色，为心形或倒心形。正常健康的植株复叶较大，叶脉发达，叶片颜色有绿色、浅绿色、深绿色等，叶片平展而富有光泽，叶肉组织表现绿色深浅一致。马铃薯叶片中含有丰富的碳水化合物、蛋白质和灰分，但在茎叶枯黄衰老时，其贮存的营养物质逐渐转入块茎而只余下纤维素和灰分，故利用叶片作为牛羊等牲畜饲料时应在茎叶尚未枯黄时进行收获。

2.1.4　花

马铃薯为自花受粉作物，伞形花序或聚伞形花序，花序的主干即总花梗着生于茎的中下部叶腋处，每个花序有 2~5 个分枝，每个分枝顶端着生 4~8 朵花，每朵花的小花梗着生在花序的分枝上，花梗的长短、分枝的多少、开花的繁茂性因品种不同而异。马铃薯为双子叶显花植物，花器大，花柄细长，花柄着生在叶腋或叶枝上，在花柄的中上部有一突起的离层环，称为花柄节，花果脱落时由此产生离层，花柄节有无色素是识别不同品种的特征之一。品种间开花结实情况差异大，有些品种结实率较高，有些品种则结实率较低，有的甚至不能开花结实。

2.1.5 果实和种子

马铃薯的果实为浆果，呈圆形或椭圆形，类似于樱桃番茄形状，果皮颜色前期为绿色，接近成熟时顶部开始变白，并逐渐转变为黄绿色、褐色或紫绿色，有的品种会带有褐色斑纹或白点。不同品种的浆果大小差异较大，通常直径在 1~3 cm，以 1.5 cm 左右居多，从受精到成熟需 30~40 d。成熟后的浆果具有芳香性气味，浆果多为 2 心室，因受精情况不同，浆果内的种子数差异较大，一般浆果内有 100~250 粒种子，有的浆果种子多达 300 粒以上，也有的浆果为伪果，没有种子或种子很少。马铃薯种子呈扁平近圆形或卵圆形，由种皮、胚乳、胚根、胚轴和子叶组成，种皮表面毛糙，皮色有白、淡黄、紫红等，种皮上密布细毛。种子体积很小，多数品种千粒重为 0.4~0.6 g，即每克种子有 1 660~2 500 粒。

2.2 马铃薯生长发育期

生长是指由于细胞数目的增多和体积的增大以及细胞内原生质等内含物的增加，引起体积和重量的增加。发育是指植物经过一系列的构造和机能的质变后产生与其相似的个体，它是个体生命周期中植物体的构造和机能从简单到复杂的质变过程，是植物体各部分、各器官相互作用并在整体水平上表现出来的结果。马铃薯生育周期，通常是指从发芽到重新形成种子的整个历程，在每个不同的时期，都有它们各自的生长特点，对环境条件也各有其特殊要求。

2.2.1　休眠期

休眠分自然休眠和被迫休眠两种。新收获的马铃薯块茎即使放到适于发芽的条件里，块茎芽眼也长时间不发芽，必须经过一定时期后才能发芽，这种由内在生理原因支配的休眠现象叫作自然休眠或生理休眠。当块茎已经通过生理休眠期，但不给它提供发芽条件，依然不能发芽，这种受到抑制而不能发芽的休眠，叫作被迫休眠或强制休眠，这是马铃薯在进化过程中形成的一种对不良环境条件的适应性。马铃薯块茎休眠期的长短与生产和消费有着密切关系，这是因为休眠期时间关系到块茎的贮藏性、播种后能否及时发芽等，往往成为影响高产及食用品质的重要因素。

2.2.2　发芽期

随着种薯解除休眠，在适宜的发芽条件下，块茎内的各种酶即开始活动，把贮藏物质淀粉、蛋白质等分解转化成糖和氨基酸等，这些可给态养分沿输导系统源源不断供给芽眼，促使芽眼处开始萌芽，芽的生长锥细胞分裂并相继增大，开始抽长芽条，直至幼苗出土，这一时期称为发芽期。

2.2.3　幼苗期

从幼苗出土到第六片叶（早熟品种）或第八片叶（中晚熟品种）展平时为幼苗期，相当于完成 1 个叶序的生长，是主茎的第二段生长，故也叫团棵。该期经历幼苗和幼根生长发育、主茎孕育花蕾、匍匐茎伸长及其顶端开始膨大、块茎具备雏形。马铃薯种薯内贮藏有丰富的营养物质和水分，所以在出苗前就形成了相当数量的根系和胚叶，出苗后经 5~6 d，便有 4~6 片叶展开，已经形成的根系从土壤中不断吸收水分和养分供幼苗生长，出土幼苗的绿色茎、叶即开始利用光合作用制造养分，同时种薯内的养分仍继续发挥作用,可一直维持到出苗后 30 d 左右。

2.2.4 发棵期

发棵期是指从开始现蕾到第十二至十六片叶展平，早熟品种第一花序开花封顶、晚熟品种第二花序开花时的一段时间，经过 20~30 d 的生长,发棵期结束。发棵期是以茎叶迅速生长为主,并逐步转向块茎生长为特点,该期是决定单株结薯多少的关键时期。在此阶段茎开始急剧拔高，占总高度的 50%左右,主茎及主茎叶全部建成,并有分枝及分枝叶扩展。

2.2.5 结薯期

结薯期是指盛花至终花期的一段时间,这一时期发棵期生长完成,开始进入以新生块茎生长为生长中心的结薯期，这个时期块茎的体积和重量保持迅速增长趋势,直至收获,是地上部分重量达最大值及块茎增重的最大量期。此期茎叶增长量日益减少，植株叶片开始从基部向上逐渐枯黄、脱落,有效叶面积迅速下降,植株地上部分的有机养料不断向块茎输送,块茎随之迅速膨大,尤其开花期的十多天膨大最快,在适宜的条件下，每穴块茎每天可增重 20~50 g,50%左右的产量在这阶段形成。

2.2.6 淀粉积累期

茎叶开始衰老到植株基部 2/3 左右茎叶枯黄为淀粉积累期,经历 20~30 d。开花结束后,茎叶生长缓慢直至停止生长,但还继续制造有机物质，地上部同化产物不断向块茎输送,植株下部叶片较快衰老变黄,并逐渐枯萎,甚至脱落,叶面积迅速下降,块茎基本达到正常大小,茎叶与块茎的鲜重逐渐达到平衡,标志着进入了淀粉积累期。淀粉积累期块茎体积不再增大,但淀粉等干物质的重量在块茎内继续增加,块茎中蛋白质和灰分元素也同时增加,因此块茎总重量也随之增加。

2.2.7　成熟收获期

马铃薯生理成熟的标志是叶色由绿逐渐变黄转枯，茎叶中养分基本停止向块茎输送，块茎与匍匐茎容易脱离，块茎表皮韧性较大、周皮木栓化程度较高，皮层较厚、色泽正常，并开始进入休眠状态。在生产实践中，马铃薯没有绝对的成熟期，常根据栽培目的和生产上轮作复种的需要进行收获，而且只要达到商品成熟期之后（或达到种用标准），就应及时收获，以免因呼吸消耗而造成块茎淀粉含量的降低或低温受冻影响品质和耐贮性。

不同品种生长发育的各个阶段出现的早晚及时间长短差别较大，如早熟品种各个生长发育阶段早且时间短，而中晚熟品种发育阶段则比较缓慢且时间长。因此，要获得马铃薯高产就要弄清不同品种马铃薯的品种特性，按照其生长发育阶段发育进程配套相应的农艺管理措施，以发挥品种的最大增产潜力。

2.3　环境条件对马铃薯生长发育的影响

马铃薯同其他作物一样，在生长和发育的每个时期，对环境条件都有自己独特的要求。这些条件能否得到满足，决定着它的植株生长是否旺盛和协调，是否能获得较高的产量。马铃薯的生长条件主要包括温度、光照、水分、土壤、空气和矿质营养等方面。

2.3.1　温度

温度是影响生长快慢、好坏以及品质高低的重要气候因素，对马铃薯各个器官的生长发育和产量形成有很大的作用，它关系到安排播种期、决定种植密度和采用田间管理措施等。马铃薯生长发育需要较冷凉的气候条件，但经长期选育的各种类型品种的耐寒、耐热性不同，对温度的反应也有差异。一般来讲马铃薯生育期间以平均气温 17~21℃为宜,特别是在结薯期,叶片中的光合产物,只有在夜间温度低的情况下才能积累输送到块茎中,因此,马铃薯非常适合在高寒、冷凉的地带种植。

2.3.2 光照

马铃薯是喜光作物,需强光照,光照强度的饱和点为 30 000~40 000 lx,栽培的马铃薯品种基本上都是长日照类型的,长日照条件促进植株地上部分的花芽分化、开花和结实。马铃薯的生长、形态建成和产量对光照强度及光周期有强烈反应,一定范围内日照时间越长、光照强度越大,特别是二氧化碳浓度增加时,光合作用能力就越强。

光周期对马铃薯植株生育和块茎形成及增长都有很大影响,长日照有利于茎叶生长和匍匐茎的发生;短日照有利于养分积累和块茎的形成与膨大,成薯速度较快。每天日照时数超过 15 h,茎叶生长繁茂,匍匐茎大量发生,但块茎延迟形成,产量下降;每天日照时数小于 10 h,块茎形成早,但茎叶生长不良,产量降低。一般日照时数为 11~13 h,植株发育正常,茎叶发达,光合作用强,养分积累多,块茎形成早,地上部同化产物向块茎运转快,块茎产量高。也就是短日照条件能使茎叶生长停止,继而转到块茎的生长,导致植株提早衰亡。早熟品种对日照长短的反应不敏感,在春季和初夏的长日照条件下,对块茎的形成和膨大影响不大,而晚熟品种相反,必须在 12 h 以下的短日照条件下才能形成块茎。

2.3.3 水分

马铃薯蒸腾系数为 400~600,植株中约有 90%的水分,块茎中约有 80%的水分,在马铃薯生长过程中必须供给足够的水分才能获得高产。马铃薯生长过程中的需水敏感期是结薯期,如这一时期缺水,会影响植株发育及块茎产量。马铃薯的需水量与品种、土壤种类、气候条件及生育阶段密切相关,特别是与马铃薯叶的光合作用和蒸腾作用、植株所处的气候条件、土壤类型、土壤中的有机质含量、施用的肥料种类与数量以及田间管理、种植的品种等有很大关系。

马铃薯植株生长所需要的无机营养物质的吸收、利用以及光合作用产物的制造和输送都离不开水。植株生长所需要的无机营养元素都必须溶解于水，呈离子状态，才能被根部吸收，如果土壤中水分不足，营养物质再多，马铃薯根系也难以吸收利用。同样，植株的光合作用和呼吸作用一刻也离不开水，不同生长时期对水分的要求也有所不同，水分不足，不仅影响养分的制造和运转，而且还会造成茎叶萎蔫，块茎减产。所以，经常保持土壤有充足的水分供给是马铃薯高产的重要条件。

2.3.4　土壤

马铃薯对土壤的适应范围比较广，除过黏、过酸、过碱的土壤外都可栽培。通常生长发育需要微酸性土壤，最适宜马铃薯生长的土壤pH范围为5.0~5.5，在pH为4.8~7.0的土壤种植马铃薯生长比较正常，在pH为4.8以下的酸性土壤上有些品种表现早衰减产，在pH 6~7时疮痂病发生严重，pH高于7时产量下降，有的品种在强碱性土壤上播种后不能正常出苗或产量很低。但在北方的微碱性土壤上一些品种亦能生长良好，如宁夏、内蒙古等地，一些品种在pH 7~8的范围内均能良好生长。马铃薯耐盐能力较差，当土壤含盐量达到0.01%时，植株表现敏感，块茎产量随土壤中氯离子含量的增高而降低。

2.3.5　空气

马铃薯与其他作物一样，叶片是进行光合作用制造碳水化合物（糖类）的绿色工厂。光合作用是以空气中的二氧化碳为原料进行的，糖类等是光合作用的产物。田间二氧化碳的含量与马铃薯光合作用制造营养物质及产量有着极大的关系。

施用有机肥料，如厩肥、草粪、饼肥等，在土壤被微生物分解后，放出二氧化碳。在施用有机肥料的土壤中，一般每天每亩能释放出二氧化碳约8 kg。施碳酸氢铵、尿素、硝酸铵等化肥，经过分解后也能释放出一定量的二氧化碳。田间空气中二氧化碳含量的增加对马铃薯生长非常有利，每亩马铃薯每昼夜约吸收二氧化碳的量约为20 kg。

马铃薯块茎在土壤中生长发育，需要足够的空气。空气不足，块茎呼吸作用受到影响，会造成块茎腐烂。保证土壤良好的透气性，是马铃薯丰产的重要条件。

2.3.6 矿质营养

马铃薯是高产作物，需要肥料也较多，需要的营养元素有20余种，但需要量最多的是氮（N）、磷（P）、钾（K）三大元素，一般每生产1 000 kg马铃薯块茎约需氮5 kg、磷2 kg、钾11 kg，三要素中马铃薯需钾最多，其次是氮，磷肥较少，各生长时期对氮、磷、钾的吸收数量和吸收速度不同。此外，马铃薯还需钙、镁、硫、锌、钼、硼等微量元素。矿质元素在组成马铃薯产量的干物质中只占5%左右，干物质的绝大部分是由光合作用所产生的碳水化合物构成。但矿物质通过提高光合生产效率，参与并促进光合产物的合成、运转、分配等生理生化过程，因而对产量的形成起着重要的作用。

第 3 章　马铃薯优良品种

优良品种即人们通常所说的好品种、生产中种植户愿意优先选用的品种，是马铃薯获得优质产品、高经济效益的基础。具体地说，马铃薯的优良品种，是指能够较好地适应栽培地气候条件，播种后生长表现优于普通品种，一般表现为块茎的丰产性好、适应性强、抗病虫害、抗逆性和耐性强、块茎的商品性状优良等，能满足一定的用途要求和市场需求，在生产上有其推广利用价值，能够获得比普通品种更好的经济效益。

3.1　马铃薯优良品种标准

我国适宜栽培马铃薯的区域分布广泛，从北部到南部，从西部到东部，基本上全国大多数地区都有马铃薯栽培，近年来日光温室、塑料大棚等设施栽培面积也逐年扩大。不同的纬度、海拔、地理和气候条件的差异，造成了光照、温度、水分、无霜期、土壤类型的差异，从而也要求与之相适应的马铃薯优良品种。全国栽培面积较大的省份分别有四川、内蒙古、贵州、甘肃、黑龙江、陕西、重庆、山西、云南、河北、宁夏等，均在 200 万亩以上，各地依据自身气候条件、栽培制度、生产目的等形成了相应的主栽优良品种。

3.1.1　马铃薯优良品种的标准

马铃薯作为一种常见的食物，种植区域非常广泛，衡量马铃薯品种的优劣通常依据产量、品质、熟性等特点。

3.1.1.1　较高产量

产量对于马铃薯来讲至关重要，在一定程度上可以说只有产量得到了显著的增加，其种植效益才能得到最大程度的体现。马铃薯品种的丰产取决于多种因素，是多种形态特征和生理特性及环境因素影响下的综合表现。一般来讲，较高的物质生产量、经济系数及合理的产量结构构成决定了一个品种的高产，符合这3个条件也就意味着该品种属于丰产性品种。

3.1.1.2　稳产性

稳产性是保证优良马铃薯品种能够得到持续多年种植的重要因素，稳产性无法保证时种植户通常不愿冒太大风险去尝试种植。马铃薯品种的稳产性主要受其抗性的影响，包括对于病虫害的抗性、不良环境的抗性、自然灾害的抵御能力等。一般来说，马铃薯优良品种应该既能抗当地的主要病虫害，也能抗旱、抗涝、抗冻，抗其他自然灾害，并且在不利的环境条件下，生长状态表现良好，产量、品质等能够保持基本稳定。

3.1.1.3　优质性

随着人们生活水平的不断提高，消费者对农产品的品质越来越关注，对于食物的要求不仅仅像过去几十年间只注重数量，而是对于口感、营养等品质都有了进一步的要求，包括外观形态、营养特点、健康水平，甚至养生功能都提出要求，特别是功能性马铃薯产品的开发，更加符合居民消费习惯，这类马铃薯产品的种植效益相比传统品种也更高。例如在宁夏石嘴山、湖北恩施等地，现在已大力开发富硒马铃薯产品，通过内源富硒或者外源补硒的方式来让马铃薯产品的硒含量增加，从而起到保健作用，售价相比传统马铃薯能提高20%以上，消费者对这类马铃薯产品也比较认可，对于马铃薯整个产业链的丰富及延长起到了很好的作用。外销市场上更加注重农产品的优质性，出口到日本、东南亚及我国港澳台地区的马铃薯要求薯块椭圆形，薯形整齐，表皮光滑，黄皮，黄肉，单薯重在50 g以上，符合这些特点的马铃薯广受市场欢迎。

3.1.1.4 早熟性

早熟马铃薯具有很多优势,例如能够提早上市时间,提高复种指数,避免某些害虫的危害及降低遭遇自然灾害的风险。在西北地区,通过设施栽培,早上市的马铃薯一般亩经济效益能增收 1 000 元以上,茬口合理的甚至能增收 2 000 元以上,经济效益十分可观。近年来,宁夏银川市通过发展都市型现代农业,设施栽培的菜用马铃薯面积逐年扩大,从 2010 年不到 500 亩,已发展到现在的逾 3 000 亩,由于种植效益良好,种植户积极性较高,面积还有持续增加的趋势。

3.1.1.5 广适性

气候条件对于马铃薯的生长至关重要,除了温度决定了马铃薯不同品种的分布区域,土壤条件、水肥条件也同样重要,品种对于气候条件的适应性决定了种植区域、范围、面积,能更好地适应不同气候条件的品种,其种植范围越广,无法适应不同气候条件的品种则种植范围越小。好的品种通常都具有广适性这一特征,马铃薯对不同土质、不同生态环境、不同栽培条件越适应,其高产、稳产的特性才能得到有效发挥。

3.1.1.6 其他特殊优点

有的马铃薯所含的花青素含量较高,有的淀粉含量高,有的还原糖低,有的抗病虫能力很强等,在某些特定用途上,只有具备了某些特殊优点的品种才能受到市场认可、种植户认可。例如薯形长得特别长,并且还原糖含量低,就非常适合油炸薯条用;具备抗旱、抗涝、抗冻等特点,对自然灾害的抵御能力强,就能在气候条件复杂多变的地区进行种植,从而达到少减产或不减产的目的。

3.1.2 马铃薯优良品种的特点

马铃薯优良品种取决于气候条件和耕作方式,并且经过多年来的演化呈现出特定气候、特定栽培方式的适应性,同一个品种只有在相似的气候条件、栽培方式下的地域进行栽培才能发挥出品种的内在优势,而放在气候条件、栽培方式等差异较大的地域栽培时不一定会表现出较好的品种性状，也就是说当地的主栽品种放在外地进行栽种时不一定能像在当地一样表现出增产、品质优良、抗逆性强等特点。优良品种通常要产量高、块茎个大、单株结薯个数适中、适应性广、抗逆性强、抗病虫害、抗旱、抗涝、品质优良、商品性好等。具体来讲，马铃薯优良品种需要具备地域性、时效性、抗病性和经济性状4个特点，并且在利用时要防止一般品种混杂，以保持其优良的品种特性。

3.1.2.1 地域性

马铃薯在世界各国基本均有栽培，其分布范围比较广泛，说明其相对其他农作物来讲对环境的适应能力较强。但是与小麦、水稻、玉米等粮食作物来比较，通常一个地区的主栽粮食作物品种为1~2个，但是马铃薯就会有相对较多的品种分布，一方面说明不同马铃薯品种对于环境条件较为敏感，适应范围较狭小，具有明显的地域性；另一方面也说明马铃薯品种相比传统作物更加丰富，消费者需求更加多元化。在生产上，每个地区逐渐形成了自己的主栽品种，这类品种通常能够较好的适应当地的气候条件，并且长期种植后品种退化程度较低。

3.1.2.2 时效性

不同的优良品种在生产上都具有一定的时效性，特别是随着现代育种技术的发展及新品种的推陈出新，当地的主栽品种往往在种植几年后，就会发现新的品种在产量、抗逆性等特点上有所超越，此时原来的主栽品种就不能再称之为优良品种，而是会逐步被新推广的品种逐年取代。因此，不存在持久不变的“优良品种”，只有持续不断的培育、引进适合当地气候条件及栽培方式的新品种，在性状上优于原来的“优良品种”，通过品种的区域试验和审定，及时通过新的优良品种替换原来的优良品种，才能让更优良的品种在农业生产上充分发挥作用，促进农业的增产增收。

3.1.2.3 抗病性

不同马铃薯品种对于病虫害的抵抗能力有很大差异，特别是在抵御病害方面,例如有些品种在田间对于晚疫病有较高的抗性,而病毒病却很容易发生,有些品种却恰好相反。在生产中,要结合当地最容易爆发的病虫害进行优良品种的选择,避免由于抵抗力不强而出现减产等现象发生。根据当地病虫害发生特点及耕作方式,选择适宜抗病的品种,对保持马铃薯产量和防止种薯退化都具有重要的意义。

3.1.2.4　经济性状

块茎的形状、芽眼的深浅、薯皮薯肉的颜色等均是马铃薯的经济性状，不同经济性状决定了马铃薯的用途，也是与马铃薯栽培目的相适应的。例如以生产淀粉为主,则要求所种植的马铃薯品种淀粉含量高、产量高;以饲料为目的,则要求所选品种蛋白质含量高、维生素 C 含量高。近年来涌现出的彩色马铃薯其块茎薯皮或薯肉为红色、粉红、蓝色和蓝紫色等,因为它的营养价值非常高,同时还含有花青素和多酚等物质,具有防癌抗癌、减少心血管疾病发生、美容减肥、延缓人体衰老的作用,在市场上也颇受欢迎。

3.1.3　马铃薯优良品种的主要类型

3.1.3.1　按成熟期分类

根据成熟期,马铃薯通常可以分为早熟、中熟和晚熟类型。早熟品种一般在播种后 70~90 d 成熟，中熟品种 90~100 d 成熟，晚熟品种 110 d 以上成熟。早、中熟品种相对晚熟品种来讲一般节间较短,植株较矮,生长势较弱,大部分株高在 50 cm 左右,发育早,现蕾、开花均早,块茎较小,有的品种只现蕾不开花或花期较短,分枝多在茎的中上部;晚熟品种通常节间都稍长,植株较高,植株生长势强,大部分植株在 70 cm 左右,块茎相对较大,现蕾开花较晚,花期长,有的可连续发出花梗,分枝大多靠近茎的下部。

3.1.3.2　按用途分类

按照用途,马铃薯可分为菜用型品种、淀粉加工型品种和油炸食品加工型品种。菜用型品种一般大中薯率在75%以上、薯形较好、整齐度高、芽眼较浅并且少、表皮光滑、淀粉含量相对较低等。由于饮食习惯的差异，不同地区的人对薯皮和颜色也有不同的要求，如宁夏南部地区人们炒菜时较喜欢白皮黄肉、黄皮黄肉、黄皮红肉品种，宁夏北部区域人们则更喜欢白皮白肉品种。淀粉加工型品种要求产量高，尤其是淀粉含量必须在15%以上，同时芽眼要浅，便于加工时清洗，该类型对大中薯率和块茎表面形状要求不严格，一般所种植的薯块经过大小分级后，受市场价格影响，价格较好时大中薯通常用做菜用，仅剩余小薯用于淀粉加工。马铃薯全粉品种要求薯肉白色，干物质含量20%以上，龙葵素含量低，多酚氧化酶含量低，还原糖含量低于0.3%，耐低温贮藏，芽眼浅易漂洗。油炸食品的加工型品种包括油炸薯条型和油炸薯片型2种，其特点是芽眼浅，容易去皮，干物质含量高于19%，还原糖含量低于0.3%。其中油炸薯条品种要求薯形必须是长椭圆形，大中薯率要高，长度在6 cm以上，宽度不小于3 cm，重量在120 g以上，这种马铃薯应占80%，白皮或褐皮白肉，无空心，无青头，长椭圆形的薯块切割后薯条长度相对较长，商品性状好，块茎易漂洗，容易去皮，炸薯条颜色浅，食用味道好，淀粉粒结晶状，分布均匀，较耐低温贮藏。油炸薯片品种，要求薯形接近圆形，顶部不下凹，脐部不内陷，薯块大小中等均匀，所切割成的薯片形状基本一致，便于包装，炸片颜色浅，食用味道好，薯块不空心，淀粉分布均匀，较耐低温贮藏，通常薯块重量50~150 g较适宜。

3.2 马铃薯优良品种选用

在马铃薯种薯繁殖过程中，品种的选择也很重要。因为从原种繁殖到生产用种要经过3~4年的时间，为了避免种薯繁殖的盲目性，一定要根据当地的气候条件、种植季节、种植用途等来选择适合当地种植的品种。

3.2.1 马铃薯优良品种选用原则

在我国马铃薯生产中，不同生态地区对品种类型的要求是不同的，生产中应该根据当地的生态气候特点以及马铃薯品种的特性选择适宜的品种，良种选用要遵循以下原则。

3.2.1.1 根据不同的种植区域选用良种

不同地区由于光照、温度等气象因子的差异，对良种的要求也有所区别，只有适宜本地区气候条件的良种才能进行广泛种植，否则可能出现减产等现象，如南方二季作区马铃薯种植时间为晚秋、冬季和早春，因此要选用对日照反应中性，即对日照反应不敏感的品种。宜选用结薯早、块茎前期膨大快、休眠期短的早熟或中熟品种。另外，该区域的马铃薯多在春节前后收获，正值马铃薯市场淡季，可销往香港及东南亚等地区。因此，品种的商品性应适应市场需求，要求薯形好，大而整齐，表皮光滑，芽眼浅，食用品质好。同时要针对主要病害选用抗病性强的品种，例如对于容易发生晚疫病的区域则要尽可能选用抗晚疫病的马铃薯品种。

3.2.1.2 根据不同种植方式选用良种

不同的种植方式，对于马铃薯植株的生长形态也有不同的要求，如采用间作套种的生产方式就要考虑下一茬种植以及植株高矮繁茂程度是否遮光等问题，通常选用株型直立、株矮、分枝少、结薯集中、早熟或中早熟的优良脱毒品种为佳，尽可能缩短与其他作物的共生期，缓解两作物共生期间水、肥及栽培管理等矛盾。一季作区选用种植中晚熟品种可以考虑株形直立，分枝数中等，茎粗壮，叶片肥大，株高的品种，以达到较高产量的目的。

3.2.1.3 根据不同用途选用品种

种植者可依据市场及消费者的需求情况，决定是种植菜用型马铃薯，还是种植加工型马铃薯，以取得较高的种植效益，并由此来确定选用哪种类型的优良品种。不同用途的品种通常外观形态、内在品质都有所区别，出口型产品要求薯形椭圆、表皮光滑、芽眼极浅、红皮或黄皮黄肉的品种，这类外观特征的马铃薯较受欢迎；炸条、炸片加工型的品种要求淀粉含量不低于18%，还原糖含量不超过0.3%，芽眼浅，顶部和脐部不凹陷，并且容易清洗的品种；淀粉加工要求含淀粉高的品种等。

3.2.1.4 根据优良品种的特性来选用

比如在降雨较少、天气干旱的地区，可用抗旱品种，在雨水较多的地方，可选用耐涝的品种，在晚疫病多发地区要选用抗晚疫病的品种等。

3.2.1.5 调种注意事项

调种是指不同农业区域，不同省、市、自治区，或不同国家，相互调运马铃薯品种或品系，并把表现高产、抗病、优质的品种直接用于生产。调种的方法简便易行见效快，马铃薯调种需要掌握以下原则。

1. 注意品种间的差异

马铃薯品种间差异较大，每个品种都有一定的区域适应性，调种时要注意调种的地区气候条件，耕作制度，品种的属性、产量、抗病性、适应性及其他经济性状。在地理位置距离较远的地方，主要看两地的气候条件是否接近。一是指在同一季节两地气候是否相似；二是指在不同季节两地的气候条件相似，比如南方的冬季和北方的夏季气候有相似之处，气温特别接近，雨量也相差不多。引种地的气候与原产地的气候相似，进行引种就非常容易获得成功。南方育出来的马铃薯品种属于短日照类型，调到中原二季作区进行种植就会表现茎叶生长繁茂，不结薯或结薯较小，产量低。长日照条件下育成的品种，在南方进行种植则表现植株矮小，结薯早，产量不高。温度对马铃薯生长影响较大，结薯期如果土温超过25℃，块茎就会基本停止生长，由北方向南方引种，一定要引早熟、中早熟品种，争取在气温升高之前收获；而由南向北引种，早熟或晚熟品种均可以。高海拔、高纬度种植的马铃薯病毒感染轻，退化轻，由高海拔向低海拔、高纬度向低纬度引种，容易成功，一般表现都好，成功率高。

2. 提前开展调种试验

同一气候类型区内，在距离较近的地方引进品种，一般可以直接使用,不会出现大问题。但气候类型区不一样,距离较远的地方,引进的品种必须经过试验和示范的过程,试种前切不可盲目大量调种,以免给生产上造成不应有的损失。品种引进后首先要与当地主栽品种进行比较试验,在1~2 年的试验中,引进的品种如果在产量、质量和抗病等方面都优于当地品种,下一步就可以适当扩大种植面积,进行大田示范,进一步观察了解其在试验阶段的良好表现是否稳定,同时总结相应的栽培技术经验。如果大田示范中的表现与试验结果相符,就可以确定在当地进行推广应用,这样做可以防止盲目引进给生产造成损失。

3. 调运脱毒种薯

病毒是引起马铃薯品种退化的主要原因之一，它破坏了植株内在的正常功能,即使其他生长条件都得到了满足,植株仍然不能正常生长,造成严重减产。而脱毒马铃薯植株根系发达、吸收能力强,茎粗叶茂,一般增产 30%以上。要尽可能调运早代脱毒种薯:早代种薯脱毒后种植时间短,重新感染病毒机会少,种植后发病率非常低,与晚代脱毒种薯相比生长健壮,增产幅度大。以生产商品薯、加工薯为种植目的,一般选用二级或三级脱毒薯。脱毒种薯引种和调种时,要有对方植物检疫部门开具的病虫害检疫证书,防止引进危险性病虫草害,危害生产。凡品种混杂、退化、病虫草鼠害危害严重、种植多代的脱毒薯不能作为种薯调运,必须是达到良种标准的种薯方可调运。

3.2.2　马铃薯优良品种识别

随着马铃薯育种技术的不断成熟,所育成的优良品种也日益多元化,马铃薯的形态特征、生理生化特性是对其进行识别的重要依据,特别是现代生物技术的快速发展,要精确地辨识品种已经能够实现,但是通过现代生物技术去识别品种通常需要有较先进的仪器设备，在日常生产中很难得以推广应用，常用的技术手段主要是通过马铃薯的形态特征来识别其熟性，而且通过结合本地的气候条件及病害发生规律等，选择出适宜本地区的优良品种。

马铃薯在熟性上可分为极早熟、早熟、中早熟、中熟、晚熟类型。出苗后 60~80 d 内可以成熟的品种称为早熟品种，包括极早熟品种（60 d）、早熟品种（70 d）、中早熟品种（80 d），这些品种的共同特点就是生育期短，植株块茎形成早，膨大速度快，块茎休眠期短，适宜二季作区及南方冬作区栽培，目前在宁夏银川的日光温室、塑料大棚也有栽培，特别是城郊区域种植面积逐年增加。早熟品种由于植株矮小，通常可适当密植，以每亩 4 000~4 500 株为宜，并可以与其他作物间作套种。早熟品种一般节间短，根系一般不如晚熟品种发达，根系分布较浅，植株较矮，株高在 50 cm 左右，品种发育早，现蕾开花早，有的落蕾落花或开花很少，分枝多在茎的中上部，叶片单位面积上气孔少，而气孔口较大。出苗后 85~105 d 内可以成熟的品种称为中熟品种，这些品种生育期较长，适宜一季作栽培，部分品种可以用于二季作区早春和南方冬季栽培。出苗后 105 d 以上可以成熟的品种称为晚熟品种，这些品种生育期长，仅适宜一季作栽培，单株产量较高，节间稍长，植株高大，大部分品种植株在 80 cm 左右，高的可达 100 cm，现蕾开花晚，开花多，花期长，有的品种可开花 2~3 层。晚熟品种分枝大多靠近茎的下部，气孔多，气孔口较小。

3.2.3 马铃薯优良品种选择

马铃薯由于其特殊性，采用薯块进行无性繁殖，商品薯和种薯外观上难以区分，从种薯上很难看出熟性，也很难看出退化程度等，所以一些地方不断出现农民因选用劣质种薯进行生产，造成很大经济损失的事情，选择马铃薯种薯应注意以下几个方面。

3.2.3.1 选择适合当地的品种

马铃薯喜凉爽，适应性广，全国各地可以在不同的季节，根据当地的自然地理、气候条件和生产条件以及当地的种植习惯、方式等，结合种植目的，来选用不同的优良品种。如交通便利临近城市，可选用早熟菜用型品种，以便早上市，以较高的价格销售；有些地方有间套种的习惯，应该选用早熟、植株矮、分枝少、结薯集中的品种，以免影响下一茬种植或高矮植株透光等问题。在一季作区，主要的气候特点就是无霜期较短，可选用中晚熟品种，以便充分利用现有的无霜期，取得更高的产量，而且生长期长的品种抗病性都比较好，所以一些种植技术不是很好的农户可以考虑选择中晚熟品种，管理起来相对轻松。在北部和西北部干旱地区，如甘肃庆阳等黄土高原旱作区，可选择抗旱品种，在南方雨水较多的地方，可选用耐涝的品种，在晚疫病多发地区可选用抗晚疫病的品种等。

3.2.3.2　选择通过审定的品种

选育一个优良品种少则10年，从选择亲本，进行杂交，无性世代选育，品种区域试验到大面积推广应用要经过复杂而漫长的过程。通过审定的品种可以保证所选择的品种较已在生产上主要应用的品种具有较高的增产潜力，或在其他方面的表现不低于已在生产上推广的主栽品种，或在其他方面具有当地主栽品种所不具备的优点。通过审定的新品种，实际上表明了该品种已经选育成功，可以推广应用。审定通过的品种，表明其在生产上具有较高的推广应用价值，可以在生产中直接推广使用；审定未通过的品种，则表明其性状还不能超过现有的主栽品种，或在生产中可能还具有潜在风险，不能在生产中进行大面积推广应用。因此选用经过省级审定和国家审定的品种进行生产，更容易达到马铃薯高产高效的目的。

3.2.3.3　选择优质种薯

马铃薯是以块茎进行无性繁殖的，一旦生长的过程中感染了病毒，就会在植株体内增殖，并通过输导组织运转、积累到新生营养器官中，凡是用感染了病毒的器官做种，就会代代传播下去，表现出高度的退化现象。所以说选择使用脱毒种薯是达到马铃薯高品质高产量的必经之路。世界上的一些马铃薯种植技术先进的国家，脱毒种薯的使用率已经达到了

90%，而我国的脱毒种薯使用率不到30%，这和我国的种薯管理体系有关，也和好多农户的意识习惯有关。通常在种植马铃薯之前必须精选种薯，选择一些薯形规整，具有品种典型特征的健康种薯作种。选择种薯完成后也要严格地去除种薯表面畸形、尖头或者具有一些坏死或者病菌的块茎，这些有问题的薯块是不可以进行选择的。

3.2.3.4 认准相应证件

根据《中华人民共和国种子法》《农作物种子生产经营许可管理办法》等法律法规的规定，种子企业生产经营马铃薯种薯必须依法取得相应的农作物种子生产许可证、农作物种子经营许可证。种薯从外地调入，应具有对方开出的委托代销证、授权经营书及植物检疫部门开出的植物检疫证明以及种薯育成单位的品种审定证书、种薯生产许可证、种薯质量合格证等证件，管理规范、证件齐全的种薯经营单位所生产或者销售的种薯质量才能得到更加有效的保障，也才能更加放心地去种植。

3.3 马铃薯优良品种介绍

马铃薯在亲缘种间进行杂交不困难，并可利用块茎进行无性繁殖，使遗传性保持稳定。20世纪以来，由于广泛利用野生种与栽培种杂交，培育出来的新品种中多属杂交种。马铃薯按皮色分为白皮、黄皮、红皮和紫皮等品种；按薯块肉质颜色分为黄肉种和白肉种等；按薯块形状分为球形、椭圆形、长筒形和卵形等品种。常见的马铃薯优良品种如下。

1. 中薯2号

该品种属极早熟鲜食和淀粉加工兼用型品种，出苗后50~60 d可收获商品薯，商品薯率90%以上。中国农业科学院蔬菜花卉研究所用LT-2作母本，DT-33作父本杂交育成，1990年通过北京市农作物品种审定委员会审定。

品种特性：植株为扩散型，较矮小，株高一般60~70 cm，分枝较少，主茎 3~4 个,茎浅褐色。叶色深绿,复叶中等大小,生长势强。花冠紫红色,花淡紫色,花药橙黄色,花粉多。薯块近圆形,皮肉淡黄色,表皮光滑,芽眼深度中等。天然结果性强,花多,浆果大,种子多。单株结薯集中,块茎大而整齐,大中薯率 85%以上,单株结薯 4~6 块。块茎休眠期短,2 个月即可通过休眠,适合二季作栽培,秋播易于催芽。块茎品质好,含淀粉 14%~17%、还原糖 0.2%、粗蛋白质 1.4%~1.7%、维生素 C 27~32 mg/100 g 鲜薯,高产、稳产、抗花叶病毒和卷叶病毒,易感染 Y 病毒和疮痂病,病毒性退化轻。

产量:一般亩产量 1 500~2 000 kg,水肥条件好的地块一般亩产在 2 500 kg 以上。

适应地区及栽培要点:种植密度以每亩 3 500~4 000 株为宜。对肥水要求较高,高温缺水时易产生次生块茎,易形成畸形薯块。适宜在中原二季作区、南方作区和北方一季作区作为早熟蔬菜栽培。由于植株较矮,可与玉米、棉花等作物间作套种。适应性较广,在壤土和砂壤土种植更为有利。

2. 中薯 3 号

该品种属早熟品种,从出苗至收获需 65~70 d,适合作蔬菜鲜食及炸薯片加工利用。中国农业科学院蔬菜花卉研究所由京丰 1 号与 BF66A 杂交选育而成。2005 年通过国家农作物品种审定委员会审定,审定编号为国审薯 2005005,先后通过北京、广西、贵州、湖南、福建、湖北、广东等省(区、市)审定。

品种特性:株高 50~60 cm,株型直立,茎粗壮、绿色,分枝较少,单株茎数 3 个左右。叶色浅绿,复叶较大,叶缘波状,茸毛少,4 对侧小叶,生长势强。花序总梗绿色,花冠白色而繁茂,花药橙黄色,雌蕊柱头 3 裂,易天然结实,日照长度反应不敏感。块茎扁圆或扁椭圆形,顶部圆形,芽眼少而浅,薯皮光滑。匍匐茎短,结薯集中,单株结薯 4~6 个,薯块浅黄皮淡黄肉,大而均匀,较整齐,大、中薯率 90%以上,商品性好。幼苗生长势强,枝叶繁茂,匍匐茎短,块茎休眠期 60 d 左右,比较耐贮藏。食用品质优,块茎干物质含量19.6%、淀粉12%~14%、粗蛋白质1.82%、维生素C 22.8 mg/100 g鲜薯、还原糖0.35%，适合食品加工利用。该品种植株抗卷叶病毒和Y病毒病，较抗X病毒，退化慢，不抗晚疫病，不感疮痂病。

产量：通常在亩种植密度4 000~5 000株的情况下，亩产鲜薯1 500~2 000 kg，高产可达2 500 kg以上，稳产性较好。

适应地区及栽培要点：适应性较强，分布范围广，喜土质疏松、灌排方便地块，较抗瘠薄和干旱。适合一、二季作地区的早熟栽培，尤其适合北京、河北、河南、山东、安徽、浙江、山西南部等中原二季作地区，云南、贵州西南混作区和新疆、陕西等西北地区栽培以及福建、广西、湖南、湖北等冬季栽培，可与玉米、棉花等作物间、套作，结薯期和块茎膨大期如遇干旱，应及时灌溉。

3. 中薯4号

该品种由中国农业科学院蔬菜花卉研究所用东农3012作母本，85T-13-8作父本经杂交选育而成。1998年通过北京市农作物品种审定委员会审定，2004年通过国家农作物品种审定委员会审定，审定编号为国审薯2004001。

品种特性：属极早熟、优质、炸片型马铃薯新品种，从出苗至收获60 d左右，蒸食品质优良。株型直立，株高50~55 cm，茎绿色，基部呈浅紫色，分枝数少。叶绿色，复叶挺拔、大小中等，叶缘平展，枝叶繁茂性中等，生长势中等；花冠紫红色，能天然结实；结薯集中，块茎长圆形，大而整齐，皮肉淡黄色，表皮光滑，芽眼少而浅，商品薯率71%~80%，商品薯符合鲜薯出口要求。植株较抗晚疫病，抗马铃薯X病毒和Y病毒，生长后期轻感卷叶病、抗疮痂病，种性退化慢。鲜薯含干物质18.34%、淀粉13.3%、还原糖0.39%、粗蛋白质1.81%、维生素C 24.8 mg/100 g鲜薯，蒸食品质优，块茎性状优良。休眠期中等，常温条件下块茎休眠期60 d左右。

适宜北京、山东、河南等中原二季作区春秋两季种植，辽宁、黑龙江等北方一季作区早熟栽培，广东、广西、江西、福建等南方冬作区冬季栽培，重庆等西南地区二季栽培。

产量：一般亩种植密度4 500~5 000株，亩产1 500~2 000 kg。

适应地区及栽培要点：适于在北京、河南、安徽、山东等中原二季作区，辽宁、黑龙江等北方一季作区，南方二季作区和西南单双季混作区早熟栽培，也适合与其他作物间作套种。块茎膨大期如遇干旱，须及时灌溉，避免二次生长和产生畸形薯，以获高产。

4. 中薯5号

该品种由中国农科院蔬菜花卉研究所从中薯3号天然结实后代中经系统选育而成，2004年通过国家农作物品种审定委员会审定，审定编号为国审薯2004002。

品种特性：早熟品种，出苗后60 d左右可进行收获。常温条件下块茎休眠期50 d左右。株型直立，株高50 cm左右，叶色深绿，叶缘平展，复叶大小中等。生长势较强，茎绿色，分枝数少，生长势较强。花冠白色，天然结实性中等，有种子。块茎略扁长圆形、圆形，淡黄皮，淡黄肉，表皮光滑，大而整齐，商品薯率70%左右，芽眼极浅，结薯集中。植株田间较抗晚疫病，抗重花叶病毒病PVY，中抗轻花叶病毒病PVX、卷叶病毒病PLRV，生长后期轻感卷叶病毒病，不抗疮痂病。鲜薯含干物质19%左右、淀粉13%左右、还原糖0.3%、粗蛋白质2%、维生素C 20 mg/100 g鲜薯。炒食口感和风味好，炸片色泽浅。

产量：早熟丰产，一般亩产2 000 kg左右，高的可达4 000 kg，春季大中薯率可达97%以上。

适应地区及栽培要点：该品种耐肥水，适合保护地和地势较低的地块种植。不耐旱，不抗疮痂病，因此不适合在干旱的含盐量高的地块种植。通常适宜北京、山东、河南等中原二季作区春秋两季种植，辽宁、黑龙江等北方一季作区早熟栽培，广东、广西、江西、福建等南方冬作区冬季栽培，重庆等西南地区二季栽培。注意防治晚疫病，宜密植和间套种。

5. 中薯 6 号

该品种由中国农业科学院蔬菜花卉研究所从以 85T-13-8 为母本、以 NS79-12-1 为父本的杂交后代中选育而成。2001 年通过北京市农作物品种审定委员会审定，2006 年获农业部新品种保护权，2015 年通过国家审定，审定编号为国审薯 2015002。

品种特性：早熟鲜食品种，出苗后 65 d 左右可收获，株型直立，株高 50 cm 左右，生长势强，分枝数少，茎紫色。复叶大小中等，叶缘平展，叶色深绿。开花繁茂，花冠白色，天然结实性强，有种子。块茎椭圆形，粉红皮，薯肉紫红色或淡黄色，贮藏后紫色变深。薯块表皮光滑，大而整齐，芽眼浅，结薯集中，结薯早，膨大快，大中薯率较高，大中薯率可达 90%左右。炒食口感好和风味好，鲜薯含干物质 21%~23%、还原糖 0.11%~0.23%、粗蛋白质 2.3%、维生素 C 18.0~28.8 mg/100 g 鲜薯，加工炸片色泽浅且有紫色相间。植株田间较抗晚疫病，高抗 PVX 和 PVY 病毒病，生长后期轻感卷叶病毒病，退化慢；薯块性状和品质独特，适合鲜薯食用和炸片加工。

产量：平均亩产 1 400 kg，栽培条件较好的条件下产量普遍超过每亩 2 000 kg。

适应地区及栽培要点：该品种生长势较强但分枝少，宜密植增收，既适合于平播又可以间套种。春季商品薯生产的适宜密度为每亩 4 500 株左右，而作种薯生产时，每亩 6 000 株密度的群体繁殖能力较强，亩产块茎数最多。中原二季作、北方一季作和南方冬作区常作为早熟鲜薯食用和早熟加工栽培。

6. 中薯 10 号

该品种由中国农业科学院蔬菜花卉研究所、加拿大农业部马铃薯研究中心以 F79055 为母本、以 ND860-2 为父本经杂交系统选育而成。2006 年通过国家农作物品种审定委员会审定，审定编号为国审薯 2006005。

品种特性：中熟炸片专用型品种，出苗后平均生育期为 85 d 左右。株型直立，生长势中等，株高 52 cm，分枝少，枝叶繁茂中等，茎与叶均绿色，复叶中等大小，叶缘平展，花冠白色，天然结实性强，块茎圆形，淡黄皮白肉，薯皮粗糙，芽眼浅，匍匐茎短，结薯集中，块茎大而整齐，单株结薯数 3.9 个，大中薯率可达 90%以上。块茎含维生素 C 11.5 mg/100 g 鲜薯、淀粉 13.8%、干物质 20.8%、还原糖 0.17%、粗蛋白质 2.07%。抗轻花叶病毒病 PVX，高抗重花叶病毒病 PVY，轻度至中度感晚疫病。

产量：每亩种植 4 500~5 000 株，平均亩产 1 100 kg，栽培条件较好的条件下一般亩产 1 500 kg 以上。

适应地区及栽培要点：适宜在河北张家口和承德、山西大同和忻州、内蒙古呼和浩特和乌兰察布市、陕西榆林等地区种植。选择土质疏松、有灌溉条件地块播种，忌连作，禁止与其他茄科作物轮作。留种田应与商品薯生产田及其他病源作物隔离。有灌溉条件的地块垄作点播。

7. 陇薯 6 号

该品种由甘肃省农业科学院粮食作物研究所以武薯 86-6-14 为母本、陇薯 4 号为父本杂交选育而成。2005 年通过国家农作物品种审定委员会和宁夏回族自治区农作物品种审定委员会审定，编号为国审薯 2005002、宁审薯 2005001，2010 年获植物新品种权保护。

品种特性：鲜食菜用、淀粉及全粉加工用品种，出苗后生育期 115 d 左右。株型半开展，株高 70~80 cm，茎绿色，茎翼直状，叶深绿色，茸毛中多，叶缘平展，复叶大，侧小叶 4 对，顶小叶正椭圆形，托叶中间形。花序总梗绿色，花柄节无色，花冠乳白色，花冠中部黄绿色，雄蕊黄色，花粉量多，柱头绿色 2 分裂，子房断面无色，无天然结实。块茎扁圆形，淡黄皮白肉，芽眼较浅，单株结薯 5~8 个，大中薯率一般 90%以上。幼苗生长势强，成株繁茂，主茎分枝较多，块茎休眠期中长，较耐贮藏。块茎含干物质 23.3%、粗淀粉 16.1%、粗蛋白质 2.16%、维生素 C 11.2 mg/100 g 鲜薯、还原糖 0.22%。中抗轻花叶病毒病，感重花叶病毒病，中感晚疫病，抗退化能力强。

产量：产量高，每亩种植 4 000 株左右，平均亩产为 1 800 kg，高产的达 3 000 kg。

适应地区及栽培要点：不仅适宜甘肃省高寒阴湿、二阴及半干旱地区推广种植，还适宜宁夏、青海、河北、内蒙古等北方一季作区种植。管理上注意早促快发、先促后控，重施底肥，氮、磷肥配合；早施追肥，切忌氮肥过量；早除草、早中耕培土，培土垄要高而陡。初花期株高超过 60 cm、有徒长趋势时，及时喷施多效唑或马铃薯膨大素控制徒长。

8. 陇薯 13 号

该品种由甘肃省农业科学院马铃薯研究所以 K299-4 为母本，L0202-2 为父本配制杂交组合，经系统定向选育的中晚熟品种，2013 年育成，2014 年通过甘肃省农作物品种审定委员会审定，审定编号为甘审薯 2014004。

品种特性：鲜食菜用晚熟品种，生育期（出苗至成熟）120 d 左右，幼苗长势中等，成株繁茂；株型半直立，株高 67 cm 左右；茎翼呈波状，茎横断面三棱形，茎绿色，局部浅褐色；叶片绿色，表面有光泽，叶缘平展，小叶着生较疏，顶小叶较宽，呈正椭圆形，基部为心形，茎托叶为中间型；花冠紫色，为近五边形，花冠较大，无重瓣花，花柄节褐色，柱头三分裂，较长，呈绿色，花药黄色，呈锥形；天然结实性较弱；结薯集中，块茎圆形，淡黄皮淡黄肉，表皮粗糙，薯皮网纹，大而整齐，芽眼浅；结薯集中，单株结薯 3~6块，大中薯率 90%以上。薯块休眠期长，耐运输，耐贮藏，适合菜用鲜食。块茎含干物质 21.74%、淀粉 16.27%、粗蛋白 2.26%、维生素 C 19.76 mg/100 g 鲜薯、还原糖 0.37%，煮食口感和风味中等。中抗晚疫病，对花叶病毒病具有较好的田间抗性。

产量：每亩种植 3 500~4 000 株，一般平均亩产为 1 400 kg，高产达 2 500 kg。

适应地区及栽培要点：在甘肃省渭源、临洮、安定、通渭、榆中、永登等县得到较大面积示范，表现良好，商品率高，商品性好，应用面积呈增加趋势。适宜在甘肃省渭源和天水等半干旱地区及高寒阴湿、二阴地区推广种植。

9. 青薯 168

该品种由青海省农林科学院农作物研究所用辐深 6-3 为母本与狄西芮(Desiree)为父本,通过有性杂交培育而成。1989 年青海省农作物品种审定委员会审定,1993 年国家农作物品种审定委员会审定，品种登记号为 GS05002-1992。

品种特性:晚熟品种,生育期从出苗到成熟 160 d 左右,株丛繁茂,植株直立,生长势强,株高 90 cm 左右,茎秆粗壮,红褐色,茎粗 1.3 cm 左右,主茎数 2~3 个,分枝数 2 个左右,分枝部位较高。枝叶繁茂,叶色浓绿,叶片中等大小,叶较厚。花冠浅紫色,开花较多,天然结实少。结薯较早且集中,块茎大而整齐,每株平均结薯 7~10 个,大中薯率占 88%以上。薯块长圆形,薯形好,红皮黄肉,表皮光滑,芽眼浅。鲜薯含淀粉 17.3%、粗蛋白质 2.07%、干物质 21.7%、还原糖 0.68%、维生素 C 为 13.4 mg/100 g 鲜薯,食味品质较好,炒食尤佳。块茎休眠期长,长达 6 个月,耐贮藏,抗病性和抗逆性较强,植株高抗束顶病,中抗晚疫病、环腐病、花叶病和黑胫病,不抗卷叶病毒病。

产量:每亩种植 4 000~5 000 株,平均亩产 2 000 kg 左右。

适应地区及栽培要点:适宜西北一季作区栽培,本品种结薯期早、结薯层深、薯块大,要求对土壤翻深、翻匀、翻松。

10. 青薯 2 号

该品种由青海省农林科学院作物研究所采用高原 4 号作母本，与国外引进品种玛古拉(magura)作父本进行有性杂交选育而成。1999 年通过青海省农作物品种审定委员会审定，审定编号为青种合字第 0144 号，2003 年获青海省科技进步一等奖,2004 年获国家科技进步二等奖。

品种特性:晚熟高淀粉品种,出苗后生育期为 120 d 左右。株型直立高大,茎粗,生长势强,株丛繁茂。株高 90 cm,茎绿色,茎横断面为三棱形,主茎数 3 个,分枝数 5 个。叶色深绿,中等大小,边缘平展,复叶椭圆形，排列中等紧密，互生或对生，有5对侧小叶，顶小叶钝形，次生小叶8对，互生或对生，第二对较大，托叶呈镰形。聚伞花序，有7~10朵花，排列较疏松，花蕾椭圆形，天然果少，浆果圆形，呈绿色。总花梗长12.00~18.00 cm，花柄节紫色；萼片黄绿色，披针形，花冠浅紫色，直径3.40 cm；花瓣尖，深红色，基部浅绿紫色，雌蕊花柱长，柱头圆形，二分裂，绿色；雄蕊5枚，聚合成圆柱状，黄色。薯块圆形，表皮光滑，白皮白肉，致密度紧。芽眼浅，芽眉直形，单块芽眼数6~8个，结薯集中，休眠期35 d左右，耐贮藏。块茎含淀粉22.86%~25.83%、维生素C 20.9 mg/100 g鲜薯、粗蛋白质1.66%、还原糖0.627 mg/100 g，蒸食品质好。抗晚疫病、环腐病、黑胫病，抗花叶和卷叶病毒，轻感早疫病。

产量：水浇地密度3 000株/亩，旱地密度4 000株/亩，水浇地一般亩产2 500~3 000 kg，旱地亩产2 000 kg。

适应地区及栽培要点：耐旱、耐寒性强，耐盐碱性强。适宜于水浇地、旱地及高山地区种植，特别适宜青海、甘肃和宁夏等西北一季作区种植。

11. 青薯6号

该品种由青海省农林科学院用固33-1与92-9-44杂交选育而成，2005年通过青海省农作物品种审定委员会审定，2009年通过国家农作物品种审定委员会审定。审定编号为国审薯2009005。

品种特性：中晚熟油炸薯片加工品种，生育期平均115 d左右。株高59 cm左右，幼苗直立，深绿色，株型直立高大，生长势强，分枝少，单株主茎2个，枝叶繁茂，茎、叶绿色，茎横断面三棱型，叶片中等大小，边缘平展，复叶椭圆形，互生和对生；托叶呈镰刀形。花繁茂性中等，聚伞花序，花蕾椭圆形，黄色；萼片绿色，尖锐形；花冠紫色，花瓣尖，深紫色，雌蕊花柱长，柱头圆形，二分裂，黄色；雄蕊5枚呈圆柱形，黄色，天然结实性差；薯块圆形，白皮白肉，薯皮光滑，薯块整齐，芽眼浅，芽眼数5~7个；平均单株结薯数为4~5个。鲜薯含淀粉12.8%、干物质23.2%、还原糖0.30%、粗蛋白2.38%、维生素C含量为16.9 mg/100 g鲜薯，蒸食品味好，适宜油炸薯片加工。植株耐旱、耐寒、耐盐碱性强，薯块耐贮藏，中抗马铃薯 X 病毒病、马铃薯 Y 病毒病，高抗马铃薯晚疫病、环腐病、黑胫病。

产量：水地种植亩产 2 500~3 000 kg；中、高位山旱地区种植亩产 2 000~2 500 kg。

适应地区及栽培要点：适宜在西北一季作区的青海东南部、宁夏南部山区、甘肃中部及半干旱、阴湿区种植。

12. 青薯 9 号

该品种由青海省农林科学院生物研究所通过国际项目合作，从国际马铃薯中心（CIP）引进杂交组合（387521.3X APHRODITE）实生种子，经系统选育而成。2006 年 12 月通过青海省农作物品种审定委员会审定，审定号为青审薯 2006001。2011 年通过国家农作物品种审定委员会审定，审定编号为国审薯 2011001。

品种特性：晚熟鲜食品种，生育期 115 d 左右。株高 89.3 cm 左右，植株直立，分枝多，生长势强，枝叶繁茂，茎绿色带褐色，横断面三棱形，基部紫褐色，叶深绿色，较大，茸毛较多，复叶挺拔、大小中等，叶缘平展，椭圆形，排列较紧密，互生或对生，有 5 对侧小叶，顶小叶椭圆形。聚伞花序，7~9 朵花，花序排列中等，花瓣尖，白色，雌蕊花柱长，柱头圆形，二分裂，绿色；雄蕊黄色，圆锥形整齐聚合在子房周围，天然结实少。结薯集中，块茎长圆形，红皮黄肉，成熟后表皮有网纹、沿维管束有红纹，芽眼少而浅，商品率高。单株主茎数 2~3 个，结薯 5~6 个，结薯集中，薯块整齐。块茎含淀粉 15.1%、干物质 23.6%、还原糖 0.19%、粗蛋白 2.08%、维生素 C 18.6 mg/100 g 鲜薯。休眠性中等，耐贮性好。植株中抗马铃薯 X 病毒，抗马铃薯 Y 病毒，抗晚疫病。

产量：每亩种植 4 000~5 000 株，一般水肥条件下亩产 2 250~3 000 kg，高水肥条件下亩产 3 000~4 200 kg。

适应地区及栽培要点：适宜在青海东南部、宁夏南部、甘肃中部一季作区及四川省等地作为晚熟鲜食品种种植，尤其在西部干旱、半干旱地区种植比较效益明显，抗旱性和耐寒性表现优良。

13. 下寨 65

该品种由青海省互助县农技站、互助县红崖子沟乡下寨村农科队用高原 2 号作母本、明星（Star，又译为德友 4 号）作父本，通过有性杂交、实生苗培育、后代选择而成。1984 年青海省农作物品种审定委员会审定通过（审定编号：青种合字第 0055 号）。

品种特性：中晚熟淀粉加工型品种。出苗到收获天数为 109 d 左右。幼芽顶部钝形、紫色，基部椭圆形、黄绿色，茸毛中等。幼苗直立，绿色。株型直立，分枝多，株高 87.0 cm，生长势强。茎绿色，带有少量紫色素，横断面三棱形。茎粗为 1.5 cm，茎翼微波状。分枝部位在主茎的中下部，分枝数在 5 个以上。叶深绿色。顶小叶倒卵形，顶端尖锐，基部呈圆形，叶柄短。托叶镰刀形。侧小叶 3~5 对，羽状排列，对生或互生，排列紧密度中等。小叶叶片边缘平展，深绿色，大小中等。复叶大，椭圆形，长度为 22.0 cm。次生小叶通常 3~5 对，少数 7 对。花蕾椭圆形，浅紫色。花序聚伞形，排列紧密度中等。总花梗长度 9.5 cm。花柄节浅紫色。萼片绿色，披针形。花冠紫色，大小中等，五星轮纹为浅黄色。开花繁茂，花药橙黄色，柱头 3 裂，天然不结实。薯块椭圆形，表皮较光滑，皮肉均浅黄色，幼壮薯表皮光滑，老龄薯表皮较粗糙，薯肉致密度中等。薯块芽眼 11~14 个，无色，芽眼较浅，芽眉弧形。脐部凹陷，深度中等。结薯集中，块茎较大而整齐。薯块空心率小于 3%。休眠期长，休眠强度小。整薯播种的单株产 1.33 kg，单株结薯 11 个，单薯重量 0.12 kg。食用品质好，块茎含淀粉 15%~18%、粗蛋白质 1.13%、维生素 C 11.4 mg/100 g 鲜薯、还原糖 0.23%。耐旱、耐寒，抗马铃薯卷叶病毒，高抗马铃薯晚疫病，轻感黑胫病和花叶病毒病，中抗卷叶病毒病，退化较轻。薯块休眠期长，耐贮藏。

产量：水浇地适宜栽植密度 3 500 株/亩，旱地 3 700 株/亩。水浇地亩产平均 2 500 kg，旱地亩产平均 1 500 kg。

适应地区及栽培要点：该品种适应性广，在青海、甘肃和宁夏等省

（区）种植，特别适于高位水地及中、高位山旱地种植。

14. 克新 1 号

该品种由黑龙江省农科院马铃薯研究所以 374-128 作母本、疫不加（Epoka）作父本经有性杂交系统选育而成。1967 年经黑龙江省农作物品种审定委员会审定（审定编号：黑审薯 1967001），1984 年通过国家农作物品种审定委员会认定为国家级品种（审定编号：GS05009），1998 年经宁夏回族自治区农作物品种审定委员会审定（审定编号：宁种审9823），1987 年获国家发明二等奖。

品种特性：中熟品种，出苗后生育期 90 d 左右。幼苗及成株生长健壮，株型开展，分枝数中等，主茎分枝 3~4 个，株高 70 cm 左右，茎粗壮、绿色，生长势强。叶绿色，茸毛中等且多，复叶肥大，侧小叶 4 对，排列疏密中等。花序总梗绿色，花柄节无色，幼芽基部圆形、紫色，顶部钝形。花冠淡紫色，柱头 2 裂，开花正常，花药黄绿色，无花粉，雌雄蕊均不育，不能天然结实和作为杂交亲本。块茎椭圆形，大而整齐，白皮白肉，表皮光滑，芽眼深浅中等。耐贮性中等，结薯早而集中，单株结薯 4~5 个，块茎膨大快。蒸食品质中等。块茎含干物质 18.1%、淀粉 13%~14%、还原糖 0.52%、粗蛋白质 0.65%、维生素 C 14.4 mg/100 g 鲜薯。植株抗退化力强，较抗晚疫病和环腐病，高抗卷叶病毒，耐束顶病，对马铃薯纺锤块茎类病毒有耐病性，较耐涝、耐瘠薄，田间腐烂率低。

产量：每亩栽植密度 3 500~4 000 株为宜，一般每亩产 1 500 kg 左右，高产可达 2 500 kg。

适应地区及栽培要点：20 世纪 70 年代末至 80 年代初曾是中国种植面积最大的品种之一，该品种适应范围较广，我国北方一季作区黑龙江、吉林、辽宁、河北、内蒙古、山西、陕西、甘肃、宁夏等省（区）普遍种植，中原二作区的山东、安徽、上海等省（直辖市）也有种植。

15. 克新 4 号

该品种由黑龙江省农业科学院马铃薯研究所以白头翁（Anemone）作

母本、卡它丁(Katahdin)作父本杂交,在子代实生系中选择优良单株经无性繁殖而成。1970 年经黑龙江省农作物品种审定委员会审定(黑审薯 1970001),同年开始推广;1987 年经天津市种子管理站审定(审定编号:津认菜 1987057);1990 年通过农业部审定(审定编号:GS05010-1984);1995 年经山东省农作物品种审定委员会审定(审定编号:95 鲁农审字第 3 号);1996 年经浙江省审定(审定编号:浙品认字第 219 号);2012 年经湖北省农作物品种审定委员会审定(审定编号:鄂审薯 2012003)。

品种特性:早熟鲜食品种,出苗后生育日数 75 d 左右。株型开展,分枝较少,株高 60 cm 左右,单株主茎数 2.2 个。茎绿色,有淡紫色素,茎翼波状,宽而明显,匍匐茎较短。生长势中等,叶浅绿色,茸毛中等多。复叶大小中等,叶色稍浅,叶缘平展,侧小叶 4 对,排列疏密中等。花序总梗大小中等、整齐,花冠白色,有外重花瓣,开花较少,花药黄绿色,花粉少,花粉不孕,无天然结实,一般无浆果。芽眼数目中等、浅,结薯集中,每株结 4~6 个。幼芽基部圆形、紫色,顶部尖形、淡紫色,茸毛多。块茎圆到扁圆形,整齐,有细网纹,黄皮淡黄肉,芽眼深浅中等。结薯集中,单株结薯数 6.3 个,单薯重 71.5 g,薯块中等大小较整齐,表皮光滑,休眠期短,耐贮性强,蒸食品质优。块茎含干物质 21.4%、淀粉 12%~13%、还原糖 0.04%、粗蛋白质 2.23%、维生素 C 14.8 mg/100 g 鲜薯。植株抗倒伏,抗退化能力较强,对花皱叶高度过敏,有田间自然淘汰作用,轻度感染卷叶病毒病、晚疫病和环腐病。

产量:适宜栽植密度每亩 4 000~5 000 株,丰产性好,一般亩产 1 500 kg 左右,高产可达 2 500 kg 左右。

适应地区及栽培要点:适应范围较广,适于二季作栽培和复种,主要分布在黑龙江、吉林、辽宁、河北、山东、天津、湖北、上海等省(市)。

16. 东农 303

该品种为我国双季、极早熟脱毒马铃薯菜用品种,由东北农业大学于 1967 年用白头翁(Anemone)作母本、卡它丁(Katahdin)作父本杂交育成。

1981 年通过了黑龙江省农作物品种审定委员会(审定编号:黑审薯1981001),1987 年通过了天津市种子管理站审定(审定编号:津认菜 1987058),1990 年通过了农业部审定(审定编号:GS05002),1992 年通过了山东省农作物品种审定委员会审定(审定编号:92 鲁农审字第 4 号),1996 年通过了浙江省审定(审定编号:浙品认字第 218 号)。

品种特性:早熟,从出苗到收获 60 d 左右。株型直立,茎秆粗壮,分枝数中等,开展度 40 cm×50 cm,适合与其他作物间作套种。株高 45~55 cm,生长势强,茎绿色。叶色较浅,茸毛少,复叶较大,叶缘平展,侧小叶 4 对。花序总梗绿色,花柄节无色,花冠白色,无重瓣,大小中等,花药黄绿色,柱头无裂,雄性不育,不能天然结实。块茎扁卵形,黄皮黄肉,表皮光滑,芽眼较多、较浅。块茎形成早,出苗后 50~60 d 即可收获,结薯特别早且集中,单株结薯 6~8 个,块茎大小中等而整齐,结薯部位高,易于采收。块茎休眠期较长。综合经济性状优良,蒸食品质优,食味佳,淀粉质量好,适于鲜食、加工和出口。块茎含干物质 20.5%、淀粉 13%~14%、粗蛋白 2.5%、维生素 C 14.2 mg/100 g 鲜薯。植株中感晚疫病,高抗花叶病毒病,轻感卷叶病毒病,耐纺锤块茎类病毒,退化慢。休眠期短,较耐贮藏。

产量:适宜栽植密度为每亩 4 000~4 500 株,一般亩产量 1 500~2 000 kg,高产可达 2 500 kg 以上。

适应地区及栽培要点:喜水肥、怕干旱、较耐涝,不适宜在干旱地区种植,适宜水田种植。栽培适应性广,在全国种植面积很大,尤其适合在东北、华北、中南及广东、江苏、上海等地种植。

17. 早大白

该品种由辽宁省本溪市马铃薯研究所以五里白为母本、74-128 为父本杂交,在子代实生系中选择优良单株经无性繁殖选育而成。1992 年经辽宁省农作物品种审定委员会审定(审定编号:辽审薯〔1992〕7 号),1997 年经黑龙江省农作物品种审定委员会审定(审定编号:黑审薯 1997001),1998 年经国家农作物品种审定委员会审定(审定编号:国审薯 980001),

2004 年经青海省农作物品种审定委员会审定(审定编号:青种合字第 0180 号),2012 年经湖北省农作物品种审定委员会审定（审定编号：鄂审薯 2012001）。

品种特性:属早熟菜用型品种,从出苗到成熟 65 d 左右,植株直立,繁茂性中等,株高 50~70 cm,茎叶绿色,分枝数少,茎基部浅紫色,茎节和节间绿色,茎横断面圆柱形。叶缘平展,茸毛少,复叶较大,椭圆形,互生和对生,繁茂性中等,侧小叶 5 对,顶小叶卵形,托叶呈镰刀形。聚伞花序,花蕾尖形,浅绿色;萼片浅绿色,尖锐形;花冠白色,雌蕊花柱长,柱头圆形,二分裂,深绿色;花药橙黄,花粉量中等,可天然结实但结实性偏弱,果实绿色,有种子。块茎扁圆形,大而整齐,白皮白肉,致密度紧,表面光滑,芽眼数目和深度中等,芽眼数 5~7 个,散射光下芽呈绿色。单株产量 0.5~0.9 kg,单株结薯数 4~5 个，单块薯重 0.16~0.18 kg，薯块大而整齐，大中薯率 90%以上,商品率高,商品性好,能及早上市,便于早倒茬。蒸食品质中等。块茎含干物质 21.9%、淀粉 11%~13%、还原糖 1.2%、粗蛋白质 2.13%、总维生素 C 12.9 mg/100 g 鲜薯。对花叶病毒有较强的抗性和耐性,轻感卷叶病毒,抗环腐病,较抗疮痂病,植株较抗晚疫病,块茎易感晚疫病。休眠期中等,耐贮性一般。

产量:一般每亩种植 4 500~5 000 株,适宜在地势高、温度高、排水良好的沙质土种植,亩产 1 500~2 000 kg。

适应地区及栽培要点:我国南北方均可栽培种植,尤其适宜排灌良好的中原马铃薯二季作区沙壤土种植,在山东、黑龙江、青海、安徽、湖北、辽宁、河北和江苏等地均有种植。苗期喜肥水、喜温,后期薯块膨大快,结薯集中。

18. 尤金

该品种由辽宁省本溪市马铃薯研究所以新型栽培种 NS80-31 为母本、普通栽培种自选系 8023-10 为父本通过有性杂交和系统选育而成。1996 年经辽宁省品种审定委员会审定(审定编号:辽审薯〔1996〕9 号),

2014 年经黑龙江省品种审定委员会审定(审定编号:黑审薯 2014003)。

品种特性:中熟鲜食品种,生育期出苗到收获 65~70 d,苗期生长较缓慢,喜肥水。株型直立,分枝较少,繁茂性中等,株高 65 cm 左右,茎紫褐色;叶色深绿,小而密,正面有蜡质光泽,复叶长大,侧小叶 5~6 对;花冠白色,自然结实能力弱;块茎椭圆形,黄皮黄肉,表皮光滑,芽眼少而浅,结薯集中、整齐,两端丰满,块茎大而整齐,商品率达 90%以上;散射光下芽呈紫色。适口性好,品质佳,宜烹调。块茎含淀粉 13%~15%、干物质 20%、还原糖 0.02%、粗蛋白 2.22%、维生素 C 12.2 mg/100 g 鲜薯,油炸薯片成品率高,色泽均匀、金黄,外观食欲感强,品味香脆可口。植株高抗马铃薯 A 病毒、马铃薯 Y 病毒,抗马铃薯卷叶病毒,易感晚疫病、环腐病,退化慢。休眠期中等,顶芽优势明显,较耐贮藏。

产量:栽培适宜密度 5 000 株/亩,丰产性好,一般亩产 2 000 kg 以上。

适应地区及栽培要点:适应性较广,适宜于中上等地力栽培,主要适应二季作区种植,在辽宁省、黑龙江省大面积推广。

19. 宁薯 12 号

该品种由宁夏回族自治区固原市农业科学研究所用国际马铃薯研究中心育成品种中心 22 号作母本、宁 88-8-306 作父本通过有性杂交,选择实生苗单株,后经无性多代筛选培育而成。2007 年 3 月经宁夏回族自治区农作物品种审定委员会审定定名(审定编号:宁审薯 2007001)。

品种特性:中熟品种,生育期 106 d。株型直立,茎绿色,叶色浅绿,复叶大小中等,枝叶繁茂,长势强,株高 30~50 cm,聚伞花序,花冠白色。主茎 2~3 个,分枝 6 个左右,单株结薯 4~5 个,薯块大小中等且整齐,匍匐茎较短,结薯集中,单株产量 450~750 g,商品率 81%。薯块圆形,浅黄皮浅黄肉,芽眼浅。块茎干物质含量 23.41%、淀粉 14.9%、粗蛋白质 3.96%、还原糖 0.3%、维生素 C 11.92 mg/100 g 鲜薯。花繁茂,天然果少,抗旱耐瘠薄,中抗晚疫病、环腐病,轻感花叶病毒和卷叶病毒。薯块休眠期长,耐贮藏。

产量:适宜密度 3 500~4 000 株/亩,平均亩产 1 700 kg 左右,栽培条件较好情况下亩产可达 2 000 kg 以上。

适应地区及栽培要点:适宜在宁南山区干旱、半干旱、阴湿区,生态条件类似地区种植。

20. 冀张薯 8 号

该品种由河北省张家口市农业科学院 1990 年从国际马铃薯中心(CIP)引进杂交组合(720087×X4.4),通过实生苗培育和后代选择培育而成,原系谱编号:92-10-2。2006 年通过了国家农作物品种审定委员会审定(审定编号:国审薯 2006004),2012 年通过了宁夏农作物品种审定委员会审定(审定编号:宁审薯 2012002),2014 年通过了贵州省农作物品种审定委员会审定(审定编号:黔审薯 2014003 号)。

品种特性:中晚熟鲜食品种,出苗后生育期 99 d 左右。株型直立,生长势强,株高 73 cm 左右。茎绿色,叶深绿色,单株主茎数 3~4 个。花冠白色,花期长而繁茂,具有浓香味,天然结实性中等。块茎椭圆形,淡黄皮乳白肉,芽眉稍大,芽眼浅,薯皮光滑,易去皮,结薯较集中。单株平均结薯数为 5~6 个,无二次生长和空心,平均单薯重 102 g,薯块大小较整齐,商品薯率 85%以上,丰产稳产,适应性好。蒸食品质优,块茎含淀粉 14.8%、干物质 23.2%、还原糖 0.28%、粗蛋白质 2.25%、维生素 C 16.4 mg/100 g 鲜薯。高抗轻花叶病毒病,高抗重花叶病毒病,轻度至中度感晚疫病。

产量:每亩播种密度 3 500~4 000 株,平均亩产 1 500 kg,栽培条件较好情况下亩产可达到 2 200 kg 以上。

适应地区及栽培要点:适宜在河北张家口和承德,山西大同和忻州,内蒙古呼和浩特和乌兰察布市,陕西榆林,宁夏南部山区,贵州省高海拔区域等种植。

21. 郑薯 5 号

该品种由河南省郑州市蔬菜研究所以高原 7 号为母本、郑 762-93 作父本配组杂交后,经多代选育而成。1993 年经河南省农作物品种审定委员会审定命名(审定编号:豫马铃薯 1 号)。

品种特性:早熟菜用型品种,生育期 65 d 左右,株形直立,茎粗壮,株高 60 cm 左右,分枝 2~3 条,生长势较强。叶片较大,绿色。花冠白色,花药黄色,能天然结实。单株结薯 4 块左右,块茎圆或椭圆形,脐部稍小,尾部稍尖,黄皮黄肉,表皮光滑,芽眼浅而稀,薯块大而整齐,结薯集中,大中薯率 90%以上,商品薯率高,适宜外贸出口。块茎食用品质好,块茎含干物质19.18%、淀粉 13.42%、还原糖 0.089%、粗蛋白质 1.98%、维生素C 13.89 mg/100 g 鲜重。植株轻感卷叶病毒,较抗霜、茶黄螨及疮痂病,较抗瘠薄和干旱,退化轻。块茎休眠期短(45 d 左右),耐贮性较好。

产量:一般栽培密度为 4 000~5 000 株/亩,春季一般亩产 2 000 kg,秋季 1 500 kg 左右,丰产性较强,高产可达 4 000 kg 以上,在水肥条件好的地方种植增产潜力大。

适应地区及栽培要点:该品种适应性强,在吉林、河北、河南、山东、四川、广东等省都有栽培,适宜二季栽培及山区一季栽培。

22. 鲁引 1 号

该品种由山东省农业科学院蔬菜研究所经单株系选和脱毒筛选繁育而成。目前是山东省的主栽品种。

品种特性:早熟高产鲜食马铃薯品种,生育期(出苗到收刨)65 d 左右。株型直立,株高 60 cm 左右。茎秆粗壮,分枝少,生长势强,匍匐茎短,茎紫褐色。叶片肥大,复叶大、下垂,叶缘呈波浪状,花淡紫色,有浆果。块茎呈长椭圆形,芽眼少而浅,薯皮光滑,结薯集中,外形美观,皮呈淡黄色,肉鲜黄色,大小均匀。食味好,品质优良。块茎含干物质 17%~18%、淀粉 13%左右、粗蛋白 1.6%、维生素 C 13.6 mg/100 g 鲜重,可提早上市鲜食或加工利用。植株结薯集中,块茎膨大速度快、大小均匀。病毒抗性中等,较抗疮痂病和环腐病,易感晚疫病。块茎休眠期短。

产量:适于春、秋两季栽培,春季栽培密度 4 500 株/亩,秋季栽培密度 5 500 株/亩。一般亩产 2 000kg/亩,肥水好的高产地块亩产可达

3 000 kg 以上。

适应地区及栽培要点：适应区域广泛，适合一季作、二季作地区栽培，特别适合砂壤土。在中原二季作区和南方冬作区均有栽培，特别是在山东、河北、广东等地广泛种植。

23. 鄂马铃薯 5 号

该品种由湖北恩施南方马铃薯研究中心以从 CIP 引进的群体改良材料选系“393143–12”作母本、新型栽培种改良系“NS51–5”作父本有性杂交育成。2005 年通过了湖北省农作物品种审定委员会审定（审定编号：鄂审薯 2005001），2008 年通过了国家农作物品种审定委员会审定（审定编号：国审薯 2008001）。

品种特性：中晚熟鲜食品种，从出苗至成熟 90 d 左右。出苗整齐，植株较矮，株高 60 cm 左右，株型半扩散，植株生长繁茂，生长势较强，叶片较小，茎叶绿色，茎粗 1.0 cm，主茎数 5~6 株，匍匐枝短，花冠白色，开花繁茂，天然结实性弱，浆果有种子。块茎大薯为长扁形，中薯及小薯为扁圆形，结薯集中，单株结薯数 10 个左右，平均单薯重 75 g，大中薯率 85%，黄皮白肉，表皮光滑，芽眼浅，芽眼数量中等，芽眉较大。鲜薯食用品质好，褐化极慢，适宜油炸食品、淀粉、全粉等加工和食用。块茎含淀粉 14.5%左右、干物质 22.7%、还原糖 0.22%、粗蛋白 1.88%、维生素 C 16.6 mg/100 g 鲜薯。植株高抗马铃薯轻花叶病毒病、抗马铃薯重花叶病毒病，抗晚疫病。块茎休眠期 60 d 左右，耐贮藏。

产量：一般单作每亩栽种 4 000~4 400 株为宜，套作条件下每亩栽种 2 400~2 800 株为宜。平均亩产 2 000 kg，高产可达 2 500 kg 以上。

适应地区及栽培要点：在中国西南及南方等区域均有种植，适于在湖北、云南、贵州、四川、重庆、陕西南部等马铃薯产区种植。

24. 合作 88

该品种由云南师范大学薯类研究所、云南省会泽县农业技术推广中心以国际马铃薯中心提供的实生种子进行单株选育而成，其亲本为 I–

1085×BLK2。2001 年通过了云南省品种审定(审定编号:滇马铃薯 4 号),2004 年通过了贵州省审定(审定编号:黔审薯 2004002),2008 年通过了四川省审定(审定编号:川审薯 2008005),2009 年通过了广西壮族自治区审定(审定编号:桂审薯 2009005 号)。

品种特性:鲜食菜用、薯条、薯片及淀粉加工型晚熟品种,对日照长度很敏感,在春季和夏季种植表现为晚熟品种,出苗后生育期 120 d 以上;在秋季和冬季种植,表现为早熟品种,生育期 80~90 d。株型直立,株高约 90 cm,茎粗 1.34 cm 左右,植株较紧凑,茎绿紫色,生长势较强,叶色浓绿,复叶大,侧小叶 3~4 对,排列紧密,花冠红紫色,天然结实性较弱。块茎椭圆形和长圆形,特大薯块长筒形。芽眼少且浅,表皮光滑,红皮黄肉,结薯集中,块茎大,薯块商品率高。蒸煮炒食味微香,适口性较好。块茎含干物质 25.8%、淀粉 20.1%、还原糖 0.29%,适于作全粉及炸片加工。中抗晚疫病,抗癌肿病,无病毒病,耐旱、产量高、抗性强,退化慢。休眠期长,耐贮藏。

产量:丰产性好,一般亩产 2 000 kg 左右,高产可达 3 000 kg 以上。

适应地区及栽培要点:云南省春、冬季主要种植品种,适宜在云南省各生态区域种植,适宜在贵州及四川,广西桂南、桂中、桂北等地区种植。

25. 云薯 101

该品种由云南省农业科学院经济作物研究所、呼伦贝尔市农业科学研究所从杂交组合 S95-105×内蒙 7 号中经后代系统选育而成。2004 年通过了云南省农作物品种审定委员会审定(审定编号:滇审薯 200401),2008 年通过了国家农作物品种审定委员会审定(审定编号:国审薯 2008003 号)。

品种特性:中晚熟鲜食品种,生育期 92 d,株型直立,生长势中等,分枝较少,株高 78.8 cm 左右,茎粗 0.97 cm,茎、叶绿色,复叶小,花冠白色,偶有天然结实。结薯集中,形状好,块茎圆形,表皮光滑,芽眼深浅中等,黄皮、淡黄肉,大中薯率高,商品薯率 67.7%。蒸食品质优,食味好。块茎含干物质 22.3%、淀粉 14.2%、还原糖 0.21%、粗蛋白 1.97%、维生素 C 20.8 mg/100 g 鲜薯。植株抗马铃薯轻花叶病毒病、中抗马铃薯重花叶病毒病，高抗晚疫病。休眠期较短，耐贮藏。

产量：一般每亩种植 3 000~4 000 株，亩平均产量 1 600 kg，在云南省寻甸县、东川区、昭阳区等马铃薯主产区有突出表现。

适应地区及栽培要点：适宜在云南、贵州、四川南部、陕西南部、湖北西部等中、高海拔马铃薯产区及生态气候条件与这些地区类似的地区栽培。

26. 米拉（Mira）

该品种又名和平、德友 1 号。民主德国 1952 年以 Capella 作母本、RR.A9089 作父本有性杂交育成，1956 年引入我国，1984 年经宁夏回族自治区农作物品种审定委员会审定（审定编号：宁种审 8414）。

品种特性：中晚熟品种，从出苗到成熟 105~115 d，株型开展，分枝较多，生长势较强，株高 60 cm 左右，茎绿色带紫褐色斑纹，叶绿色，复叶中等大小，侧小叶 4~5 对，排列疏密中等。花序总梗绿色，花柄节无色，花冠白色，花药橙黄色，柱头 3 裂，开花繁茂中等，能天然结实，浆果绿色、较小、有种子。块茎长圆形，黄皮黄肉，表皮较光滑，但顶部较粗糙，芽眼较多、深度中等，结薯较分散，块茎中等大小，大中薯比例高。食用品质优良，块茎含干物质 25.6%、淀粉 17%、粗蛋白质 2.28%、维生素 C 14.4 mg/100 g 鲜薯，还原糖 0.25%。抗晚疫病，高抗癌肿病，不抗粉痂病，轻感卷叶和花叶病毒病，退化慢。休眠期长（约 90 d），耐贮藏。

产量：每亩适宜种植 3 500 株左右，一般亩产 1 500~2 000 kg。

适应地区及栽培要点：适于无霜期较长、雨多湿度大、晚疫病易流行的西南一季作山区及西北高海拔地区，不适于二季作栽培。从 20 世纪 80 年代末开始，抗性逐渐衰退，产量不断下降，栽培面积逐年减少。由于马铃薯繁殖系数小，新品种尚不能很快取代米拉，故现仍是湖北、云南、贵州、四川等西南山区栽培面积较大的品种。

27. 费乌瑞它

该品种由荷兰用 ZPC50-35 作母本、ZPC55-37 作父本杂交育成。1980 年农业部种子局由荷兰引入，因在各地表现良好，有很多别名，如鲁引 1 号、津引 8 号、荷兰 15、荷兰薯等，先后经内蒙古、贵州、吉林、青海、黑龙江、福建、辽宁等省（区）审定。

品种特性：早熟鲜食品种，生育期（出苗到成熟）60~65 d。根系发达，株型直立繁茂，分枝少，株高 50~60c m，匍匐茎短，茎粗壮间有紫色，生长势强，茎翼绿色，微波状，茎横断面三棱形。叶片肥大，叶色浓绿，茸毛中等多；复叶大、下垂，圆形，叶缘有轻微波状；小叶平展，大小中等；顶小叶椭圆形，尖端锐，基部中间型；侧小叶 3~5 对，排列较紧密；次生小叶 2 对，互生，椭圆形。聚伞花序，花蕾卵圆形，花序总梗绿色，花柄节有色，花冠蓝紫色，花瓣尖白色，花冠大，雄蕊橙黄色，柱头 2 裂，花柱中等长，子房断面无色。花粉量较多，易天然结果。浆果深绿色、大，果形圆形，有种子。块茎长椭圆形，顶部圆形，皮色淡黄，肉色深黄，表皮光滑细腻，块茎大而整齐，芽眼少而浅，结薯集中，每株 4~5 个，块茎膨大速度较快，商品薯率 80%以上。肉质脆嫩爽口，蒸食品质较好。块茎含干物质 17.7%、淀粉 12%~14%、还原糖 0.03%、粗蛋白质 1.55%、维生素 C 13.6 mg/100 g 鲜薯，适宜炸片加工。对病毒抗性中等，较抗疮痂病和环腐病，易感晚疫病，不耐旱、不耐寒、不耐瘠薄。块茎休眠期短，耐贮藏。

产量：春季栽培密度 4 000~4 500 株/亩，秋季栽培密度 4 500~5 500 株/亩。一般亩产 2 000 kg。肥水好的高产地块，亩产可达 3 000 kg 以上。

适应地区及栽培要点：该品种适应性较广，适合一季作、二季作地区栽培，黑龙江、辽宁、内蒙古、河北、北京、山西、山东、江苏、陕西、甘肃、青海、宁夏、云南、贵州、四川、江西、广西、广东、福建等地均有种植。在二季作区可进行春秋两季栽培，适合与其他作物间作套种。

28. 大西洋

该品种由美国育种家用 U.S.D.A 实生苗 B5141-6（Lenape）作为母本、

旺西(Wauseon)作为父本杂交选育而成。1978 年由国家农业部和中国农业科学院引入我国。先后经内蒙古、天津、河北、青海、广西、湖南、山西、贵州、广东、黑龙江、新疆等省(区)审定。

品种特性:中早熟炸薯片专用型品种,生育期从出苗到植株成熟 90 d 左右;株型直立紧凑,幼苗生长势强,茎横断面三棱型,茎秆粗壮,分枝数中等,生长势较强;株高 50 cm 左右,茎基部紫褐色,分布不规则的紫色斑点;株型繁茂,叶片肥大、紧凑,呈亮绿色,叶缘平展,复叶大,复叶圆形,互生和对生,托叶呈椭圆形。聚伞花序,花蕾圆形;萼片浅绿色,披针形;花冠淡紫色,雄蕊 5 枚呈圆锥形,黄色;柱头二裂,圆形,绿色,花柱直立,花量中等,花粉孕性差,天然结实性弱;块茎卵圆形或圆形,顶部平,芽眼浅而少,表皮有轻微网纹,薯皮淡黄,薯肉白色,致密度紧,在黏质土壤或有机质含量高的土壤中薯皮颜色稍发暗,结薯集中,平均每株结薯 3~4 块,中薯率高且整齐,大中薯率 80.5%;蒸食品质好,块茎含干物质 23%、淀粉15%~18%、还原糖 0.03%~0.15%、蛋白质 2.46%左右、维生素 C 12.2 mg/100 g 鲜薯。不抗晚疫病,对马铃薯普通花叶病毒(PVX)免疫,较抗卷叶病毒病和网状坏死病毒,感束顶病、环腐病,退化快。块茎休眠期中等,耐贮藏。

产量:每亩栽植密度 3 500~4 500 株,一般水肥条件下种植亩产 1 400~2 000 kg;高水肥条件下亩产 2 000~2 500 kg。

适应地区及栽培要点:适应范围广,黑龙江、吉林、内蒙古、甘肃、河北、宁夏、山东、河南、江苏、上海、福建等地均可栽培。喜肥水,但高水高肥块茎大,易空心;不耐瘠薄,在干旱高温条件下块茎内部易产生褐色斑点,影响炸片品质。

29. 夏波蒂(shepody)

该品种由加拿大福瑞克通农业试验站用 F58050 为母本、BakeKing 为父本经有性杂交育成。1987 年从美国引进中国试种。2005 年经青海省农作物品种审定委员会审定(审定编号:青种合字第 0198 号),2013 年经内蒙古农作物品种审定委员会审定（审定编号：蒙认薯 2013001 号），2015 年经新疆农作物品种审定委员会审定（审定编号：新审马铃薯 2015 年 43 号）。

品种特性：中熟薯条加工型品种，出苗后 100 d 左右收获；幼苗开展，绿色；茎绿粗壮，黄绿色，分枝数多，株型开张，株高 60~80 cm，茎横断面三棱型；叶浅绿色，叶缘平展，叶片卵圆形，交替覆盖且密集较大；复叶较大，复叶椭圆形，互生和对生，托叶呈倒卵形；聚伞花序，花蕾椭圆形，绿色；萼片绿色，披针形；花冠浅紫色（有的株系为白花），花瓣尖端伴有白色，开花较早，多花且顶花生长，花期较长；雌蕊花柱中长，柱头圆形，无分裂，绿色；雄蕊 5 枚呈圆锥形，黄色，无天然浆果；结薯较早且集中，薯块倾斜向上生长，块茎长椭圆形，薯块大而整齐，一般长 10 cm 以上，大的超过 20 cm，白皮白肉，致密度紧，表皮光滑，芽眼极浅；大中薯率高，商品率 80%~85%。块茎品质优良含干物质 19%~23%、淀粉 15%~17%、还原糖 0.2%，商品率 80%~85%，是目前国内外马铃薯市场上加工冷冻炸薯条的主要品种。退化快，感晚疫病、早疫病和疮痂病，易感马铃薯 X 病毒、Y 病毒和卷叶病毒。贮藏性中等。

产量：一般定植密度为 3 500~4 000 株/亩，产量水平随生产条件的差异变幅较大，高水肥条件下种植亩产 2 000~3 000 kg，一般水肥条件下种植亩产 1 500~2 000 kg。对栽培条件要求严格，耐寒性中等，不抗旱，不耐热，不抗涝，对涝特别敏感。喜通透性强的砂壤土，喜肥水。

适应地区及栽培要点：适宜中国北部、西北部高海拔、冷凉、干旱或半干旱、有灌溉条件的地区栽培。目前在河北、宁夏、青海、新疆、内蒙古和甘肃等地均有种植。

30. 布尔班克（Russet Burbank）

该品种为美国品种，由农业部种子局引入我国。马铃薯油炸薯条加工品种。2015 年通过了内蒙古农作物品种审定委员会审定（审定编号：蒙审薯 2015001 号）。

品种特性:晚熟薯条加工型品种,出苗后 120 d 左右收获。株型直立,株高 70 cm 左右,茎秆粗壮,有紫色素分布,单株匍匐茎 5~7 个,叶绿色。花冠白色,花期短。块茎长椭圆形,薯皮淡黄色,有网纹,表皮较粗糙,薯肉白色,芽眼少而浅,块茎大而整齐,结薯集中,单株结薯数 5~7 个。块茎含干物质 23%~24%,淀粉 17%以上,还原糖低于 0.2%,食用品质中等。该品种感晚疫病,感束顶及皱缩花叶,不抗旱,不耐涝,对栽培条件要求严格,要选择肥沃土壤、在晚疫病发病较轻的地方种植。休眠期长,耐贮藏。

产量:一般定植密度为 3 500 株/亩。产量因栽培条件不同而波动较大,一般亩产 1 000~2 000 kg。

适应地区及栽培要点:适宜在西部和西北部一季作区干旱和半干旱、有良好排灌条件的地区种植。陕西北部、宁夏南部、甘肃东南部、内蒙古南部偏西等地为适宜区。

第 4 章　马铃薯优质脱毒种薯生产

马铃薯是用块茎无性繁殖的，较之其他粮食作物更易于受到病原的侵染，在马铃薯生产过程中有许多病原侵染的机会，如种薯切块、催芽、播种、田间生长发育、收获、运输和贮藏等。马铃薯生产的这些特点，使其成为易于被各种真菌、细菌、病毒及其类似病原体以及各种害虫侵染的作物，病毒侵入植物体内会代代相传并积累，有的植株常受 2~3 种病毒复合侵染。种植感染病毒的马铃薯时间愈长，则病毒侵入的机会愈多，病毒性退化就愈来愈重，造成本来优良的品种失去种用价值。几乎所有生产马铃薯的主要国家都利用脱毒培养这一技术，长期保持优良品种的生产潜力，生产无病基础种薯，并通过一定的良种繁育体系，源源不断地为生产提供优良种薯。马铃薯种薯脱毒技术的广泛应用，不仅提升了实际的种植产量和质量，还带动了种植技术的进步。

4.1　马铃薯脱毒种薯生产概述

目前，解决马铃薯退化问题，使优良品种恢复优良特性的有效办法，就是把块茎中已积累的病毒“清除”干净，使之恢复原有品种的生长特性。经过脱毒方法技术处理后，把马铃薯种薯体内的病毒清理出去，使它从病态恢复到健康的水平，恢复原品种的特性，发挥出最大的增产潜力，产量水平便达到了最佳状态。马铃薯的组织培养技术，相比其他作物来讲比较成熟，能够为生产提供无病毒优良种苗，在生产上发挥了重要作用，取得了显著的经济效益。

4.1.1 脱毒种薯的概念

脱毒种薯是指马铃薯种薯经过一系列技术措施清除薯块体内的病毒后,获得的无病毒或极少有病毒侵染的种薯,它具有早熟、产量高、品质好等优点。脱毒种薯是马铃薯脱毒快繁及种薯生产体系中各种级别种薯的通称,它分为"脱毒原原种""脱毒原种""脱毒种薯"等。

4.1.1.1 脱毒苗

利用茎尖组织培养等方法,脱除马铃薯所感染的病毒,并在超净无菌的条件下培养出不带病菌的马铃薯植株进行营养繁殖, 快速繁育和生产出无病毒的种苗,这种种苗称为脱毒苗。

4.1.1.2 脱毒种薯

脱毒种薯,又称"无病毒种薯",是指常规马铃薯种薯经过一系列物理、化学、生物或其他技术措施清除薯块体内的病毒后,获得的经检测无病毒或极少病毒侵染的种薯, 即经过检测主要病毒在植物体内的存在表现为阴性反应的种薯。

4.1.1.3 试管薯

试管薯是指利用脱毒试管苗在组织培养容器内诱导生产的微型小薯,也属于原原种。一般重量不到 1.0 g,但由于其生产过程没有与外界环境接触,生产出的微型小薯质量很好,可直接用于脱毒原种生产或用于微型薯生产。

4.1.1.4 原原种

原原种通常称之为马铃薯脱毒微型薯,是指用育种种子、脱毒组培苗或试管薯在防虫网、温室等隔离条件下生产,经质量检测达到相关标准要求,用于原种生产的种薯。一般采用无土栽培技术,通过试管苗移栽、试管薯栽培或茎段扦插,所生产的种薯不含有病毒、类病毒和其他马铃薯病虫害,薯块直径通常在 1~5 cm,重量在 1~20 g 之间。

4.1.1.5　原种

原种是指用原原种作种薯,在良好隔离环境中生产的,经质量检测达到相关标准要求,用于生产一级种的种薯。原种又分为一级原种和二级原种。一级原种的块茎比较大,比正常的块茎略小一点,是以原原种为种薯,在良好的隔离防病虫的环境中生产出的达到质量标准的种薯;二级原种是以一级原种为种薯,在良好的环境中生产的达到质量标准的种薯,二级原种的块茎比一级原种大,达到正常标准。

4.1.1.6　合格种薯

合格种薯包括一级种薯和二级种薯。一级种薯是指用原种做种薯所生产的符合质量标准的种薯;二级种薯是指用一级种薯做种薯所生产的符合质量标准的种薯。合格种薯是提供给种植户用于生产商品薯的种薯,要求纯度保持 99%左右,病毒病不超过 3%,不应有环腐病和青枯病。对于检疫性的病害如癌肿病、线虫病和粉痂病应全部杜绝。

4.1.2　脱毒种薯的优势

病毒病不同于真菌和细菌病害,无法用杀菌剂和抗生素予以防治,要从根本上克服病毒病的危害,关键是获得无病毒种苗。自 20 世纪 50 年代人们发现通过组织培养途径可以除去植物体内病毒以来,这项技术现已成为彻底脱除植物体内病毒,培育脱毒苗木的根本途径。通过组织培养技术培育的脱毒种薯比普通种薯有以下优势。

4.1.2.1　加快繁殖速度

马铃薯脱毒种薯繁殖速度快,效率高,通常可以在 35~40 d 生产一次脱毒种薯。一年可生产 6~7 茬,每平方米一年可生产 10 000 个左右微型薯,繁殖系数很高,生产播种时每亩只需要用不到 1 m^2 育苗盘生产的小型薯。

4.1.2.2　植株茎叶旺盛,生长势增强

脱毒马铃薯不仅通过脱毒技术除去了病毒,还去除了多种真菌、细菌、线虫等病原菌,使其发生的概率大大减少,恢复了原品种的特征

特性，不仅出苗率高，而且表现出旺盛的生长势。经过脱毒以后，植株生长旺盛，叶片中叶绿素含量和光合作用强度显著提高，表现为地上部生长势明显增强。田间春栽或夏栽均表现出缓苗快，节间粗短，叶片肥厚，生长势旺，叶面积系数增大，茎分支数增多。脱毒马铃薯栽后成活快，封垄早，茎节粗短，叶片肥厚，茎叶鲜重明显高于未脱毒马铃薯。

4.1.2.3 稳产高产

脱毒马铃薯摆脱了病毒、细菌、真菌等对植株机体各种生理活动的干扰，使植株生长旺盛，从而恢复了该品种原有的生长发育特性，也恢复了其增产潜力，脱毒植株光合产物运转到块茎中的比例较高，运到地上部的量次之，运到茎叶中的较少；而未脱毒植株的情况则相反，植株光合产物运转到茎叶中的高，块茎中的很少。经过脱毒和隔离繁殖后，植株生长健壮，产量显著增加，一般比脱毒前至少增产 30%~50%，具体增产幅度依品种对病毒感染的耐性差异而不同，病毒感染越严重，脱毒后增产幅度越大。

4.1.2.4 提高质量

脱毒马铃薯植株水分代谢旺盛，抗高温和抗干旱的能力较强，且病害明显减少，所生产繁殖的马铃薯不仅薯块变大，而且商品薯大幅度提高，薯皮光滑，色泽鲜亮，薯块整齐，切干率和出粉率提高 1%以上，极大地避免了种植感染种薯易引起的腐烂、尖头、龟裂、畸形、疮疤等现象，显著提高了产品的质量。

4.1.2.5 经济效益高

脱毒种薯结薯早，膨大快，可比普通马铃薯种植提早 7~10 d 结薯，而且薯块膨大速度一直高于普通马铃薯。按照平均增产幅度 30%计算，种植脱毒马铃薯每亩每年可多收鲜薯 500 kg 以上，每亩每年可增加收入 500 元以上。脱毒种薯对线虫、黑斑病、黑痣病等病害的抗性有明显提高，所生产出的薯块整齐而集中，薯皮光滑，颜色鲜艳，商品薯率高，并且在相同贮存条件下，脱毒马铃薯生产的商品薯块完好率比普通马铃薯要高 20%~55%，经济效益十分显著。

4.1.3　脱毒种薯生产的原则

目前的脱毒种薯繁育主要采取茎尖剥离、组织培养的方法诱导出试管苗,试管苗在无菌条件下,采用固体、液体培养基相结合的方法扩繁基础苗,在防虫网室栽植或封闭温室扦插,生产出原原种(脱毒小薯)。用原原种在自然隔离室、网室隔离条件下生产原种,用原种逐级生产一级种和二级种。

4.1.3.1　种薯健康

种薯健康是马铃薯种薯生产的核心,也是鉴别质量的唯一标准。所谓健康是指种薯必须不带任何真菌和细菌性病害，主要病毒性病害的感染率总和不超过 5%,块茎无创伤、无破损、无冻烂、无昆虫危害和生理性病害等,种薯繁育所有的措施都应围绕生产健康种薯这一目标进行。

4.1.3.2　保证质量

种薯生产要追求更高的质量,以生产健康、无病的种薯为目的。为了保证质量,可以采取推迟播种、控制氮肥施用量、随时淘汰病劣杂株,提早收获等一些影响产量的措施。提高繁殖产量,可以降低繁殖成本,提高经济效益,但是过旺的茎叶生长不利于健康,往往掩盖有些症状的发生,一味追求高产而放松对质量的控制,种薯质量达不到标准,生产出的商品薯会降低经济收入。

4.1.3.3　种薯大小

薯块大小不仅直接影响产量,更主要的是与种薯质量有关。一级种薯一般以 50 g 为宜,最小不低于 15 g,最大不超过 100 g。种薯的大小与很多因子有关,主要和每平方米的主茎数及产量有关,主茎数取决于种薯大小,播种及催芽的方法,耕作深度和其他的土壤条件以及播种密度。合理控制这些因子,使每平方米土地上产生较多的主茎数,才能使总的薯块产量维持一定水平,而生产较多的小薯块。因此,一级种薯在合理密植极限内争取最大限度的密植,保证单位面积上有足够的株数生产健康、无病的小健薯为最好。

4.1.3.4 脱毒苗的繁殖环境

脱毒苗在无毒环境条件下繁殖是脱毒种薯持续增产的保证。脱毒苗在有毒的环境下繁殖，病毒通过有翅蚜虫等传毒媒介传播，再次侵染脱毒苗，成为有毒苗(植株)，生产上应用带毒种薯就起不到增产作用，只有脱毒苗生长繁殖过程保持无病毒，以后生产的种薯才能起到增产作用。所以，生产繁殖脱毒苗时，要保证良好的繁殖环境，特别注意预防病毒再次侵染。

4.1.4 马铃薯三代种薯繁育体系

马铃薯种薯从茎尖剥离获得脱毒试管苗(核心种苗)到大田种薯，中间经过了多代繁殖。为了区分这些不同级别，便于生产和利用种薯，人们将种薯繁殖代数结合种薯的质量情况对种薯进行了人为分级。在马铃薯种薯的分级方面，根据各国情况的不同，马铃薯种薯分级情况也非常复杂，甚至同一个国家内部都存在着不同的分级体系，各级种薯的名称也不尽相同。为解决种薯分级混乱和迅速提高我国马铃薯种薯质量，根据我国种薯生产的实际情况，现已经全面采用三代种薯繁育体系(G1–G2–G3)，即在温室或网室等隔离条件下，利用试管苗生产第一代种薯(G1 种薯，也称为原原种，或微型薯)，再利用 G1 种薯在环境条件较好的大田繁殖第二代种薯(G2 种薯，也称为原种)，将 G2 种薯在大田条件下再繁殖一代，得到第三代种薯(G3 种薯，也称为合格种薯，或生产用种)，将 G3 种薯用于商品马铃薯生产，将整个种薯繁育周期缩短至三代。

4.1.4.1 一代种薯(G1 种薯)

一代种薯是指在人工隔离条件下(温室、网室或实验室)生产出的微型薯种薯(重量在 1.0 g 以上，20 g 以下)，再次种植时不需要进行切块。可以是利用组培苗或试管苗在无病害基质中(蛭石、草炭、珍珠岩、细沙等)得到的微型薯种薯，也可以是利用组培苗或试管薯在无基质条件下(水培或雾培)得到的微型薯，还可以是组培苗直接移栽到人工隔离条件下生产的小块茎。无论以何种方式生产出来的微型薯，都必须保证不带任何病害,即无真菌、细菌病害,病毒株率为 0。

4.1.4.2　二代种薯(G2 种薯或称原种)

二代种薯是指在自然条件、天然隔离条件较好、周边(800 m 内)无其他级别种薯或商品薯等条件下,利用第一代种薯(G1 种薯)生产出来的种薯,大小控制在每块 75 g 以下(直径 35~45 mm 为宜),无真菌、细菌病害,病毒株率<1%。

4.1.4.3　三代种薯(G3 种薯,又称合格种薯或生产用种)

用原种生产的种薯为合格种薯,指在自然条件较好(海拔较高、蚜虫较少、气候较冷凉)、天然隔离条件较好、周边 800 m 内无商品薯等条件下,利用原种(G2 种薯)生产出来的、块茎大小在 100 g 以下(直径 35~55 mm 为宜)的种薯,要求无真菌、细菌病害,病毒株率<5%。

4.1.5　马铃薯良种繁育的关键措施

各种农业管理措施及生产资料作用的发挥，都要通过良种的种植才有可能实现。良种是各种农业技术和各种农业生产资料发挥作用的重要载体,是决定农产品产量和品质的内因,是高科技的结晶,是农业科技水平的重要标志。做好马铃薯良种繁育工作,已成为十分关键的环节,是马铃薯产业能否持续、健康、稳定发展的决定因素。

4.1.5.1　选用适销对路的品种作为繁育对象

选择高产、优质、抗病性强、适应性广、市场需求量大的品种,具体品种可以参考各地方农业农村部门下发的种植业指导意见，并结合市场需求及近年来的订单情况。如生产专用加工型品种,可以选择大西洋、夏波蒂等;如生产菜用薯,可以选用台湾红皮、陇薯 6 号、青薯 9 号等;如生产淀粉加工型品种,则可以选择陇薯 3 号、新大坪等。

4.1.5.2　种薯繁育场所的选择

马铃薯多汁、营养全面丰富,但与其他粮食作物相比更易受到病原的侵袭,种薯一经病毒和类病毒等侵染,几乎都能毫无保留地逐代传下去,导致种薯种性持续退化,直接表现为产量降低,品质变劣。造成这一现象的最重要原因就是携带病毒的桃蚜在取食马铃薯叶片汁液时也作为媒介将病毒进行了传播,特别是在23~25℃条件下更适合桃蚜活动,而温度较低时桃芽活动能力明显降低。因此,原种及一、二级种薯繁育应选择在有保护设施及高纬度、高海拔等不利于蚜虫繁殖、取食、迁飞和传毒,但较适合马铃薯生长和块茎膨大的冷凉条件和地区进行,同时还要选择地势高、风速大、较湿润的空旷地带。在种薯生产基地的周围,至少在方圆800 m范围内不能有马铃薯商品薯的生产田以及其他茄科类植物。

4.1.5.3 以适宜的耕作措施配合相应的土壤条件

马铃薯是块茎作物,对于土壤质地以及土壤的通透性具有较高的要求,砂壤土疏松透气,回温快,有利于马铃薯及时出苗,便于根系的生长和块茎的膨大;不容易积水,减少了薯块因缺氧、气孔张开,感染病菌的风险;收获方便,薯块干净,表皮光滑,商品品质较佳;是目前比较适合马铃薯生长的土壤。但砂壤土也存在着一个比较明显的缺陷,由于通透性较佳,相应的水蒸发速度也较快,对于缺水或灌溉条件不足的地区,马铃薯宜平作,尽可能地减少土表裸露面积。应及时中耕培土,阻断土层中的毛管孔隙,有效降低土壤水分的蒸发速率。黏重土壤由于保水性较强,土壤回温慢,比较湿冷,不利于马铃薯出苗,耽误农时,在这种情况下需适当浅播,一方面可以减少芽苗破土的压力,另一方面浅层土温度相对较高,有利于出苗。其次,黏重土壤通透性不佳,不利于根系的生长发育,进而影响地上部茎叶的生长,降低光合产物的累积,最终影响薯块的生长发育,而且在郁闭的土壤环境中也给薯块的膨大带来额外的压力,易产生畸形薯,降低商品品质。再次,黏重土壤排水效果较差,如果在薯块发育后期至成熟期,土壤中水分过多未能够及时排出,薯块缺氧,表皮气孔张开,极易感染病菌。最后,黏重土壤不利于耕作,水分多黏性较大,水分少则容易结块,损害根系和薯块。对于黏重土壤,种植马铃薯宜起高垄,有利于水分的排出，同时适当浅播，有利于出苗。多施有机肥，也可在一定程度上改良土壤质地。

4.1.5.4　实行合理的耕作制度及精细管理

地域性、季节性和生产的连续性，是农业生产的特点。由于不同地区的纬度、地形、地势、气候、土壤、水利等自然条件不同，再加上社会经济、生产条件、作物种类和技术水平的差异，就构成了农业生产的地域性。农业生产活动主要是在露天进行的，加上生产周期比较长，不可避免地会受到季节变化的强烈影响，要获得季季丰收，全年增产，必须掌握农时季节、做到适时播种，及时管、收。农业生产的连续性要求人们在从事农业生产活动时，要有全面的和长远的观点，从当季着手，从全年着眼，做到"前季为后季，季季为全年，今年为明年"，才能获得马铃薯全面持续增产和最大的经济效果。由于农业生产有上述 3 个特点，安排适宜的耕作制度更要根据各地的自然条件、生产条件和技术水平，做到因地制宜，积极稳妥，这样才能最大限度地提高太阳光能利用率，实现马铃薯的稳产增收。特别是在马铃薯种薯繁育过程中，必须实行 3 年以上没有茄科作物种植的轮作。

4.1.6　马铃薯种薯的分级与质量控制

马铃薯种薯从茎尖剥离获得脱毒试管苗（核心种苗）到大田种薯，中间经过了多代繁殖。为了区分这些不同级别，便于生产和利用种薯，人们用种薯繁殖代数和质量情况将种薯进行了人为分级。在马铃薯种薯的分级方面，根据各国情况的不同，马铃薯种薯分级情况也非常复杂，甚至同一个国家内部都存在着不同的分级体系，各级种薯的名称也不尽相同。我国的马铃薯种薯级别为：原原种、原种 I、原种 II、合格种薯 I 和合格种薯 II 5 个级别，但不同地区使用的级别有所不同。

种薯质量是种植马铃薯成败的关键所在，目前最理想的是优质脱毒原种一代种薯。一般优质脱毒原种一代种薯的产量比脱毒原种二代提高 50%。然而优质脱毒原种一代种薯与脱毒原种二代种薯、商品薯，在外观上没有明显差别,难以区分。保证脱毒马铃薯质量的一项基本措施就是种薯的检测与分级。种薯分级的基础就是种薯检测。种薯级别以种薯繁殖的代数，并同时满足田间检查和收获后检测达到的最低质量要求为定级标准,主要根据播种用种薯的级别、田间检验结果、收获日期及块茎检验结果等因素进行确定。

脱毒马铃薯种薯的质量控制是马铃薯种薯生产过程中最重要的环节，我国在马铃薯脱毒种薯质量控制方面虽然起步较晚，但也在逐年加强。目前现行中国马铃薯种薯质量检测的主要依据为国家标准《马铃薯种薯》GB 18133—2012，形成了一个适合中国国情的马铃薯种薯质量检测标准体系。除此之外,还成立了多个脱毒马铃薯种薯质量监督检验机构,这些标准及机构分布于马铃薯生产的各个环节及重点产区，为中国马铃薯持续健康发展提供了技术保障。

马铃薯种薯生产与商品薯生产目的截然不同，种薯生产必须保证质量,符合国家颁布的种薯质量标准,国家标准 GB18133—2012 规定了马铃薯种薯检测内容及检测指标。主要的检测参数包括品种纯度、病毒和细菌等,其中病毒主要包含马铃薯 X 病毒(Potato virus X,PVX)、马铃薯 Y 病毒(Potato virus Y,PVY)、马铃薯 S 病毒(Potato virus S,PVS)、马铃薯 M 病毒(Potato virus M,PVM)、马铃薯卷叶病毒(Potato leafroll virus,PLRV)。昆虫主要是马铃薯块茎蛾(*Phthorimaea operculella*)、马铃薯甲虫(*Leptinotarsa decemLineata*)。检验方法包括原原种生产过程检查,原种、一级种和二级种田间检查,块茎收货后检测,块茎库房检查等。

为保证种薯质量和防止病虫害，种薯生产及贮运过程中应实行种薯检验及检疫制度。根据不同种薯的特性,规定贮存方法,严防伪劣种薯交易与传播。包装上,应标明产品名称、产品的标准编号、商标、生产单位名称、详细地址、规格、净含量和包装日期等,标志上的字迹应清晰、完整、准确。用于马铃薯种薯包装的编织袋应按产品的品种、规格分别包装,同一件包装内的产品需摆放整齐紧密。运输过程注意防冻、防雨淋、防晒、通风散热、轻拿轻放。贮存时，按品种、规格分别贮存，温度控制在 1~4℃，空气相对湿度保持在 60%~80%。库内堆码应保证气流均匀流通。种薯贮藏窖应通风、干燥、避光，具有防鼠、防虫设施，要定期抽查，防止腐烂、虫害等现象发生。另外，马铃薯种薯的生产、加工、包装、检验、贮藏和标签标注等过程应严格执行现有的国家标准、行业标准或地方标准。

4.2　脱毒种薯繁育设施与设备

理想的马铃薯脱毒繁育中心应该建立在安静、清洁、远离污染源的地方，最好在常年主风向的上风方向，尽量减少污染，而且最好建在交通方便的地方，便于培养产品的运送。在进行马铃薯组织培养工作之前，应按组织培养程序，结合现有条件，确定适宜的繁育设施与设备，避免某些环节倒排，引起日后工作混乱。

4.2.1　基本条件

马铃薯脱毒种薯繁育是在严格无菌的条件下进行的，要做到无菌的条件，需要一定的设备、器材和用具，同时还需要人工控制温度、光照、湿度等培养条件。

4.2.1.1　清洗室

要求具有耐酸碱的水池和排水口。脱毒过程中会产生大量的植物材料碎片、琼脂等废弃物，为了防止堵塞一般排水口需要安装过滤网，并且做到每天清洗检查，一是减少微生物滋生源，二是避免排水系统堵塞，带来不必要的麻烦。

4.2.1.2　培养基配制及消毒室

用来调配试剂、制备培养基、消毒高压锅。室内应当配有试验台、工作台和存放药品、器材的架子、柜子以及箱子等。此外，还要具备水、电、供暖等设施。

4.2.1.3 无菌操作室(接种室)

在室内对脱毒苗进行切断和接种工作,以防被病菌侵染。室内应有紫外线灯、超净工作台,为便于工作及防止污染通常将开关装在门外。最好用瓷砖或水磨石铺地,保证墙壁上无尘。如果没有紫外线灯,可使用来苏尔喷雾消毒灭菌,严防污染。

4.2.1.4 培养室

用于繁殖培养试管苗。要求室内能控制光照、温度。在装着荧光灯或LED灯管的架子上摆放组培瓶。可安装空调来控制室温。可用黑色薄膜隔离营养架,以培养微型薯(试管薯),实现一室两用。

4.2.1.5 检测及称量室

用来检测脱毒效果及进行药品称量,有条件的可以安装核酸提取仪、专用称量台等。

4.2.1.6 温室

用于移栽试管苗、繁殖扦插和生产原原种。在温室中可以用珍珠岩、草炭、蛭石等按照一定比例混合后制成基质并铺在地面或放于箱盘中来扦插。切记要预防白粉虱、蚜虫和螨的发生。

4.2.1.7 塑料大棚或防虫网棚

1个网棚通常有半亩地大小,根据需要可先制备1~2个网棚,安装40目或更密的网纱来预防蚜虫。网棚中要设计缓冲门,便于操作人员进入后除去身上的有翅蚜虫和进行脱换衣、鞋等,以防将害虫带入棚内。

4.2.2 繁育设施

相比于传统的扦插、嫁接,马铃薯脱毒繁育需要具备的条件更高些,而且对设备也有一定的要求,培养时要保证有无菌的环境进行组织培养,也需要园艺设施进行脱毒完成后的种苗繁育。

4.2.2.1 组织培养室

在无细菌条件下利用植物微组织进行无性繁殖的设施称为组培室,

一个性能较为完善的组培室通常由保温维护结构，温度、湿度、光照、空气压力调节装置，空气过滤处理装置，计算机控制系统等组成。

4.2.2.2　连栋温室

连栋温室是温室的一种升级存在，其实就是一种超级大温室，把原有的独立单间温室，用科学的手段、合理的设计、适宜的材料将原有的独立单间模式温室连起来。目前马铃薯脱毒种苗繁育经常使用的连栋温室是玻璃温室，它是以玻璃作采光材料的温室，在栽培设施中，玻璃温室作为使用寿命最长的一种形式，适合于不同地区和各种气候条件下使用。

4.2.2.3　日光温室

日光温室，由两侧山墙、后墙体、支撑骨架及覆盖材料组成，是我国北方地区独有的一种温室类型。能够在室内不加热，通过后墙体对太阳能吸收实现蓄放热，维持室内一定的温度水平，以满足作物生长的需要。

4.2.2.4　塑料大棚

塑料大棚由于其建造容易、使用方便、投资较少，有一定的保温作用，并通过卷膜能在一定范围调节棚内的温度和湿度，在马铃薯脱毒种苗繁育中使用面积较大。塑料大棚在我国北方地区，主要是起到春提前、秋延后的保温栽培作用，一般春季可提前 30~35 d，秋季能延后 20~25 d，绝大部分结构类型不能进行越冬栽培，目前仅有西北农林科技大学园艺学院研发设计的大跨度非对称双拱双膜保温大棚在陕西等地能够实现果蔬越冬生产；在我国南方地区，塑料大棚除了冬春季节用于农作物的保温和越冬栽培外，还可更换遮阳网用于夏秋季节的遮阴降温和防雨、防风、防雹等的设施栽培。

4.2.3　仪器设备

种薯脱毒繁育最大的难点就是降低组培苗的污染率和提升脱毒苗移栽的成活率，组织培养虽然能够培养出很多幼苗，操作并不难，但对一些环节的要求却十分严格，生产中往往因为仪器设备无法满足或功能分区不合理导致污染率急剧增减,稍有疏忽便会延误脱毒进程,甚至导致整个脱毒种薯繁育进程失败。

4.2.3.1 清洗室

配有不同形状及大小的洗涤刷,为了提高工作效率,也可以安装自动化洗瓶机器。配备数个塑料筐盛装瓶子,洗后将瓶倒立放入箱内,使瓶子自然干燥。

4.2.3.2 培养基配制及灭菌室

手提式高压灭菌锅 2~3 个，用于一些小型物品或急需用品的高压灭菌。组培工厂必须配备 1 至数台大型灭菌锅,直径 40~50 cm 的不锈钢或铝锅 2~3 个,用于溶解琼脂或调制培养基,加热源可采用液化气灶或电。去离子水发生器 1~2 台。干燥箱 1 台,用于器皿或急需用具的干热灭菌。大型工作台 1~2 张,用于培养基分装、包扎等。玻璃柜 1 个,用于放置药品等。试剂瓶、具刻度移液管、皮下注射器、量筒、搪瓷量杯、容量瓶、各式塑料瓶或塑料桶等易损品数个,更重要的是配备大量充足的培养瓶。

4.2.3.3 检测及称量室

PCR 仪：可用于真菌和细菌性病原菌的检测和部分病毒病的检测。酶标仪:通过血清免疫技术(ELISA)进行主要病毒病的检测。双目显微镜、解剖镜:用于植物组织培养材料的形态发育及细胞观察。载玻片和盖玻片:用于制作细胞和组织的显微制片。光照培养箱:用于不同种类植物培养方法或培养条件的研究。冰箱:用于贮存化学药品,培养基母液和植物材料等。低温冰箱:用于长期贮存培养基贮备液,如某些酶和椰子汁等。称量仪器:包括感量为 1/10 000 的电子天平、感量为 1/10 的普通托盘天平、称量为 1~5 kg 的台秤等,用于药品的称量配制和植物组织生长量的测定。水质及培养基检测仪器:包括 pH 酸度计、电导率仪或 EC 值测定仪。细菌滤膜及其支座:用于对溶液进行过滤灭菌。

4.2.3.4 无菌操作室(接种室)

这是组培工厂的核心和关键部分,是进行无菌操作的场所,如植物材料的消毒接种，无菌材料的继代，丛生苗的增殖或切割，嫩茎扦插生根等。它也关系到污染率这项重要的成本指标的高低，直接影响组培工厂的工作效率及经济效益。无菌操作室原则上宜小不宜大，要有缓冲间，以便进入无菌室前在此洗手、换衣、换鞋、预处理材料等。无菌室的地板和四周墙壁应尽可能光洁，不易积染灰尘，易于采取各种清洁和消毒措施。无菌室内要吊装紫外灭菌灯，用于经常照射灭菌。无菌操作室内需要的用具如下：超净工作台（用于进行无菌操作）、室内小推车（用于运送培养物、培养基和各种器皿用具）、酒精灯（用于灼烧各种金属用具）、手持喷雾器（用于在超净工作台内或对其他物品喷洒酒精进行消毒）、带盖螺口玻璃瓶（用于盛装无菌水，对植物材料进行表面消毒）、大的钝头镊子（用于进行接种和继代、生根等操作）、细解剖针（用于植物材料的解剖）、解剖刀（用于切割植物材料）等。

4.3　茎尖脱毒生产与组培繁育

危害马铃薯的病毒有 20 多种，我国马铃薯产区主要的危害病毒有：马铃薯 X 病毒、Y 病毒、A 病毒、S 病毒，卷叶病毒（PLRV）和纺锤块茎类病毒（PSTV）。PLRV 和 Y 病毒能使块茎减产 50%~80%；PSTV 可减产 20%~30%。病毒病为马铃薯主要病害，分布广，发生普遍，病害因地区、管理、气候条件而异。通常使植株矮化，出现花叶和卷叶，导致产量下降，少数地区或特殊年份发病较重，严重影响马铃薯生产。

4.3.1　茎尖脱毒生产

茎尖组织培养产生马铃薯脱毒种薯技术是集组织培养技术、植物病毒检测技术、无土栽培生产脱毒微型薯技术和种薯高效繁育技术为一体的综合技术。目前，生产马铃薯的国家基本都利用茎尖培养技术进行马铃薯无病毒植株的培养。

4.3.1.1 茎尖脱毒培养的原理

在受侵染的植株中,病毒的分布是不均匀的,茎尖分生组织一般是无病毒的,或者是只携带浓度很低的病毒。茎尖分生组织不带毒的原因:一是在植物体内,病毒通过维管系统或胞间连丝移动,但分生组织中不存在维管系统,而病毒通过胞间连丝移动的速度很慢,难以赶上活跃生长的茎尖;二是病毒在寄主体内复制,需要依赖寄主的代谢过程,在寄主代谢旺盛的分生细胞中,病毒与寄主的竞争处于劣势,使病毒无法进行复制;三是茎尖中存在高水平内源生长素,可以抑制病毒的增殖。

4.3.1.2 茎尖脱毒培养的取材工作

脱毒苗的制取和繁殖是无毒种薯生产的第一步，是各级种薯生产的基础,直接影响脱毒种薯生产的成败。生长期间在土壤肥力中等的地块,于现蕾至开花期,选择适合当地生产或主推的优良品种,再选择具有本品种典型特征的并经检测带毒最少的若干个健壮单株,做好标记;生育后期提前收获所标记植株的块茎。收获后存入库中(库温 15~20℃)自然打破其休眠期,在薯块芽有白点即将发芽时放于通风透气、温度 20~22℃的条件下使其发芽。待块茎发芽后,将芽切下,进行表面消毒。根据病毒在马铃薯植株组织中分布的不均匀性,即靠近新组织的部位,如根尖和茎顶端生长点、新生芽的生长锥等处,没有病毒或病毒很少的实际情况,在无菌的特别环境和设备下，切取所标记植株块茎很小的茎尖组织放置在特定的培养基上,进行培养。

马铃薯茎尖的脱毒效果和选择的材料有密切的联系。茎尖组织培养是为了去掉病毒，然而马铃薯品种发生病毒性退化，植株间感染病毒轻重、有无,往往差别很大。有的植株感病重,有的感病轻,感病轻的可能被 1 种病毒感染，还有接近于健康的植株。病毒复合侵染就会使植株感病重,比如有些植株被 Y 病毒和 S 病毒侵染,或者被 3~4 种病毒侵染,病症很重,生长特别差,产量会非常低。脱毒效果与材料的选择关系很大,除应选取具有该品种典型性状的植株外，还要选取植株中病症最轻的或健康的植株。用这些植株培养茎尖时,可直接切取植株上的分枝或腋芽进行茎尖剥离培养,也可取这些植株的块茎,待块茎发芽后剥去芽的生长点(生长锥)进行培养。有些品种因在种植过程中病毒侵染的机会少,或种植时间短,所以可能会使某些植株无病毒而保持健康状态,如果经检测可以确定这种植株没有病毒,就能直接作为无病毒株系扩大繁殖,以省去脱毒的过程。但不管取材健康程度怎样,都要在取用前进行纺锤块茎类病毒(PSTV)以及其他病毒的检测,这是由于纺锤块茎类病毒可在细胞核内存在,还能与染色体结合,用茎尖脱毒方法脱不掉。通过对脱毒材料的病毒进行检测,就能全面掌握所选取的茎尖材料的状况,以便进一步确定是否用此茎尖材料。

4.3.1.3　病毒检测工作

培养成活的茎尖苗在未经检测前不能认为是脱毒苗,不宜繁殖推广,只有经过检测而无病毒的茎尖苗才是真正的脱毒苗,才能用于种薯生产。

1. 培养茎尖前的检测

对于茎尖培养材料,首先要使用聚丙烯酰胺凝胶电泳法检测纺锤块茎病毒,如果存在此病毒,必须淘汰。只有确定茎尖材料无纺锤块茎类病毒后,再检测其他病毒。

2. 检测培养后的成苗

进行茎尖脱毒培养的时候,一般少则取几十个,多则几百个,培育成苗后,要严格检测。马铃薯不同病毒的脱除难易程度不同,同样大小的茎尖,类病毒 PSTVd 最难脱除,在各种病毒中以 PVX 和 PVS 较难脱除,常见病毒脱除的难易顺序为 PSTVd、PVS、PVX、PVM、PAMV、PVY、PVA、PLRV。

3. 常见马铃薯种薯脱毒苗的检测方法

因脱毒培养各个环节存在误差,脱毒马铃薯植株通过不同途径脱毒处理所获得的材料必须经过严格的病毒检测和农艺性状鉴定证明确实是无病毒存在,又是农艺性状优良的株系,才能作为无病毒种源在生产上应用，确定不带病毒后才能进行扩繁。因此，在马铃薯脱毒种薯培育过程中，准确可靠的病毒检测方法与高效的脱毒方法同等重要。当前脱毒苗脱毒效果的检测方法有视觉观察法、生物鉴定法（敏感植物或指示植物法）、电子显微镜鉴定法、抗血清鉴定法和分光光度法等。

4.3.1.4 制备培养基

培养基的选择是决定组织培养成败的关键因素之一，马铃薯的茎尖培养一般以 MS 培养基为基础，通过添加激素等物质进行改进形成新的配方。MS 固体培养基可用来诱导愈伤组织，或用于胚、茎段、茎尖及花药培养，它的液体培养基用于细胞悬浮培养时能获得明显成功。这种培养基中的无机养分的数量和比例比较合适，足以满足植物细胞在营养上和生理上的需要。一般情况下，无须再添加氨基酸、酪蛋白水解物、酵母提取物及椰子汁等有机附加成分。

1. 培养基含有的主要成分

（1）大量元素。每升培养基含有硝酸铵 1 650 mg、硝酸钾 1 900 mg、氯化钙 440 mg、硫酸镁 370 mg、磷酸二氢钾 170 mg、乙二胺四乙酸二钠 37.3 mg 和硫酸亚铁 27.8 mg。

（2）微量元素。每升培养基含有碘化钾 0.83 mg、硼酸 6.2 mg、硫酸锰 22.3 mg、硫酸锌 8.6 mg、钼酸钠 0.25 mg、三氧化钼 0.001 mg、硫酸铜 0.025 mg 以及氯化钴 0.025 mg。

（3）有机成分。每升培养基含有肌醇 100 mg、烟酸 0.5 mg、维生素 B_6 0.5 mg、维生素 B_1 0.1 mg、甘氨酸 2 mg、蔗糖 30 000 mg、琼脂 8 000 mg、腺嘌呤 5 mg，最后调整 pH 为 5.7 左右。

（4）激素。每升培养基含有吲哚乙酸 1~30 mg、6-苄基腺嘌呤 0.04~10 mg。

2. 培养基主要成分的作用

（1）大量元素。大量元素主要有 N、P、K、Ca、Mg、Na、S 等，是构成植物细胞中核酸、蛋白质及生物膜系统等必不可少的营养元素。N 是植物矿质营养中最重要的元素，培养基中的N元素通常为硝态氮(NO_3^-)和铵态氮(NH_4^+)，但在培养基中用硝态氮的较多，这两种状态的氮都是植物组织培养所需要的，也有将二者混合使用的。当作唯一的氮源时，硝态氮的作用效果明显好于铵态氮，但在单独使用硝态氮时，培养一定时间后培养基的pH会向碱性方向转变，若在硝酸盐中加入少量铵盐，则会阻止这种转变。磷和硫则常用磷酸盐和硫酸盐来提供，缺磷时植物细胞的生长和分裂速度均会降低。钾是培养基中主要的阳离子，在近代的培养基中，其数量有逐渐提高的趋势。而钙、钠、镁的需要则较少。培养基所需的钠和氯化物，由钙盐、磷酸盐或微量营养物提供。

(2)微量元素。微量元素主要有Fe、Mn、Cu、Mo、Zn、Co、B等。它们虽然在培养基中添加的量很少，但也是必不可少的，这些元素是很多酶和辅酶的重要成分，对植物细胞的生命活动却有着十分重要的作用。其中，Fe是用量较多的一种微量元素，对叶绿素的合成和延长生长等发挥重要作用，组织在没有铁的培养基上生长会产生黄化或死亡。Fe元素不易被植物直接吸收，并且容易出现沉淀。因此，通常在培养基中加入由$FeSO_4·7H_2O$与Na_2-EDTA（螯合剂)配成的螯合态铁(Fe-EDTA)，以减轻沉淀及提高利用率。

(3)有机成分。被培养的马铃薯组织或细胞光合作用较弱。因此，需要在培养基中附加一些碳源、维生素、肌醇、氨基酸等有机成分以供需要。糖类提供马铃薯外植体生长发育所需的碳源、能量，对维持培养基的渗透压也起重要作用，培养基中的碳水化合物通常是蔗糖，蔗糖经高压灭菌后，大部分可以分解为D-葡萄糖、D-果糖。维生素在马铃薯细胞中主要以各种辅酶的形式参与代谢，离体培养时不能合成足够的维生素，需要另外增加1至数种维生素，才能维持正常的生长发育和分化。肌醇(环己六醇)能够促进糖类物质的相互转化，更好发挥活性物质的作用，促进愈伤组织生长以及胚状体和芽的形成，对组织和细胞的繁殖、分化及细胞壁的形成也有作用。氨基酸是良好的有机氮源，可直接被细胞吸收利用，在培养基中含有无机氮的情况下更能发挥作用。马铃薯组织培养所用的天然有机复合物的成分比较复杂,并且含氨基酸、激素等一些活性物质,因而能明显促进细胞和组织的增殖与分化。

(4)生长调节物质。在培养基中,生长调节物质用量虽然微小,但其作用很大,不可缺少。它不仅可以促进马铃薯组织的脱分化、形成愈伤组织,还可以诱导不定芽的形成,对组织培养起着决定性的作用。在马铃薯组织培养中,生长素主要生理作用是促进细胞的分裂和伸长,在诱导愈伤组织形成和生根方面起着重要作用,并与一定浓度的细胞分裂素协同促进细胞分裂和生长;细胞分裂素在马铃薯组织培养中的主要作用是促进细胞分裂和分化,诱导胚状体和不定芽的形成,延缓组织的衰老并促进蛋白质合成。当组织内细胞分裂素/生长素的比值高时,有利于诱导愈伤组织或器官分化出不定芽,促进细胞分裂与扩大,延缓衰老,抑制根的分化。赤霉素的主要作用是加速细胞的伸长生长和打破休眠,促进器官或胚状体的生长,刺激培养形成的不定芽发育成小植株,促进幼苗茎的伸长生长。与生长素和细胞分裂素相比,赤霉素在组织培养中不常使用。赤霉素和生长素协同作用,对形成层的分化有影响,当生长素/赤霉素比值高时有利于木质化,比值低时有利于韧皮化。脱落酸具有抑制细胞分裂和伸长、促进脱落和衰老、促进休眠和提高抗逆性等生理作用。

(5)其他。培养基中除了上述各种营养成分外,根据不同培养目的和培养材料,往往还加入一些其他成分。如凝固剂、活性炭、抗生素、抗氧化剂、诱变剂等。琼脂是一种由海藻中提取的高分子碳水化合物,主要是作为培养基的支持物,使培养基呈固体状态,以利于各种外植体的培养。活性炭可以吸附培养基中由培养物分泌的有害物质及琼脂中所含的杂质。加入活性炭的目的主要是利用其吸附性,减少一些有害物质的不利影响,可以起到抑制褐变、促进生根、减轻玻璃化等作用。在培养基中添加抗生素的主要目的是防止细菌造成的污染。在表面消毒达不到灭菌效果时,可以考虑使用抗生素,既可减少培养过程中材料的损失,又能节约人力、物力和节省时间。

3. 母液配制方法

为了避免每次配制培养基都要对几十种化学药品进行称量，应该将培养基中的各种成分，按原量的 10 倍、100 倍或 1 000 倍称量，配成母液（浓缩液），这样，每次配制培养基时，取其总量的 1/10、1/100、1/1 000，加以稀释，即成培养液。MS 培养基母液配制方法如下。

（1）将大量元素配成 10 倍母液。将 300 mL 蒸馏水加入 1 000 mL 的容量瓶里，然后加入一种元素，等溶化之后加入另一种元素，以此类推，先后加入 19 g 硝酸钾、16.5 g 硝酸铵、3.7 g 硫酸镁和 1.7 g 磷酸二氢钾，全溶后加蒸馏水至 500 mL，再加入 4.4 g 氯化钙，待溶解之后加入蒸馏水至 1 000 mL，就成为了 10 倍母液。使用的时候，每配 1 000 mL 培养基，需要 100 mL 母液。

在配制 10 倍母液的过程中，也可以将各种元素分别溶于 100 mL 容器里，待全部融化时，倒入 1 000 mL 的容量瓶中，定容到 1 000 mL，使用蒸馏水进行溶解和定容。如果需母液量多，就可以将每种元素和蒸馏水同步加倍。配制好的母液若不马上使用，则要放于冰箱下部不结冰的位置或冷凉的地方。

大量元素母液包含硝酸铵等用量较大的几种化合物。制备时按照顺序，以其 10 倍的用量，用感量 0.01 g 天平分别称出并溶解后顺次混合。Ca^{2+}和 PO_4^{3-}一起混合易发生沉淀，但定容至 1 000 mL 后，沉淀即会消失。

（2）单用铁盐配成 100 倍母液。将 2.78 g 硫酸亚铁溶解于 100 mL 蒸馏水中，在 100 mL 蒸馏水中放入乙二胺四乙酸二钠 3.73 g，经过加热溶解后倒入硫酸亚铁，待冷却时倒进容量瓶中。调整 pH 为 5.5，加水定容至 1 000 mL，倒入棕色贮液瓶贮存。使用的时候，每配 1 000 mL 培养基，需要 10 mL 母液。

（3）用微量元素配 100 倍母液。在 100 mL 的容量瓶中加入 50 mL 蒸馏水，分别加入 2.23 g 硫酸锰、0.86 g 硫酸锌、0.62 g 硼酸、0.083 g 碘化钾、0.025 g 钼酸钠、0.002 5 g 硫酸铜以及 0.002 5 g 氯化钴，待一种溶解后再加入另一种，全溶后加蒸馏水定容至 1 000 mL，这就制成了 100 倍母液。每 1 000 mL 培养基需要加入母液 10 mL。

（4）用有机成分配 50 倍母液。在 100 mL 的容量瓶中加入 50 mL 蒸馏水，分别溶解加入 0.1 g 甘氨酸、0.005 g 维生素 B_1、0.025 g 维生素 B_6、0.025 g 烟酸、5 g 肌醇，混合后加水定容至 500 mL，每 1 000 mL 培养基需要加入母液 10 mL。为了配制不同培养基时使用方便，也可将母液中的有机成分分别配制。一般配制浓度为甘氨酸 1 mg/mL 或 2 mg/mL，维生素 B_1 0.5 mg/mL 或 1 mg/mL，维生素 B_6 0.5 mg/mL 或 1 mg/mL，烟酸 0.5 mg/mL 或 1 mg/mL，肌醇 20 mg/mL。

植物生长调节物质配制的一般浓度为 0.1~0.5 mg/mL。因其大多难溶于水，故配制时需先用少量其他溶剂溶解后再加水定容。例如，配制 NAA 溶液时须先用少量 95%酒精或热水溶解，再定容至一定体积；配制 6-BA 溶液，用少量盐酸溶解，再加水定容。

4. 培养基的配置步骤

配好上述各种母液后，就可以着手配置培养基了，具体步骤如下。

（1）首先确定培养基的用量。如按照每个 15 cm×2 cm 规格的试管放 10 mL，每个 150 mL 的三角瓶放 50 mL 来算，1 000 mL 的培养基可装 100 个试管或 20 个三角瓶。

（2）煮琼脂。确定培养基的用量后，称取所需的琼脂和蔗糖，加蒸馏水（培养基总量的 3/4），然后加热溶解（若配制液体培养基，则不必加热，这是因为不用琼脂时，蔗糖在一般室温下易溶解）。

（3）量取母液。加热溶解的琼脂和蔗糖等温度下降到 40℃左右时，按每配制 1 000 mL 培养基需要加入的各种母液用量的比例，分别加入预先配制好的各种母液备用。

（4）混合培养基、调 pH。将母液加到煮好的琼脂、蔗糖溶液中，用蒸馏水定容至所需数量，搅拌充足后，用 1 mol/L 的氢氧化钠或盐酸调 pH（通常 pH 为 5.8)。

(5)分装。将调整好的培养液按照需要分别放在三角瓶或者试管中。

(6)立即灭菌。消毒过程中,严格按照消毒设备使用说明进行操作,高压消毒 15~20 min。培养基高压蒸汽灭菌的时间取决于灭菌的体积,灭菌时间不宜过长,以免引起培养基成分发生变化。经过灭菌的三角瓶或者试管最好置于 10℃左右的无菌室内保存，供茎尖培养或脱毒苗繁殖时使用。一般情况下,应在消毒后 2 周内用完。

4.3.1.5　茎尖培养方法

茎尖培养的基本程序与具体操作方法与常规的组织培养相同，一般包括以下几个步骤,即待脱毒材料的消毒处理、消毒无菌室、茎尖剥离与接种、茎尖培养等。

1. 消毒处理

剥取茎尖可用马铃薯分枝或腋芽,但大多采用块茎上发出的嫩芽,因为马铃薯的腋芽不易彻底消毒,容易污染。取 4~5 cm 长的绿芽若干个,放在无菌室内超净工作台的解剖镜下,剥去嫩叶,切下带 1~2 个叶原基、长度在 0.5~1.0 cm 的生长点，用自来水洗 1~2 min，用无菌水再冲洗 1~2 min,然后浸入 75%的酒精中 30~40 s 进行灭菌处理,随后再用无菌水冲洗 3~5 次,置于无菌滤纸上吸干水分,准备茎尖组织剥离和接种。

2. 消毒无菌室

为了在无菌室里的超净工作台上完成茎尖的剥取工作，首先要用 5%的石炭酸水对无菌室进行全面喷雾,再用紫外线灯照射 30 min 以上。为了身体健康,操作人员在关闭紫外线灯 20 min 后,才可以进入无菌室(开关在室外)。要提前打开超净工作台,过 30 min 再工作。操作人员进入无菌室前,要将手表、手镯、戒指等放在室外,穿上消过毒的鞋、工作服,戴上消过毒的帽子和口罩。进入无菌室之前要用肥皂洗净手和手腕,然后用 70%的酒精棉球擦手和工作台上的用具,再开始工作。

3. 剥离茎尖和接种

在剥取茎尖时，把已经消毒处理的芽段放在位于超净工作台上的解剖镜下(8~40 倍),一只手用镊子将其按住,另一只手用解剖针将叶片和叶原基剥掉,解剖针要常常蘸入 90%酒精,并用火焰灼烧以进行消毒,消毒后可蘸入无菌水进行冷却。当顶端分生组织充分暴露出来之后,用解剖刀片进行切取,为了提高成活率,可带 1~2 枚幼叶,然后将其接到培养基上(顶部向上),每管接种 1~2 个茎尖,并在试管上编号,完成接种后要在工作日志上注明接种品种、管数、日期及原茎尖带病毒种类等,以便成苗后检查。接种时确保微茎尖不与其他物体接触,只用解剖针接种即可。剥离茎尖时,应尽快接种,茎尖暴露的时间应当越短越好,以防茎尖变干。可在一个衬有无菌湿滤纸的培养皿内进行操作,有助于防止茎尖变干,并注意随时更换滤纸,剥取茎尖时切勿损伤生长点。

4. 茎尖培养

把脱毒培养基放在培养室内培养,保持温度 22~25℃,光照强度 2 500~3 000 lx,每天光照 14~18 h,40 d 后看其是否成活,一般成活率在 10%左右。如果叶原基形成小叶后没有生根,可将茎尖转入无生长调节剂的培养基上,小苗就能快速形成根系。再将成活的茎尖继续培养 4~5 个月,茎尖可以发育成小的植株,当小植株有 4~5 片叶时,将其切断分置,接种到三角瓶或试管里的培养基上,继续培养成苗,并进行编号。大概过 30 d 后再把试管或三角瓶中的小植株单节切段接种到 3~4 个三角瓶里。当瓶里的苗长到 10 cm 高时,直接检测 2~3 瓶苗的病毒情况,也可以移栽到温室供病毒检测,留一瓶(同样编号的)在培养室内保存。经过检测确实没有任何病毒的试管苗,才能认定为无毒苗,这种苗才可以进行繁殖利用。只要检测出茎尖苗有病毒,一律淘汰。

4.3.2 茎尖脱毒率的提高

在马铃薯茎尖培养过程中,通常由于试材消毒、来源、茎尖大小、培养基类型等不同而影响脱毒率。提高茎尖脱毒率对于降低生产成本、增大繁殖倍数、缩短生产周期,都具有重要的经济意义。

4.3.2.1　影响茎尖脱毒效果的因素

1. 剥离茎尖的大小

剥离茎尖的大小对茎尖组织培养成苗率和脱毒率有很大影响，离体茎尖愈大,其成活率越高,但脱毒率明显降低;剥离茎尖越小,越不容易成活,但可以提高脱毒率。叶原基是成苗的必要条件,不带叶原基的分生组织,分化成不定芽后,易发生突变,失去原品种的性状。因此,茎尖大小应以生长点所带的叶原基数及其邻近组织的大小为标准。一般剥离茎尖时带 1~2 个叶原基,并且尽可能地少带生长点邻近组织,可以保证成活率的同时又能脱去大多数病毒。

2. 病毒种类

病毒的种类不同,茎尖组织培养脱毒的难易程度有很大差别。根据多数试验结果，脱除病毒从易到难顺序为 PLRV、PVA、PVY、PAMV、PVM、PVX、PVS、PSTVd,PVA 和 PVY 的脱毒率可以达到 85%~90%,而 PVX 和 PVS 的脱毒率却小于 1%。以上的顺序并非绝对,如结合热处理,可显著提高 PVX 和 PVS 的脱毒率。茎尖脱毒的难易还受病毒复合侵染的影响,当 PVX 单独存在于植株内时,茎尖分生组织培养生产无 PVX 脱毒苗率远远高于 PVX 和其他病毒复合侵染的茎尖脱毒率。

3. 培养基类型

适宜的培养基可以显著提高获得完整植株的成功率，茎尖组织正常生长与钾盐和铵离子浓度有密切关系,适当提高这两种盐浓度,有利于茎尖成活。在培养过程中一般马铃薯茎尖组织有几种生长发育类型,植物生长调节剂的种类、浓度和处理时间对茎尖生长和发育有重要作用,应根据不同的类型,改变生长调节剂,尤其是生长素。还有研究证明,在培养基中加入某些病毒抑制剂也可以提高茎尖的脱毒效果。即使同一品种对培养基的反应也不同,因此,在进行茎尖培养时,应针对每一品种反复试验以确定相应的培养基配方。

4. 品种差异

不同马铃薯品种(品系)的茎尖在相同的培养基和培养条件下,其成苗率和成苗时间有很大差异。有的品种成苗率高达70%~80%,而有的品种仅有4%左右。有的品种(如郑薯5号)从茎尖剥离至成苗仅需要2个月的时间,而有的品种(如费乌瑞它)成苗却需要4~5个月的时间,一般情况下成苗时间长的品种其成苗率相对较低。

4.3.2.2 提高茎尖脱毒率的方法

依据细胞分化、植物组织生长发育的特性和利用高温、药剂进行处理,可以起到降解、钝化病毒和抑制病毒繁殖的作用,在培养茎尖脱毒时,两者结合处理有很好的效果。

1. 高温处理

在高于正常温度且植物组织很少受到伤害的条件下，许多病毒可被部分或全部钝化，使病毒在植物体内增殖减缓或停止，从而失去传染能力。侵染马铃薯的病毒对温度有不一样的反应。对患病毒病的马铃薯块茎幼芽或植株进行高温处理后,开始茎尖培养,这样脱毒率比较高。

2. 化学处理

许多化学试剂能抑制病毒复发,有助于提高茎尖脱毒率,在进行茎尖培养时将病毒抑制剂加入培养基中,能够抑制病毒的繁殖和生存,达到脱毒目的。如孔雀绿、硫尿嘧啶、8-氮鸟嘌呤、利巴韦林等。化学处理脱毒的作用机制可能是化学药剂使得病毒蛋白质沉淀变性，直接抑制和灭活病毒,也可能是改变细胞外环境,使病毒颗粒不能与敏感细胞接触阻碍其吸附和穿入,还可能是与病毒酶系统结合并干扰其合成、释放。

4.3.3 脱毒试管苗的快速扩繁

马铃薯脱毒繁育首先要做的是试管苗快速扩繁，只有繁育出足量的试管苗,才有可能生产出大量的脱毒微型小薯。通常试管苗扩繁使用简易

MS 培养基,15~20 d 扩繁 1 次,扩繁比例约为 1:5。试管苗快繁过程如下。

4.3.3.1　快速繁殖

可使用固体培养基,也可使用液体培养基,生产中大多是移栽前的一次培养采用液体培养基,而在此之前的扩繁培养都是采用固体培养基,这样不但方便移栽,还能减少成本,大大提高工作效率。如果完全采用液体培养基,容易出现"玻璃苗"现象,也容易增加污染机会。两种培养基的成分基本一样,只是液体培养基中不加琼脂。培养基成分是 MS 大量元素、微量元素、铁盐、20 g/L 蔗糖(可用普通白砂糖代替),pH 为 5.6~5.8,一般不加有机物和植物激素。有时为使试管苗长得更健壮,可采用 1.5~2.0 倍 MS 大量元素。

4.3.3.2　切段繁殖方法

第一次快速繁殖时,利用保存的基础苗进行切段繁殖,在以后的连续切繁时,就直接用上一次的快繁苗来切段。切段繁殖是在无菌条件下的超净工作台上进行的,方法步骤如下。

1. 瓶体消毒

利用 70%~75%的酒精棉球,将待繁基础苗瓶表面(包括封口膜)擦拭一遍,以杀死瓶体外所带的各种细菌,防止造成污染。

2. 无菌室及工作台消毒

无菌室不经常使用时,在使用前应进行一次彻底消毒。可采用甲醛和高锰酸钾熏蒸消毒,消毒后关严门窗。密封 24 h 后,强制过滤通风,隔 1d 后方可入室操作。在切段繁殖期间,还应每天保持无菌室清洁无菌。平常每隔 2~3 d 用甲酚皂消毒液（来苏儿水）擦洗地面，每天用 75%酒精或 0.5%苯酚对超净工作台喷雾降尘消毒,接通超净工作台电源,打开电源开关、风机,打开紫外灯照射 15~30 min。

3. 切段增殖

用香皂或洗手液将手洗净,更换工作服、鞋、防尘帽、口罩。切段前将所需剪刀、镊子等器具用酒精灯灼烧灭菌,冷却后使用。同时将基础苗瓶口和待放切段瓶口也用酒精灯灼烧灭菌。然后将待切苗从三角瓶中夹出，用手术剪按单节切段并置于新三角瓶内的培养基上，每瓶放 10~13 个节段(罐头瓶可多放)，均匀平放于培养基上，也可将节段基部向下扦插在培养基内，腋芽要露在培养基外。将其放在培养室中培养。

4. 培养条件

培养室保持温度 23~27℃，光照强度 2 000~3 000 lx，每天光照时间 16 h。一般培养 3~4 d，茎节切段就能从叶腋内长出新芽，茎节上长出新根，15~20 d 就可移栽。

5. 注意事项

接种室是试管苗进行接种继代生产的关键场所，接种室管理好坏关系到试管苗受污染的程度。接种操作时，先用无菌气流将超净工作台面带菌气体驱走，使接种操作在无菌的超净工作台上进行。接种时超净工作台要提前 20~30 min 开机，用 75%酒精消毒双手、用 75%酒精棉(棉球不能太大、酒精不能太多)擦拭超净工作台的台面和侧壁以及放在超净工作台中的所有器具，将棉球及时移出超净工作台，稍后点燃酒精灯，并在有脱毒试管苗的培养基表面喷洒，然后开瓶口放置于工作台上待用。将镊子、剪刀、解剖刀等所有接种用器具在酒精灯火焰外焰上(不能太靠近酒精灯灯芯)进行灼烧灭菌，从头至尾过火数遍，然后反复过火尖端处(不得少于 5 s)，摆放好让其自然冷却，以免烧伤试管苗。接种后要及时标记，把品种代号、培养基类型、接种日期、个人编号标示到瓶上。一般试管苗的中上部切段生长快，将茎尖、茎尖以下的基段分别接种于培养瓶中，使芽生长较整齐一致。壮苗、苗龄大的比弱苗、苗龄小的生根、发芽生长快，最适宜试管苗龄为 25~30 d。接种后及时用透气性好的封口膜封口，以利于试管苗生长。

4.3.4 试管苗工厂化扩繁降低成本的方法

马铃薯试管苗快速繁殖时，试剂用量大，成本相对较高，按正常条件以 MS+激素培养基测算，培养基的成本占组培苗生产成本的 15%左右。

其中琼脂占培养基成本的 50%、蔗糖占 30%、蒸馏水(电费)占 15%。试管苗工厂化扩繁降低成本的主要途径为替换培养瓶、简化培养基、降低培养基成本、控制污染、简化接种方法。

4.3.4.1 替换培养瓶

一般实验室里进行组织培养都是用玻璃三角瓶,其优点是透光性好,非常适合于科学研究。但其价格昂贵、易碎、培养容积小,且不利于大批量手工操作,在大批量的生产中就会相应地增加生产成本。现在多用玻璃瓶或塑料瓶替代玻璃三角瓶进行大规模生产, 在马铃薯工厂化生产中所使用的玻璃瓶不仅价格是三角玻璃瓶的 1/10,相对接种面积较三角瓶大,而且便于洗涤和接种工人大批量操作,能够有效地降低成本,极大地提高生产效率。有研究表明,用玻璃瓶替换成三角瓶对苗高和增殖系数均无显著影响,生长状况良好,玻璃瓶在生产中应用是完全可行的,而且可以节省 60%左右的容器成本。

4.3.4.2 简化培养基

培养基成本约占室内生产成本的 8%,其中,大量元素、肌醇、激素、琼脂、糖在整个培养基成本中占相当大的比例。因此,可以通过改变或降低这些培养基成分来降低生产成本。实践经验表明, 用普通白糖代替蔗糖、用化学纯试剂(甚至工业品)代替分析纯试剂,用白开水代替蒸馏水,再通过选择合理的培养材料,加入必要的激素及其比例,配合适当的技术路线,能达到缩短培养时间,扩大繁殖系数的目的,不仅所产组培苗质量相同,而且由于普通白糖只有蔗糖价格的 1/5,化学纯试剂只有分析纯试剂价格的 2/3,白开水或自来水比蒸馏水价格低更多。在大量元素成本降低上,可以考虑用 1/2MS 或 1/3MS 培养基代替 MS 培养基进行培养。在琼脂成本降低情况下,可以考虑采用液体浅层培养或半固体培养的方法。液体培养基培养试管苗比固体培养基生根快,长得粗壮,便于栽植,可提高试管苗成活率,生产效率高、容易自动化控制、可对过程进行多种手段精确调控。对于有些马铃薯品种,在不影响组培苗的生长情况下,可以通过降低培养基中有机物的含量或激素含量来降低成本。

4.3.4.3 改变培养条件

在组培工厂化生产中，电费约占整个生产成本的35%，而其中培养阶段所消耗电费占绝大部分，达70%以上。通常情况下，为了提供植物适宜的光、温条件，一年四季都需要开日光灯和空调，极大地增加了生产成本。因此，需要采取有效措施降低组培苗培养阶段的成本。为了降低能源成本，现在越来越多的科研生产单位，利用自然光替代人工辅助光照，设计类型多样的自然光照培养室，有效利用自然光进行组培苗的培育。有研究显示，用自然光代替人工辅助光照，同时光强度控制在1 500~4 000 lx，并注意光照强度大于5 000 lx的地方的遮阴，将培养室的温度控制在23~25℃，将使组织培养在生产中的成本大大降低。

4.3.4.4 降低污染率

组培苗大规模的工厂化生产过程中，污染是经常发生的，它不仅影响组培苗质量，还增加了组培苗生产成本，如果污染控制措施不力，往往造成较大的损失。据测算，污染率5%时，成本增加10%；污染率30%时，成本增加106.5%。因此，针对不同环节污染来源，采取切实可行的防止或减少污染的方法，对降低组培苗生产成本，提高生产效益具有重要的意义。为了避免或减少污染应做好以下几方面工作，首先建立有效日常检查管理机制，要求工作人员注意个人卫生，勤洗换工作服，并且严格按操作规程操作。平时采取轮流值日的办法，负责完成每天接种工作结束后的卫生。接种室每天开紫外灯或臭氧发生器消毒2 h以上，接种用的纸、盘、工具经消毒后应3 d内用完，否则需重新消毒才能使用。培养基消毒后最好能存放3 d以上，发现无污染方可使用。在高温高湿季节要注意无菌室的除湿和熏蒸消毒，必要时可用75%酒精溶液喷雾消毒。一旦发现材料污染应及时清除，并搬到远离生产车间的地方进行妥善处理，污染的瓶子要用药液消毒并清洗干净，必要时经高压灭菌后方可使用。

4.3.4.5　简化接种方法，降低试管苗生根成本

初步折算，组培苗生产中人工费占 20%，折旧费占 10%，耗材等其他费用占 10%。目前来看，人工和耗材只能通过制定科学的操作规程，加强技术培训和管理，通过提高劳动者素质和技术水平，达到提高劳动生产率，进而降低单株成本的目的。通过进一步减少扩繁的工作量，可以有效降低生产成本。例如在生产上大量扩繁时，可直接将茎段平铺在培养基上，这样可以节省接种时间。在试管苗生产允许变异范围内，增加试管苗繁殖系数，相当于节省工作量，也能够间接地降低生产成本。诱导试管苗生根过程的费用占总费用的 35%~75%，降低试管苗生根成本对马铃薯组培苗工厂化生产、经济效益的提高极其重要，试管外生根与试管内生根相比，不仅直接成本相对较低，而且生根苗抗逆性强、移栽成活率高，是一种有效降低成本的方法。

4.4　脱毒原原种的繁育

脱毒种薯是马铃薯脱毒快繁及种薯生产体系中各级别种薯的通称。马铃薯脱毒种薯生产的过程分为几个阶段：第一阶段为材料的脱毒与脱毒试管苗的快繁阶段；第二阶段为原原种微型薯的工厂化生产阶段；第三阶段为一级原种、二级原种生产阶段；第四阶段为一级、二级合格种薯生产阶段。脱毒苗生产的试管薯、微型薯通称脱毒原原种，马铃薯脱毒原原种繁育是以无土栽培为基础，在人工控制的消毒环境里，将各种生态因子（如温度、光、水、气等）控制在最佳状态进行生产，因而它具有很大的优越性。

4.4.1　试管薯的繁育

由于试管薯是在试管、三角瓶等容器内形成的，所以除了不带有病毒以外，还不带有任何病原菌，试管薯质量相当脱毒苗。在诱导试管薯前一阶段培养出根系发达、茎秆粗壮、叶色浓绿的试管苗，有助于获得高产、优

质的试管薯。试管薯诱导不受季节限制,可以在容器内周年生产,无病毒再侵染的危险。并且试管薯体积小,便于种质资源的保存和交流,又可纳入良种繁育体系,但由于“个头”小,所以不宜直接在大田播种。

4.4.1.1 生产设备

试管薯生产是在试管苗快速繁殖基础上的工厂化生产，需要在试管苗生产设备的基础上,增加黑暗培养室和低温贮藏室。

1. 黑暗培养室

黑暗培养室大小依试管薯产量大小而定。年产 50 万粒左右试管薯的工厂,一般有 10 m^2 的面积即可。室内应安装空调和货物贮藏架,房顶安装照明用日光灯和备检查用的安全灯等。培养室温度 16~20℃,通风透气以促进大薯形成。

2. 低温贮藏库

面积为 3 m^2 左右即可,库内放置多层贮藏架,并配备塑料保鲜盒供试管薯存放,贮藏架及各层保鲜盒均要编号,以方便取试管薯时查找。

4.4.1.2 试管薯生产工艺流程

脱毒试管苗→试管苗株系筛选(淘汰弱株系)→母株培养 25 d（液体培养基)→转入诱导结薯培养基→诱导匍匐茎 2 d（光照培养)→收集贮藏→应用。

4.4.1.3 试管薯生产工艺要点

1. 试管苗筛选

选择生长势强壮、结薯早、块茎大的茎尖无性系试管苗。

2. 培养健壮的试管苗

培养根系发达、茎粗壮、叶色浓绿的健壮试管苗,才能获得高产优质的试管薯。选用适宜壮苗培养基是培养健壮母株的基础，培养基内加入0.15%~0.50%的活性炭可以复壮细弱的试管苗，植物生长调节剂能促进壮苗的形成。调整培养基成分,能促进健壮试管苗形成。

3. 试管薯母株培养

将带有 1~2 个茎节的试管苗，去掉顶芽，接种在液体培养基上，试管苗茎段浮在培养基表面静止培养；切勿振动培养，以防茎段淹入培养液内空气不足而死亡。3 周后每个茎段发育成 1 株具有 5~7 个节的粗壮苗时，进入诱导结薯培养基。母株培养时要求培养室日温 23~27℃，夜温 16~20℃，每日光照 16 h，光强 2 000~3 000 lx。培养瓶塞要选用透气性好的，以利于气体交换，促进壮苗形成。通常选用 100~250 mL 容量的培养瓶，每瓶装 15~25 株。母株培养一般需要 25 d。

4. 适合试管薯诱导的培养基

国际马铃薯中心（CIP）推荐的试管薯培养基是：MS+6-BA 5 mg/L+CCC 500 mg/L+蔗糖 8%。其中高浓度的蔗糖（6%~10%）是试管薯诱导过程中必不可少的条件，它具有调节渗透压的功能，并提供块茎形成时所需要的足够的碳源。马铃薯试管薯的形成是受多种因素共同调控的，基因型、激素、光照以及培养基类型等诸多因素相互影响试管薯的生长、结薯情况。不同品种的马铃薯培养基中所加的激素以及培养方式各不相同。但是，对于多数马铃薯试管薯的形成来说，在激素方面均会使用细胞分裂素和生长素，而赤霉素的使用非常少；培养基多数使用普通的 MS 培养基加激素等物质进行改良。

5. 诱导结薯培养

在超净工作台上将壮苗的培养基去除干净，然后转入试管薯诱导培养基，在光照下培养 2 d（促进匍匐茎的形成），然后转入黑暗中培养诱导结薯。3 d 后试管内开始有试管薯形成。黑暗培养温度 16~20℃，暗室要空气流通，以利于块茎发育。

6. 试管薯收获

试管薯诱导培养基含糖量大，收获后的试管薯离开无菌的培养环境，极易受病菌侵染。所以试管薯收获时要先将黏附在试管薯上的培养基冲洗干净，用自来水至少要冲洗 3~4 次，以减少真菌感染，防止烂薯。冲洗完成后的试管薯，要放在阴凉处晾干，再放入透气的保鲜盒或保鲜袋，置于 4℃冷藏箱（室）内保存。经一定时间的休眠后，播种前取出放在室温 26℃下黑暗处理 15 d 发芽。

4.4.2 微型薯的繁育

在防虫温网室内的人工合成营养基质中，通过脱毒苗移栽，茎段扦插或试管薯栽培，形成重量为 1~20 g 的小薯块，称为微型薯。在马铃薯良种繁育体系中，原原种的生产是关键环节，当前马铃薯原原种繁殖趋向微型化（即微型薯），微型薯生产能较好地控制病原的侵染，且易于贮藏运输，现为大多数生产单位所采用。目前，脱毒微型薯的生产方式主要有“利用试管薯在网室内生产小薯”“温室内扦插栽培法”“防虫网室内扦插栽培法”“气雾栽培法”等。

4.4.2.1 利用试管薯在网室内生产微型薯

试管薯易于保存，所占空间少，其质量相当于脱毒试管苗，可作繁殖原原种的基础材料，度过休眠或打破休眠后可直接播种在防虫网室内，通过播种密度来调节结薯个数和薯块大小。试管微型薯栽培技术如下。

1. 催芽

在育苗前 40 d 取出贮藏的试管薯（如未度过休眠，用 0.5~1.0 mg/L 的赤霉素浸种 10 min 后捞出晾干）。置于室内（18~20℃）散射光条件下催芽，待芽长至 2~7 mm 变成浓绿或紫色时即可育苗。此时试管薯出苗快，根系发达，生长发育健壮。

2. 育苗

将蛭石、草炭土、珍珠岩、硝酸铵、硫酸钾和适量的多菌灵按一定比例混合制成营养基质，装入苗盘，厚 5 cm，浇透水，按 3 cm×6 cm 的株行距把试管薯摆放在苗盘中，盖约 1 cm 厚营养基质、勤浇水，建小拱棚，上覆薄膜，确保苗床内高温高湿的小环境，以利尽快出苗。苗床温度白天保持在 25~28℃，夜间 15~18℃。待出苗率达到 80%后，开始通风，通风先从背风一侧苗床中央通小风，逐渐过渡到两侧通大风。浇水应少浇，以培育壮苗，苗高 5~6 cm、4~5 个叶片时准备定植。定植前 3~4 d 揭去薄膜炼苗，以适应外界环境，快速生长。

3. 网室移栽定植

网室的防虫网纱应在 40 目以上，以防止蚜虫等进入。网上需配备塑料薄膜，供下雨时使用，防止雨水渗入，使营养液流失。生产过程中要严格查看网顶及四周的严密程度，发现有孔洞、缝隙应及时封严。入口处设缓冲间，进出随手关门，防止蚊虫进入。当地温达到 7~8℃时即可移栽定植，在平整的土地上铺一层网纱，在其上铺 7~8 cm 厚度的营养基质，浇透水，密度为株距 10~15 cm，行距 20~25 cm，苗根部压实轻浇水。要精心管理，及时拔除杂草，调控温湿度，促进其健壮生长，当苗长至 8~10 cm 时，开始分次培土（蛭石），每次培土埋入 1~2 个节间，共培 3~4 次，增加结薯层数。当植株出现徒长时，应喷施 1~2 次多效唑（60 g 多效唑可湿性粉剂兑水 65 kg）。在块茎开始膨大时，每隔 7~10 d 喷营养液 1 次，共喷 4~5 次，以满足植株的需肥量，防止植株早衰。

4. 病虫防治

在蚜虫高发前，喷施 40%氧化乐果乳油和 80%敌敌畏乳油，灭杀蚜虫。晚疫病防治采用“预防为主，综合防治”的原则，当田间连续 48 h 下雨或出现雾气时应用 2%的波尔多液喷雾，每隔 5~7 d 喷 1 次，共喷 3~4 次，或用 500~800 倍的杀毒矾、克露交叉喷药。

5. 适时收获

为了提高种用价值，减少病毒侵染，应适当提早收获，茎叶开始泛黄时为收获期。收获后，放在温度为 10~15℃，空气相对湿度为 60%~70%的条件下，经过 5~7 d 后，开始分级整理装袋贮藏，装袋时要每袋内放标签，并标明品种名、装袋日期等。

4.4.2.2　温室内扦插生产微型薯

可以用脱毒试管苗直接扦插生产微型薯，也可以剪顶芽、腋芽扦插生产微型薯,获得的微型薯可以播种在防虫网室内生产小薯。所用温室要有保温、保湿、通风和良好的光照条件及给水、排水和防虫设施。入口处的缓冲间和工作间要随时注意消毒灭菌，内窗和通风口安装40目的防虫纱，以防蚜虫等媒介进入,温室使用前要进行彻底的灭菌、杀虫。

1. 脱毒试管苗直接扦插生产微型薯

(1)温室消毒及准备工作。苗床选用塑料大棚或日光温室,覆有尼龙防虫网和遮阳网,配备自来水、喷灌设施等。塑料大棚或日光温室要密闭完整,玻璃接缝处要密闭无缝,防虫进入温室。基质严格高温消毒,配方为珍珠岩:蛭石:草炭=1:1:1。移栽前1周,用75%的百菌清1 000倍液喷洒整理好的苗床;移栽前1 d用75%的百菌清1 000倍液+70%吡虫啉3 000倍液对棚内设施进行喷施消毒、防虫,并将苗床用水浇透,关闭温室的门窗,以提高栽培基质的温度。

(2)试管苗炼苗。种苗从瓶苗到扦插苗,必须经历一段炼苗时期。对试管苗而言,小环境急剧变化,在炼苗时管理稍有不慎,便会造成大量死亡,特别是夏季高温季节。但是只要掌握其生长规律,精细管理,还是能保证成活率达到90%以上。试管苗在壮苗培养基上培养2周左右,移栽前放在窗台处散射光炼苗5 d,再移至温室打开瓶盖炼苗1 d。

(3)扦插。将炼苗后的试管苗(以苗高4~5 cm为宜)拔出,洗净琼脂,用生根剂处理后扦插。国际马铃薯中心(CIP)改良生根处理方法:称取100 mg吲哚丁酸(IBA)溶于少量酒精中,再用0.1 mol/L氢氧化钾溶液稀释,另称取50 mg萘乙酸(NAA)溶于少量酒精中,17.5 mg硼酸溶于蒸馏水中,将上述3种药剂混匀之后,再加入2 mL二甲亚砜或吐温-80,33 mL 95%的酒精,并用水稀释定容至100 mL,pH调至5.5左右。使用时将母液稀释5倍,浸泡5~10 min,生根率可达100%。

(4)扦插苗管理。扦插后用手指纵横双向适当按压,使插枝与基质紧密接触,以利于生根,扦插完一个苗床后,用喷壶立即浇透定根水,避免栽后长时间缺水导致萎蔫甚至死苗,并铺设塑料薄膜防止失水。在实际扦插的过程中，应该保证扦插的试管苗是没有经过大量污染的幼苗，并且需要保证实际的温度处于稳定的状态，温室的温度要高于 6℃，每天的总日照时间不少于 12 h。确保温室内部环境的洁净程度，防止害虫和其余病菌的进入。

（5）病害防治。在微型薯的生产过程中，需要加强病虫害的防治，在实际的病虫害管理过程中，经常会出现大量的病虫害如早疫病、晚疫病等。在具体的防治过程中，可以结合实际情况，具体问题具体分析。在温室中一旦发现大量病株时，需要对其进行全面的销毁工作，只有及时地控制住病情的发生点，才能够更好地控制住温室内部的病情蔓延，提升整体培育质量，保证最后的生产质量。

（6）收获。当扦插苗生长 40~60 d，微型薯长到 2~5 g，植株中下部叶片开始枯黄后就可开始收获。为保证收获的微型薯不易受到机械损伤和便于长期存放，收获前应逐渐减少水分和养分的供应，使植株逐渐枯黄至死亡后再收获。收获时采用人工手刨的方式，减少烂薯、破薯，避免种薯受损。

2. 剪顶、腋芽扦插生产微型薯方法

将试管苗移栽到育苗盘中，长到一定大小后剪顶、腋芽扦插生产微型薯。利用基础苗剪顶、腋芽扦插，可大大提高试管苗的利用率，降低培养成本。其方法如下。

（1）培育基础苗。将试管苗切成带有 1 个芽的茎段，接入生根培养基，每天 16 h 光照，25℃条件下培养 1 周后，小苗长成带有 4~5 片叶及 3~4 条小根的健壮苗时，打开培养瓶封口，注入 1~2 cm 的凉白开水，放在温室炼苗 3~5 d，随后用自来水将试管苗根部的培养基冲洗干净，准备移栽。

（2）基础苗移栽。首先应用 1%的磷酸二氢钾和 0.5%的尿素溶液将蛭石拌湿，使之达到用手握能成球，放下后能松散。然后装育苗盘，装至盘的 2/3 深，将盘面刮平。按 7~8 cm 行距，5 cm 株距定植试管苗。基础苗栽好后，将育苗盘摆放于铺有草炭（约 3 cm 厚）的培养架上。保持空气温度和湿度及防止强光直射，利用散射光缓苗，在温度适合时，移栽成活率可达

95%以上。一般栽苗后的前几天不需要浇水。需要浇水时,应从育苗盘底下浇水。当植株长到一定大小时,应注意向幼苗基部培蛭石（相当于大田的培土）。

（3）基础苗栽培管理。约 20 d 后基础苗长至 5~8 片叶时,即可进行第一次剪切;以后,根据基础苗的生育状况每 15~20 d 剪切 1 次,可以反复剪切多次。基础苗生长需要营养充足及高温高湿的环境,促使植株略有徒长,以利于剪切、扦插,提高扦插成活率和繁殖系数。每次剪切后,为促基础苗新枝生长,可喷施浓度为 10 mg/L 赤霉素 1 次,适量施含氮量高的 MS 营养液,必要时可以再次盖塑料棚膜以提高苗床温度及湿度,促使腋芽萌发,增加繁育次数。种苗需水量大,夏天、晴天早晚各浇 1 次水,春、秋季和阴雨天根据土壤温度每隔 2~4 d 浇水 1 次,基础苗的适宜生长温度为 25℃。

（4）剪苗扦插。剪苗时利用消毒的解剖剪子和镊子剪下带有 1~2 片叶的茎尖和带有 2~3 片叶的茎段,30 mg/L 生根粉溶液浸泡顶芽 3~5 min 再扦插,按 400 株/m^2 的密度画行或插孔,扦插在苗床上,芽埋在基质中的深度为 1.0~1.5 cm,叶片露出。由于基础苗栽培的基质比较疏松,剪切时需小心,以防将苗根拔出。扦插后用手指纵横双向适当按压,使插枝与基质紧密接触,以利于生根,扦插完一个苗床后,浇清水,盖塑料薄膜。如果扦插苗生长中后期植株较高或有徒长现象，可喷施 1 次 500 mg/L 的矮壮素,来抑制植株生长,促进块茎膨大。

（5）收获。马铃薯种苗生育后期,营养和水分逐渐减少,营养生长减缓,扦插苗生长 50~60 d 植株叶片开始变黄,说明植株已开始成熟,微型薯长到 2~5 g 即可开始收获。收获前 10 d 停止浇水,进行人工割苗,促进薯皮老化。选择晴天收获,收获时先拔除未割干净的茎叶部位,清除枯枝败叶运至隔离地带销毁,然后将苗床中的基质过筛,收获全部微型薯。收获时注意轻拿轻放,尽量减少机械损伤。每平方米一般每次可收获 400~500 粒,一年收获 4~5 批,共收获微型薯 1 600~2 000 粒,折合每亩产 80万~100 万粒。

（6）贮藏及休眠。新收获的微型薯含有较高的水分，需置于通风处晾种 7 d 左右，晾种期间要避免阳光直射防止薯皮变绿，同时剔除病种、烂种。贮藏期发现微型薯萌芽时，应将微型薯从容器中取出，在室内摊开，用散射光抑制芽徒长。在贮藏期间，为使微型薯受光均匀，应翻倒几次。

4.4.2.3　防虫网室内生产小薯

这种方法在我国是最普遍采用的方法。由于脱毒试管苗直接定植有一定的困难，所以在定植前采用特殊的假植方式，集中培育壮苗，再按不同的密度定植在网棚内的营养基质上，并喷施营养液来进行脱毒小薯生产，这种管理方式下通常单株可以结 5 g 以上小薯 6~10 个。

1. 准备工作

首先做好温室、苗床（或苗盘）基质等。温室要密闭完整，玻璃接缝处要密闭无缝，防止各类虫子进入温室。所用器械要用熏蒸剂或甲醛、多菌灵进行消毒。移栽前 1 d 用水浇透苗床，关闭温室门窗，以提高栽培基质的温度。

2. 培育壮苗

试管苗叶片没有蜡质层，不适应外界环境，直接移栽容易失水萎蔫致死。因此，在移栽前应打开瓶口，注入无菌水（或冷白开水），并使水面高度保持在 0.5~1.0 cm。试管苗在消毒温室内炼苗 3~7 d 后用镊子取出，置于 15℃的温水中细心洗净培养基，防止病菌污染死苗。将试管苗先移栽在装有营养基质（蛭石∶草炭土∶珍珠岩=1∶1∶1）的育苗盘中，每平方米 800 棵苗，深度 1.5~2.0 cm，在温室中培育健壮基础苗，加强管理。待苗长至 4~6 cm 即可移栽。

3. 移栽壮苗

用水将蛭石和好（手握成团但不滴水），铺在栽培槽内，厚度 3~5 cm（因幼苗大小而定），刮平后栽苗。开浅沟栽苗，株行距 10 cm×10 cm 或 10 cm×5 cm，幼苗大小以高度 4~6 cm 为宜，栽苗深度以 1~2 cm 为宜。大苗宜深，小苗宜浅。做到上齐下不齐。栽后轻轻挤压。不要压得太结实，否则影响幼苗成活。用喷壶适当喷水，前 5 d 之内保证苗床有足够湿度（95%以上）。

4. 壮苗管理

壮苗成活后，叶面喷 0.3%磷酸二氢钾和 0.2%尿素混合液 1 次。根据蛭石干湿情况浇水。一般情况下蛭石变松散时应立即浇水。蛭石水分含量应保持在手握成团而不滴水为宜。植株长到 8~10 cm 时进行第一次培土（蛭石）；15~20 cm 时第二次培土（这时可把植株基部弯成船状压入蛭石中以增加结薯层）。植株徒长时，或株高达到 30 cm 时应进行化控，即喷 50 mg/L 多效唑或 250 mg/L 矮壮素来控制生长。遇到连续阴雨天时，应喷 500 倍甲霜灵或克露防治晚疫病。每 7~10 d 喷 1 次防蚜虫的药剂。

5. 收获

收获前 7~10 d 停止浇水，让植株自然落黄。如果此期遇到阴雨天气，应及时拔掉植株地上部分以防止病害发生。待蛭石干透后收获微型薯。微型薯收获后按大小分级装袋，写好标签。

4.4.2.4 利用气雾法生产脱毒小薯

气雾法栽培是指马铃薯植株根系在黑暗和无土的条件下，通过机械电子设备将营养液定时定量的喷雾，提供所需水分和养分，使得马铃薯植株迅速生长并减少生育期，提前结薯，提高结薯率的一种培养方式。此种方法，可以通过人为控制马铃薯整个生产过程中的营养需求，生产出不同规格的种薯，随时采收符合标准的种薯来满足不同的需求者。这种栽培方式，除了可以节约和充分利用能源外，还能大幅度地提高马铃薯原原种薯的产量，有效解决传统生产模式中占地面积大，产量低，人工耗费量大等缺点。气雾法生产脱毒小薯技术如下。

1. 准备工作

（1）温室设备的清洗和消毒。气雾法主要靠自动半自动化的设备，将人工配好的营养液从半地下室的水槽中抽到喷水管道并在栽培槽内喷雾，将喷雾后植物根部吸收之余的营养液又通过回流管道流入水槽的一个循环过程。在此过程中，水槽、管道、栽培槽、假植板、喷头等营养液必经之路必须保证干净且无污染，以免马铃薯植株裸露的根部遭受污染导致发生病害甚至死苗现象。因此，在马铃薯试管苗移栽之前，要对营养液池，进水及回水管道，结薯箱及盖，支撑薯苗用的海绵，避光用的黑膜，栽培、收获时的用具等进行深入的清洗和消毒灭菌工作。

（2）温室环境的清洁和消毒。对雾培温室进行全面的清洁与消毒工作，包括温室的内外杂物和杂草等的清理与消除。温室内外环境要用多菌灵、代森锰锌、甲霜·锰锌等交替进行喷雾消毒，最后用百菌清烟剂进行 2 次消毒。温室一定要做好空气对流通风设计，并在通风口上做好纱窗，以防止外来昆虫侵入。注意温室消毒时一定要将门窗全部关闭，温室在相对封闭的状态下进行消毒，灭菌效果会更好。

2. 育苗

在已灭菌，具有良好的保水、保肥能力，透气性良好，pH 6.0~7.0，物理化学性质稳定的蛭石基质中移栽脱毒马铃薯试管苗，移栽株距为 5 cm，行距为 8 cm，要求温室环境干净整洁无污染，温度控制在白天 23~26℃，夜间不低于 10~15℃，湿度保持在 60%左右，移栽前需要搭建小拱棚形成一个密闭的空间，有利于移栽苗的生根发育，从而进行育苗。

3. 假植

（1）移栽苗准备。脱毒马铃薯试管苗在基质栽培 30~45 d，可以假植到雾培温室。选择移栽苗要做到适宜的苗龄，株高大概 12 cm 左右，苗太矮不易生长，影响生根、发棵、结薯、产量；苗太老容易发生烂根以及萌生腋芽薯，从而延缓整个生育过程，导致产量降低。将育好的苗移入雾培温室，如若前期温度低，会影响须根和匍匐茎的生长，同时会影响茎叶的生长，导致结薯缓慢、产量降低。因此，假植前把握好苗龄比较重要，否则，管理期间大大增加工作量。移栽苗在假植前 2~3 d 停止浇水，以免植株茎秆柔韧性不足，起苗时容易折断伤苗。假植时温室内部湿度要达到 90%左右，还要打开盖布，避免已经起过的苗强光照射而导致萎蔫。

(2)假植方法。移栽苗从基质中起苗后,用清水洗去根部携带的蛭石,并摘除个别已结的小薯,同时安排部分人在雾培温室上架移栽苗,假植时随起苗随移栽,避免间隔时间过久造成移栽苗失水萎蔫。移栽苗上架时,在假植板上面留 2 叶 1 心或 3 叶 1 心,根部完全放入假植板的孔内,每个孔栽 1 株苗,并将整个植株 2/3 的部分即根茎的部分放入孔内。在每组一端的假植板上每孔栽 2 株,备几株补栽用苗。假植板上孔行距 35 cm,孔距 20 cm,孔径 2.5 cm。在假植时用已消毒的海绵轻轻塞在孔内,固定植株直立,避免倒伏在板面出现叶片腐烂或晒坏等现象。

茎切扦插是指植株不需要带根移栽,而是植株的根部在基质上不动,在茎底部往上留 2~3 片叶后用消毒过的剪刀切断植株的茎秆,茎秆所留长度在 12 cm 左右,切后在顶端部位留 2 叶 1 心或 3 叶 1 心,其余的叶剪干净,以防腐烂引发病害,并将植株的茎秆下端在萘乙酸 50 mg/L 和吲哚丁酸 20 mg/L 的混合溶液中浸泡 15 min,然后扦插至雾培温室的假植板上,此过程中,必须是随切随处理随栽,由于植株本身不带根,很容易失水导致萎蔫,因此工作效率要快,否则会影响扦插成活率。茎切扦插移栽的优势是基质温室不用重新移栽组培苗,大大减少组培苗的扩繁工作量;扦插移栽时虽然无根,但在生根剂溶液的处理下 7~10 d 开始长根,且粗壮;减少移栽前期腋芽薯的生长,比整株移栽在管理上减少很多工作量。

4. 雾培期间管理

(1)前期管理。脱毒苗移栽至雾培温室后,打开喷雾装置,前 7 d 用清水喷雾,喷雾时间间隔设置为白天每隔 3 min 喷 20 s,晚上每隔 30 min 喷 20 s。移栽后前 5 d 温室遮阳网打开进行遮阳,以免强光暴晒,导致幼苗死亡。若室外阳光不强,也可稍微关闭遮阳网让部分散射光射入温室内,有利于前期缓苗期幼苗的适应能力。在前期管理过程中,一定要做到随时观察幼苗的长势和设备的使用状况,一旦发生设备故障而无人知晓,很容易发生幼苗缺水整体死亡。幼苗期间,缺水不得超过 2 h,否则,难以恢复。雾培前期管理是整个管理过程中最为重要的环节,关系着移栽苗的健壮、发根、匍匐茎生长等，为后期高产的基础。

（2）光照、温度和湿度的管理。雾培移栽苗对温度和光照特别敏感，因此做好光照与温度的控制特别重要。雾培移栽苗期最适温度白天20~28℃，晚上10~17℃，温度不能低于10℃，过低幼苗停止生长，严重时出现冻死现象。块茎形成期最适温度白天18~25℃，晚上15℃左右，温度过高，茎叶部分徒长，不利于块茎的形成。因此，在管理期间，时刻观察温室内部温度的变化，从而做好遮阳网的使用。一般情况下幼苗前期遮阳网展开7 d左右，7 d后中午12点至下午5点展开，其余时间可以关闭，幼苗缓苗基本结束时，减少展开遮阳网时间，一般只需要中午打开3 h时左右，让幼苗多吸收阳光，此时植株会长得很快，地上部分茎叶繁茂，地下部分须根发达，匍匐茎多。在整个管理过程中，温室内最适湿度可控制在相对湿度的60%~80%，适合马铃薯生长，过干、过湿，容易发生虫灾或病害。

（3）发棵期。褪苗、打杈、摘除腋芽薯。褪苗的作用是增加须根和匍匐茎的着生点，随着植株生长发育，平衡植株在假植板上下面的长势，为防止发生倒伏，使植株保持直立状态，一般情况下，幼苗移栽10 d左右就能明显看出生长，等长出3~4个新叶时，可以进行第1次褪苗。褪苗是将假植板上面植株底部的2~3个小叶片摘掉，并将茎秆部位往假植板孔内推入，增加假植板下面的结位。由于幼嫩的茎节点容易长出新的须根和匍匐茎，因此要尽早褪苗不易过晚，一般褪1次要2~3个节点，大概每隔10~15 d可以褪1次，具体要看植株的长势情况，褪到植株根部离栽培槽底部的喷头相近为止，整个生育期一般褪苗3~5次。雾培温室栽培脱毒马铃薯，一般长势旺盛，侧枝繁茂，只有适量打杈，减少侧枝生长，才能减轻枝繁叶茂现象，从而增加空气流通、光照强度，促进根部生长和匍匐茎的形成，提高结薯量。打杈可以根据情况随褪苗一起完成，只要是可以去掉的腋芽，应尽早摘掉，避免影响结薯情况。在雾培脱毒马铃薯生长发育过程中，由于气温的变化，容易长出腋芽薯，若不及时摘除，会影响茎叶部分的长势，从而影响根部，匍匐茎的形成和结薯。出现徒长现象时，应喷施缩节胺、多效唑或 B_9 等矮化剂来控制株高，结薯后期在喷施 0.3%~0.5%磷酸二氢钾的同时喷施 1 500 倍的多效唑，可加速营养往下运输，缩短膨大天数，提高质量、产量，效果较好。

（4）营养液管理。马铃薯是喜钾的作物，在生长发育过程中钾的用量比较多，一般氮、磷、钾的比例为 2∶1∶4，现蕾前主要是茎叶生长为主，因此氮的比例较高些，现蕾后以结薯为中心，磷钾的比例相对高些。用于马铃薯雾培的营养液配方多以 MS 培养液为基础，根据马铃薯生长需要适当调整氮、磷、钾的含量和比例，控制营养液 pH 在 5.5~6.5。营养液一般也是先按配方的 10~50 倍配制成母液，使用时再稀释至所需浓度。配制母液时为避免钙、镁等离子与磷酸根结合生成沉淀，影响营养成分的效果，各种成分分别溶解后再混合。EDTA 铁盐制成螯合铁盐后再与其他试剂混合。

雾培栽培过程中，幼苗假植 1~7 d 喷清水，茎切扦插时可用 1%浓度的 NAA 和 0.5%浓度的 IBA 混合溶液刺激生根；苗期可用 1 倍的配方营养液；茎叶期和结薯期可用 2 倍的配方营养液。

营养液的供应时间长短，应考虑薯苗大小、根系多少、温度高低、光照强弱、昼夜变化及天气的阴晴等因素，既要满足薯苗生长，又要经济合理，避免因无谓消耗所造成的浪费。不同生育期，所消耗的营养液不同，一般来说，薯苗小、温度低时，供应时间宜短，反之则长；薯苗根系多时，供应时间可相应缩短，反之，则应适当加长。白天温度在 18~22℃，夜间 14~17℃的情况下，苗期白天每 3 min 喷 20 s 营养液，夜间每 15 min 喷 20 s；茎叶期白天每 5 min 喷 20 s，夜间每 20 min 喷 20 s；结薯期白天每 5 min 喷 20 s，夜间每 30 min 喷 20 s。

营养液在使用的过程中不断地减少，并且在马铃薯不同生育期所消耗的量也不同。因此，更换营养液的指标不能仅仅按天数计算，而是按照使用量计算。苗期一般 7 d 左右更换 1 次；茎叶期和结薯期 3~5 d 更换 1 次，主要根据使用情况而定。在生长期内一定要保证薯苗根际黑暗，更换营养液需在早上或傍晚进行，每更换营养液时要彻底清洗营养池，并每

30 d 用 800 倍的代森锰锌、甲霜·锰锌或多菌灵等进行消毒灭菌。

(5)病虫害管理。雾培生产中主要预防马铃薯早疫病和晚疫病。由于温室环境湿度较大,温度适中,有利于滋生各种病菌。为防止病害的产生,除加强通风换气降湿外,还应结合药物防止与治疗。可在移苗后第 14 d 左右喷施 800~1 000 倍的代森锰锌,此后每隔 7 d 喷施 1 次,每次将多菌灵、代森锰锌、甲霜·锰锌交替使用;也可使用农用链霉素和其他细菌性杀菌剂混合喷洒,待幼苗长至 30 d 之后,所用药液浓度可增加 1 倍。可结合喷药进行补水,喷药补水后打开温室侧窗进行通风透气。若遇到降水量少、干旱的年份,容易出现甲虫、蓟马、蚜虫等昆虫危害温室幼苗,因此要做到提前预防。提前预防包括室内室外清除杂草,以减少昆虫的寄主,还要喷施杀虫剂进一步防止昆虫的危害。

5. 收获并贮藏

脱毒马铃薯一般在移栽后的 70~80 d 可以采收,雾培微型薯采收根据要求而定,一般情况下雾培微型薯长至 5 g 左右时开始采收,1 株根上可以采收多次,平均 10~15 d 收获 1 次。采收时操作要小心,必须做到轻拿轻放,尽量减少伤根和匍匐茎破损以及未长大的小薯脱落,脱落后的薯块要及时处理,以免腐烂后污染营养液,影响结薯。雾化生产的微型薯含水量很高,皮孔大,对收获后的处理及贮存条件要求严格,采收后必须清洗干净表皮,并用 0.5%多菌灵溶液浸泡 10 s,摊开阴干,防止表皮上营养液和菌落富集导致烂薯。表皮颜色变绿即木质化后,每袋装入 3 000 粒,贮藏于 2~4℃,相对湿度 60%~80%的冷库或贮藏窖内。

4.4.3　脱毒原原种生产过程中的质量控制

种薯是马铃薯生产中最重要的组成部分,其质量直接影响马铃薯产量、品质和种植效益,还间接影响新品种推广和病虫害综合防控工作,由于目前我国种薯生产和商品薯生产没有严格的区域布局,也没有可控的种薯生产和质量检测管理体系,这些因素造成我国种薯质量欠佳,直接影响着商品薯的产量,在这种形势下,做好脱毒原原种生产过程中的质量控制,对于促进我国马铃薯产业的健康持续发展显得更为关键。

4.4.3.1 生产条件检验

用于原原种生产的网室和温室必须棚架结实,网纱、玻璃或塑料覆盖物完整无缺,入口设立缓冲门。网室和温室内基质必须是不带病虫害的新基质,或经过严格消毒处理的旧基质。网室和温室周围一定范围内(例如10 m以内)不能有其他可能成为马铃薯病虫害侵染源或可能成为蚜虫寄主的植物。生产过程中,无关人员一律不得入内。

4.4.3.2 生产期间质量检验

原原种生产期间要进行2~3次检验。检验时每个网室或温室取2个点,每点目测100株植株。检测时不得用手直接接触植株。在目测不能准确判断时,可采样进行室内检验。

4.4.3.3 收获后检验

原原种收获后,按品种、大小分级包装在纱网袋中,保存在不受病虫害再次侵染的贮藏库中。每袋必须装有生产者收获时的标签,注明品种名称、收获时间和粒数。合格的微型薯应当不破损、不带各种病菌、不带影响产量的主要病毒和类病毒。最好能取一定数量的微型薯,进行催芽处理,待芽长至2 cm左右时,进行病毒和类病毒的检测,确保生产的脱毒原原种不带病毒和类病毒。

4.5 脱毒原种的繁育

马铃薯脱毒原种繁育是脱毒良种繁育的基础,其质量的好坏直接关系到脱毒良种的繁育质量。在马铃薯脱毒种薯繁育体系中,脱毒苗的组培快繁、无土栽培生产原原种操作管理严格,技术性非常强,而且需要一定的仪器设备和设施,一般农民无法实施,而脱毒原种要求相对较低,农户按照繁育技术一般可以进行生产管理。

4.5.1　选择原种生产田

为了安全生产高质量的原种，原种生产地块周围应具备良好的防蚜、防病隔离条件。在无隔离设施的情况下，原种生产地块应距其他级别的马铃薯、茄科及十字花科作物、果园 5 000 m 以上，原种地块内不可种植茄科及十字花科植物。当原种生产地隔离条件不能满足要求时，应将种薯地块设在蚜虫的其他寄主植物的上风头，避免种植开黄花的作物，最大限度地减少有翅蚜虫在种薯地块降落的机会。要选择土壤松软、肥力优良且排水良好的地块作为原种田。此外原种繁殖基地应严格实行轮作，一般轮作周期应 3 年以上。原种繁殖基地土壤肥力应较高，最好有灌溉条件，确保较高的繁殖系数。要有一定的技术力量，实施防止病毒和其他病原菌再侵染的技术措施及高产栽培技术措施。

4.5.2　选择优质脱毒原原种

用于原种生产的原原种纯度应为 100%，不可有任何混杂。只要原原种的大小在 1 g 左右一般就能用于原种生产，但播种前也应按大小分别播种，这样便于管理，生长较为整齐一致。微型薯的休眠期一般远长于相同品种大种薯的休眠期。因此，微型薯播种前要留足打破休眠的时间。一般微型薯自然通过休眠的时间在 3 个月左右，如果要提前使其通过休眠期，可用变温法处理或用激素处理催芽。

4.5.3　播种

脱毒原原种（微型薯）顶土力弱，播种前要精细整地，深耕细耙，打碎土块。播种前人工造墒，以保证耕层土壤在播种到出苗期间有适量的水分。播种时开沟要深，开沟深度为 10~13 cm，覆土要浅，覆土厚度根据微型薯大小来定，通常情况下，重量低于 3 g 的微型薯，其覆土厚度不要多于 5 cm；重量在 3~10 g 的微型薯，其覆土厚度为 6~8 cm；重量大于 10 g 的微型薯，其覆土厚度为 11~12 cm。种薯生产宜通过增加种植密度来增加结薯数，提高繁殖系数。

4.5.4 田间管理

田间管理在马铃薯脱毒种薯繁育过程中是一项极其重要的工作，它包括马铃薯从种到收获全部生产过程。在这个过程中，一方面要千方百计满足脱毒种薯对水、肥、光、热、气的要求，保证马铃薯正常生长发育；另一方面要积极防御旱、涝、风、霜、雹、冻、病虫及杂草等危害，保证马铃薯正常生长。

4.5.4.1 生长期精细管理

精细整地播种，合理密植，加强除草培土、追肥及浇水和排水等田间管理，争取生产出质量好、种薯数量多、产量高的原种。在大田种植时，因为微型薯种薯的营养体不大，前期生长慢，中期接近正常，后期结薯可达到大种薯的产量。所以要加强前期管理，做到早除草、早中耕、早培土，从苗期至现蕾期完成 2 次中耕培土，促使形成块茎，防止产生空心薯和畸形薯。要早追肥，全部磷肥用作种肥或底肥，苗期、花期和后期均以钾、氮肥为主。合理适时灌水，将田间土壤持水量保持在 65%~75%，促使长成壮苗。

4.5.4.2 注意预防蚜虫传毒危害

要依据实际情况喷施杀虫剂来预防蚜虫、其他地上或地下害虫。害虫不但会影响马铃薯的植株生长，还能传播病毒，降低种薯质量。蚜虫传毒是影响脱毒原种质量的关键因素，在蚜虫未发生或开始发生时喷药 1 次，以后每隔 6~7 d 喷药 1 次，做到预防为主，治早治了，消灭传毒媒介。

4.5.4.3 注意预防晚疫病危害

晚疫病发病速度快，可在短时间内严重危害造成减产，高寒山区降水多、气候湿润冷凉，易发生晚疫病。所以，在开花期以前注意天气情况，经常观察，发现有晚疫病中心病株时开始喷药，根据天气情况每隔 5~7 d 喷药 1 次，如遇连阴雨，每隔 3~5 d 就要喷药 1 次。通常原种田从出苗后 3~4 周就开始喷杀菌剂，每周 1 次，直到收获。

4.5.4.4　拔除病杂株

从开花至收获，拔除杂株 2~3 次、病株和可疑株（包含地下株）的工作，至少应在孕蕾、开花期各检查 1 次，发现病株及时拔除。因为病株是病毒（菌）再侵染的主要来源，所以应从苗期开始检查，对病株及其新生块茎宜用塑料袋装上带出田间集中处理。同时清除杂株以防品种混杂。

4.5.4.5　早种早收

一季作区在进行原种繁殖时，要尽可能早种早收。覆膜早播和播种前催芽等早熟栽培方法能够促进植株及早形成成龄抗性，减少病毒感染，降低体内病毒的运转速度。使用灭秧方法早收留种能降低病毒转移到块茎的可能性。中原二作区使用网纱隔离或早春阳畦繁殖，都能防止蚜虫迁飞和传毒，极大提高种薯的质量。

4.5.5　脱毒原种生产中的质量控制

4.5.5.1　生产条件检验

生产者或专门的质量检验机构在原种生产前应当派人进行实地考察，确认生产区隔离条件良好，如生产区在封闭的田间耕地上。无山体等天然隔离条件时，原种生产田应距离其他马铃薯、茄科、十字花科作物地或果园 5 000 m 以上，如实在无法保障，也至少要在 800 m 以上。所选地块必须前 3 年没有种植过马铃薯和其他茄科作物，土壤应不带危害马铃薯生产的线虫。如果有其他危害马铃薯的地下害虫，种植时应施用杀死地下害虫的药剂。

4.5.5.2　设置隔离

生产区应设立一些必要的隔离和消毒设施，如铁丝网和消毒池等。防止无关人、畜进入生产区。

4.5.5.3　生产期间田间检验

按国家种薯质量控制标准，原种生产期间需要进行 3 次田间检验，第一次在植株现蕾期，第二次在盛花期，第三次在收获前 2 周。检验人员进入田间检验时，必须穿戴一次性的保护服，不得用手直接接触田间植株。

4.6 脱毒合格种薯的繁育

马铃薯脱毒合格种薯是指生产商品薯用的脱毒一级种薯、脱毒二级种薯，是在高山少蚜虫区域隔离、严格管理操作扩繁的合格种薯。

4.6.1 基地位置选择

种薯生产田应距商品马铃薯、茄科及十字花科作物、果园 500~1 000 m 以上，最好是海拔 2 000 m 以上，年降水量 500 mm 以上的冷凉阴湿山区，具备一定的自然隔离条件(如高山、森林等)。当合格种薯生产田隔离条件不能满足要求时，应将种薯生产地块设在蚜虫的其他寄主植物的上风头，最大限度地减少有翅蚜虫在种薯地块降落的机会。与原种生产相似，在一级种薯生产田内不得种植二级种薯或商品马铃薯，邻近的田块也不能种植商品马铃薯、其他茄科作物及开黄花的作物。种薯田应选择肥力较好、土壤松软、排灌良好、交通方便、便于调运的地块，最好是 3 年以上没有种植过茄科作物。

4.6.2 适宜土质

选土层深厚、结构疏松的轻质壤土或砂壤土，土壤水肥条件好，有机质含量 1.2%以上，前茬作物为禾本科、豆科作物，不得重茬连作。

4.6.3 种薯选择及处理

脱毒原种是生产各级脱毒合格种的种薯来源，一级良种生产用作播种的种薯必须是脱毒原种，二级良种生产用作播种的种薯必须是脱毒一级良种。它们可以是自己上一季生产的，也可以是从其他生产单位购买的。购买时或播种前可以对块茎进行检验，根据块茎的形状、皮色、肉色、芽眼深浅等不同，判断同一批种薯的纯度是否达到相应标准。根据国家脱毒马铃薯种薯质量标准，原种的纯度必须达到 100%，原种田的植株带毒株率不能高于 0.1%。而对生产出来的一级种薯要求收获前退化株率不能超过 0.25%，生产出来的二级种薯要求收获前退化株率不能超过 1%。如果原种薯块较大时，可进行切块后再种植。

4.6.4　播种

适期晚播。播种前 1 个月左右，在 15~20℃的温度、散射光条件下进行催芽，芽长约 2 cm 时即可播种，北方一作区一般在晚春 4 月中下旬至 5 月初播种为宜。播种采用开沟点播，并沟施种肥。种肥以有机肥为主，配施一定比例的氮、磷、钾肥。播种密度比一般生产田增加 20%左右。应开沟、点籽、施肥、覆土、耙压连续作业，播深 10 cm 以上。

4.6.5　田间管理

合格种薯生产过程中，使用专用机械（牲畜）、工具（农具）进行施药、中耕、除草、收获等一系列田间作业时，应采取严格的消毒措施。如果一个生产单位（种薯生产户）同时种植了不同级别的种薯和商品薯，田间作业要按高级向低级种薯田、商品薯田的顺序进行操作，操作人员严格消毒，避免病害的人为传播。生产过程中，一般不要让无关人员进入田块中，如果必须进入田间，如领导检查、检查人员抽查等，应当采取相应的防范措施，例如将汽车轮胎消毒、人员经过消毒池后再进入，或穿干净鞋套和防护服等。田间管理中所采取的措施应按照马铃薯对于环境的适应特性来进行，土壤持水量依据发育时期，一般保持在 65%~75%。苗出齐时除草松土 1 次，现蕾至初花期中耕培土 1~2 次，结合培土适量追施速效化肥，少量多次，防止植株徒长，促进块茎形成、膨大，避免畸形薯、空心薯的产生。生长后期除草 1~2 次。严格拔除病、杂株，可在现蕾期和开花期分 2 次进行。拔除病株前应先喷药灭蚜，防止拔除病株时将蚜虫抖落到健株上，病、杂株要带离繁种田。

种薯田一般从出苗后3~4周即开始喷施杀菌剂，每周1次，直至收获，生长后期注意预防晚疫病。同时，要特别注意防除蚜虫，一般6月初会出现第一个有翅蚜迁飞高峰期，此时开始定期喷药，施用杀虫剂以防治蚜虫和其他地上部分害虫的危害，通常每隔7~10 d喷洒1次，一般用抗蚜威、蚜虱净等农药交替喷洒。因为，害虫除了影响马铃薯植株的生长外，还会传播病毒，降低种薯质量，后者的危害更大。

达到生理成熟时适时收获，宜早勿晚。收获前1周左右灭秧并运出田间，收获后块茎要进行晾晒、发汗，严格剔除病、烂、伤薯。入库前要进行贮藏场所消毒，入库时轻拿轻放，防止碰伤。贮藏期间勤检查，注意防冻，防止出芽、温度过高或块茎腐烂。

4.6.6 脱毒种薯生产中的质量控制

种薯的质量监督除要进行病毒的检测外，更重要的是进行田间检验和块茎检验。基础种薯每年都要进行跟踪检测病毒，严格检测其中的马铃薯X病毒、Y病毒、S病毒、M病毒、A病毒等病毒含量。用往返电泳或分子生物学方法鉴定其中的纺锤块茎类病毒，只要发现感染，便淘汰整个无性系。生产者或专门的质量检验机构在合格种薯生产前应当派人进行实地考察，确认生产区隔离条件良好，如生产区在封闭的地块上。如无山体等天然隔离条件，合格种薯生产田应距离其他马铃薯、茄科、十字花科作物地或果园500~1 000 m。所选地块必须前3年没有种植过马铃薯和其他茄科作物，土壤应不带危害马铃薯生产的线虫。如果有其他危害马铃薯的地下害虫，种植时应施用杀地下害虫的药剂。如有可能，生产区应设立一些必要的隔离和消毒设施，如铁丝网和消毒池等，防止无关人、畜进入生产区。按国家种薯质量控制标准，合格种薯生产期间需要进行两次田间检验，第一次在植株现蕾期，第二次在盛花期。检验人员进入田间检验时，必须穿戴一次性的保护服，不得用手直接接触田间植株。

第 5 章　马铃薯高效栽培技术

马铃薯在生长过程中,其产量与质量时常受到很多因素影响,特别是马铃薯种植区域的土壤条件、环境条件及气候条件等。为了使马铃薯获得优质高产,满足市场上人们对优质农产品的需求,必须要重视高效栽培技术的应用,需要将科学方法作为依据。如果在种植过程中缺乏科学的栽培技术,则会使其健康成长受到不良影响,目前很多地区由于农户科技素质不高,在马铃薯种植上采用沿袭已久的落后种植方法,生产中普遍存在许多问题,如栽培技术跟不上、种薯质量差、品种单一且退化严重、耕作粗放、规范化程度低等,致使产量不高、商品率低、效益不好等问题长期存在。因此推广科学规范的高效栽培技术是马铃薯主食产业发展的关键,以免由于方法的不合理引发病虫害等，进而使马铃薯在产量上受到不良影响,最终给种植者带来经济损失。

5.1　我国马铃薯四大产区栽培特点

我国最早传统的马铃薯种植区，大多分布在贫困区域和城市周围的蔬菜区,经过几十年发展,尤其是近年在国家马铃薯主食化战略推动下,各地区马铃薯产业取得了极大的进步。我国地域辽阔、气候类型多样,从南到北一年四季均有马铃薯种植,全国每个省(区)都有马铃薯栽培。总体分布特点是北方多,山区多,杂粮区多。根据我国马铃薯种植地区的气候、地理、栽培制度及品种类型等条件一般划分为 4 个马铃薯栽培区。

5.1.1 北方和西北一季作区

北方和西北一季作地区的主产区包括东北地区的黑龙江省、吉林省及辽宁省除辽东半岛以外的大部，华北地区的河北省北部、山西省北部、内蒙古自治区，西北地区的宁夏回族自治区、甘肃省、陕西省北部、青海省东部和新疆维吾尔自治区的天山以北地区。本区气象特点是无霜期短，一般在 110~170 d 之间，年平均温度不超过 10℃，最热月平均温度不超过 24℃，大于 5℃积温在 2 000~3 500℃之间，年降水量 100~600 mm，新疆一些地区年降水量不足 100 mm，最少的只有 10 mm。

该区多在高纬度、高海拔地区，部分地区海拔在 2 000~4 000 m，冬季时间长而寒冷，夏季气候凉爽，日照充足，昼夜温差大，结薯期雨量充沛，适于马铃薯生长发育，因而栽培面积较大。马铃薯生育期短，仅 90~130 d，虽然马铃薯生育期短，但是连在一起的时间长，一年只种一季马铃薯，即春种秋收，可以满足中晚熟品种的生长。马铃薯生育季节主要在夏季，每年的 4~5 月份播种，9 月下旬至 10 月下旬收获，故又称春播秋收的夏作类型。本区是中国马铃薯的主要产区，占全国马铃薯总栽培面积的 50% 以上。交通比较方便的一些省区，如黑龙江、内蒙古、宁夏南部山区、山西北部和河北坝上高原，都是我国主要的种薯生产基地，每年要调出大量种薯，供应中原马铃薯二季作区和南方冬作区，尤其是黑龙江、内蒙古、甘肃、宁夏等区域因所产块茎的种性好，已经发展成为我国重要种薯生产基地。近年来，北方马铃薯淀粉等加工业发展速度快，因此，黑龙江、吉林、内蒙古、甘肃、青海、宁夏等省（区）也是马铃薯原料和商品薯生产基地，其中甘肃省定西市安定区、黑龙江省讷河市、宁夏西吉县、河北省围场县、内蒙古武川县、陕西定边县先后获得了“中国马铃薯之乡”的称号。

该栽培区域中大部分省区的气候特点是春季干旱，农谚有“十年九春旱”的说法。春天风大，气温低（东北年平均气温为 3~8℃，西北为 4~9℃），晚霜（最后一次春霜）结束迟，初霜来得早，年降水量少，且大多分布在 7~

9 月，回暖和干旱是本区的气候特征。因此在马铃薯栽培上，夏季宜保墒，提高地温，适时播种，以争取早出苗、出全苗为主。一般秋季深耕蓄墒，早春顶凌细耙保墒，防旱、抗旱保播种。播种时要适当加厚培土，防冻防旱。早中耕浅培土，提高地温；多次中耕，逐渐加厚培土，为块茎膨大创造条件，同时可减少晚疫病对块茎的侵染。

本区晚疫病、早疫病、黑胫病发病比较严重，生产的马铃薯淀粉含量高，以种植高产、抗晚疫病、抗病毒病、休眠期长、耐贮性强、抗逆性强、丰产性好、中晚熟或晚熟的专用型（鲜食和淀粉加工等）品种为主，同时也可种植少部分早熟或中早熟品种，为城市近郊提供菜用薯，提早供应市场。

5.1.2　中原春秋二季作区

中原春秋二季作区贯穿秦岭、长江流域、四川盆地、黄河流域和北回归线以北的广大地区，包括辽宁、河北、山西、陕西 4 省的南部区域，湖北、湖南两省的东北部和中南部以及河南、山东、江苏、浙江、安徽、江西等省。本区域黄淮流域年无霜期 200~230 d，年降水量 500~600 mm，马铃薯生长期间 4~10 月的月平均气温 10~25℃。长江流域年无霜期 230~270 d，年降水量 600~1 700 mm，马铃薯生长期间 2~11 月的月平均气温 15~28℃。

本地区无霜期较长，夏季温度高，不利于马铃薯生长，为了躲过夏季的高温，故实行春秋两季栽培，春秋两季栽培方式已有近百年的历史，是该区域马铃薯栽培的特点之一。马铃薯二季作栽培方式，黄淮流域春季于 2 月下旬至 3 月上旬播种，利用保护措施（扣地膜、冷床、大棚等）选用早熟、中早熟品种进行生产，于 5 月至 6 月中上旬进行收获，早种早收的种薯（可躲避蚜虫、粉虱传播病毒），作为当年秋季栽培用种；秋季生产则于 8 月份播种，10 月底或 11 月初收获，利用秋季生产的种薯用于第二年春季马铃薯生产。长江流域春薯在 1~2 月播种，5~6 月收获；秋薯在 9 月播种，12 月收获。春作马铃薯结薯期多处于较高的气温条件下，传毒媒介蚜虫发生频繁，种薯易感染病毒退化，一般可以通过早种早收、避蚜躲高温、马铃薯脱毒等综合技术措施来防止马铃薯病毒性退化，实现就地留种，生产出健康种薯，达到种薯自给，大部分省、自治区、直辖市仍然靠从高纬度、高海拔地区调入种薯，进行马铃薯生产。

由于生育期短，淀粉含量低，该地区春季多为鲜食商品薯生产，秋季主要是生产种薯，马铃薯除单作外，多与棉、粮、菜、果等其他作物间作套种，创造了粮棉不减收、多收一季马铃薯的栽培方式，大大提高了土地和光能利用率，增加了单位面积产量和效益。目前，黄淮海平原地区适于和马铃薯间作套种的粮棉菜等作物面积约为 50 万 hm^2，其中山东省滕州市拥有“中国马铃薯之乡”的称号。受气候条件、栽培制度等影响，马铃薯栽培面积分散，城市郊区作为蔬菜栽培的比较集中，马铃薯播种面积约占全国的 10%，但近些年来，随着马铃薯种植效益及栽培技术的提高，马铃薯已由菜区向粮区发展，薯棉、薯粮等间作套种面积开始逐渐扩大，马铃薯的栽培面积也呈现出逐年扩大的趋势。

近年来，随着马铃薯市场的不断扩大，中原地区春马铃薯收获正处于市场淡季，销路广、效益好。马铃薯收获期一般在 5 月到 6 月中旬，此时南方冬种的马铃薯（2~3 月收获）已基本全部销售结束，而北方的露地马铃薯尚未开始收获，因此中原地区生产的马铃薯既可销往国内主要城市，也可出口东南亚等地。为了提早上市，获取更大效益，很多城市的郊区开始利用地膜覆盖、阳畦、中小拱棚等设施方式种植，特别采用二膜（中膜+地膜）、三膜覆盖（大棚+小拱棚+地膜）的保护栽培面积有所扩大，通过拱棚保护栽培的模式能够让马铃薯提早在 4 月底上市，播种期和收获期较大田马铃薯提前 30~50 d，经济收益得到显著提升，甚至能够达到大田马铃薯的 2~3 倍，现已成为中原春作马铃薯的一种新型栽培模式，为马铃薯提早上市起到重要的作用。为提高秋薯产量，部分省发展了秋延后保护栽培，即霜降前通过覆盖棚膜的方式延长马铃薯生长期 30 d 左右，能够比一般露地栽培的秋马铃薯增产 50%以上，经济效益得到明显提高。

本区春秋两季马铃薯的生育期都只有 80~90 d，且马铃薯种性退化比较严重,生产中应选用高产、抗病毒病、薯形好的早熟或极早熟休眠期短的品种,春播前应实行催芽处理,提早播种。

5.1.3　南方秋冬或冬春马铃薯二季作区

南方秋冬或冬春二季作区以 1 月份平均温度高于 12℃等温线为北界,位于苗岭、南岭、武夷山以南的广东、广西、福建、台湾、海南及云南等省(区)的大部地区。该区大部分位于北回归线附近,即北纬 26°以南,属于海洋性气候,夏长冬暖,四季不分明,基本上终年无霜,日照短,年平均温度18~24℃,冬季平均气温 12~16℃,这些地区的年降水量在 1 500~2 000 mm,雨量主要集中在春、夏、秋三季,多为水稻产区。水稻收获后,利用 10 月至翌年 3 月期间的休闲地进行马铃薯露地种植，这期间马铃薯生长需水较多的时期是雨水较少的旱季,需要通过人工灌溉的方式来提高马铃薯产量。

本区气候温和,夏季达 6~8 个月,冬季较短。马铃薯在该地区的种植时间为晚秋和冬季,实行两稻两薯（即早稻→晚稻→秋马铃薯→冬马铃薯)的栽培方式,马铃薯秋播一般播种期在 10 月下旬,收获期在 12 月末至翌年 1 月初；马铃薯冬播一般于翌年 1~2 月份播种,4 月中上旬收获。这期间的月平均气温大部分在 14~19℃，气候条件非常适合马铃薯的生长,产量较高。本区虽非马铃薯的重点产区,栽培面积不足全国马铃薯播种面积的 2%,但可在秋季水稻收获后,充分利用冬季稻田休闲地种植一季马铃薯,晚秋和冬季的短日照有利于马铃薯块茎的膨大,生育期短,产量高,品质好。这个时期既是蔬菜相对短缺的时节,也是马铃薯供应量较少的时节,所生产出的冬作马铃薯既可调节当地菜源,又可作为鲜薯出口到港澳及东南亚等地,尤其是近年来发展高效优质农业,使这些地区的马铃薯播种面积迅速增加,效益愈加显著。

该地区发展马铃薯的主要问题是不能生产种薯，大多实行秋播或冬播,收获的块茎无法贮存到当年的播种时节,因此,每年必须从北方一季作区的种薯生产基地大量调入种薯，特别是调入脱毒种薯，如能保证种薯的质量，才能达到丰产丰收。如从外地调运的种薯带病，将会出现播后烂种等情况，严重影响产量。该区是目前我国重要的商品薯出口基地，晚疫病和青枯病发生较严重，加上自然条件复杂，栽培制度多样，故马铃薯栽培方式及留种方法非常复杂，要求马铃薯品种类型多种多样，通常来讲栽培的品种类型应选用对光照不敏感的鲜薯食用和鲜薯出口品种，以增加产量和提高经济效益。

5.1.4 西南一二季混作垂直分布区

西南一二季混作区包括云南、贵州、四川、重庆、西藏等省(区)及湖南、湖北的西部山区、陕西东南部地区，该区域地域辽阔，地势复杂，海拔高度变化很大，气候的垂直差异非常明显，构成了典型立体农业的特征。该区域地处亚热带，雨多雾重，湿度大，日照少，是全国云雾最多、日照最少的地方，全年日照时数仅 1 100~1 600 h，日照百分率大部在 30%左右。在东南季风和西南季风控制之下，加之地形的影响，年降雨较多，一般达 800~1 200 mm，武陵山区高山达 1 800 mm 以上。

西南山区由于有高原、盆地、山地、丘陵、平坝等各种类型，并形成了旱地、坡地、梯田多的耕地特点，其地形错综复杂，垂直气候相差悬殊，造成了马铃薯栽培类型多种多样，马铃薯在本区依不同的海拔高度一作、二作栽培类型交互出现，一年四季均有马铃薯收获。在高寒山区，气温低、无霜期短、四季分明、夏季凉爽、云雾较多，雨量充沛，主要与玉米套种，多为春种秋收一年一季作栽培；在低山、河谷或盆地，因有高山屏障，气温高、无霜期长、春早、夏长、冬暖、雨量多、湿度大，冬季冷空气侵入强度较弱，无霜期可达 260~300 d，多实行二季栽培，种植水平、产量、商品率均较低。在高海拔地区，因为有效积温少，很多区域种植的主要农作物就是马铃薯，并成为当地农民赖以生存的主食，常有“洋芋丰收半年粮，洋芋歉收心发慌”之说，足见马铃薯在当地人民生活中的重要性，本区的贵州省威宁县拥有“中国马铃薯之乡”称号。

这一种植区域的马铃薯常和玉米、棉花等作物间套作。所种植的有些马铃薯品种，结薯早，生长期短，植株较矮，又多半为直立型，播种期较粮、棉作物早，马铃薯收获时，粮、棉作物才进入生长盛期，粮、棉间套作共生期无明显不良影响。马铃薯收获后，田间通风透光好，边际效应大，反而对玉米、棉花等作物生长十分有利。据统计，间作套种马铃薯的作物，总收入可增加 30%~40%。

该地区地形复杂，海拔高度不同，马铃薯的栽培方式多样，需要的品种类型不同，由于降水量偏多、湿度大，是晚疫病、青枯病和癌肿病的多发区，病害发生较重，必须选用抗病品种。

5.2　马铃薯科学施肥技术

科学施肥的理论基础是植物营养，要让所种植的马铃薯达到优质高产，必须按照植株的营养特征，并结合种植区域气候特点、土壤环境以及相应的栽培措施等因素进行多面考虑。也就是说，要让种出的马铃薯达到预想的最优效果，必须根据马铃薯的需肥规律、土壤供肥性能和肥料效应，通过调节和解决马铃薯需肥、土壤供肥和人为施肥之间的矛盾，实现养分平衡供应，满足马铃薯生长对于养分的需要。要进行科学施肥，了解植物体内的化学元素、土壤中的化学元素及所施用肥料种类等尤为重要。

5.2.1　马铃薯体内的化学元素

新鲜马铃薯体内含有 75%~95%的水分和 5%~25%的干物质，约 95%的干物质为由 C、H、O、N 4 种元素构成的有机化合物，剩余约 5%的干物质由 P、K、Ca、Mg、Cl、Si、Na、Co、Al、Ni 和 Mo 等 60 多种化学元素组成。到目前为止，已经确定马铃薯的正常生长发育需要 16 种营养元素，分别为

C、H、O、N、P、S、K、Ca、Mg、B、Mn、Mo、Zn、Cu、Fe、Cl，这些元素在马铃薯的生长过程中不可缺少，在植物营养上具有直接的效果，如缺少时会出现表现唯一的症状，只有补充后才能恢复或者预防。

5.2.2 马铃薯营养元素的生理作用

马铃薯对各种营养元素的需要量尽管不一样，但各种营养元素在马铃薯的生命代谢中各自有不同的生理功能，相互间是同等重要和不可代替的，各种营养元素在马铃薯体内的生理机能有其独特性和专一性。C、H、O是马铃薯有机体的主要组成，它们以各种碳水化合物，如纤维素、半纤维素和果胶质等形式存在，是细胞壁的组成物质。氮是马铃薯体内许多重要有机化合物的成分，在多方面影响着植物的代谢过程和生长发育。磷是马铃薯体内许多有机化合物的组成成分，又以多种方式参与植物体内的各种代谢过程。钾主要呈离子状态存在于马铃薯细胞液中，是多种酶的活化剂。钙是细胞壁的结构成分，能稳定生物膜结构，保持细胞完整性，对于提高马铃薯保护组织的功能和产品的耐贮性有积极的作用。镁是叶绿素的组成成分，对马铃薯的光合作用、碳水化合物的代谢和呼吸作用具有重要意义。硫是构成蛋白质和酶的不可缺少的成分，与呼吸作用、脂肪代谢和氮代谢有关，而且对淀粉合成也有一定的影响。铁是细胞色素、血红素、铁氧还蛋白及多种酶的重要组分。硼能促进碳水化合物的正常运转，促进生殖系统的形成和发育，影响马铃薯体内细胞的伸长和分裂，对开花结实有重要作用。锰是叶绿体的成分，对光合作用和蛋白质的形成有重要作用。铜是马铃薯体内许多氧化酶的成分。锌是多种酶的组分和活化剂。钼是固氮酶和硝酸还原酶的组成成分。氯参与植物光合作用，调节气孔的开闭，增强作物对某些病害的抑制能力。

5.2.3 土壤中含有的主要养分

土壤养分是由土壤提供给植物生长所必需的营养元素，土壤中能直接或经转化后被植物根系吸收的矿质营养成分主要包括 N、P、K、Ca、Mg、S、Fe、B、Mo、Zn、Mn、Cu 和 Cl 等元素，其含量因土壤类型和地区而异，主要取决于成土母质类型、有机质含量和人为因素的影响。土壤养分是马铃薯摄取养分的重要来源之一，在马铃薯的养分吸收总量中占很高比例，土壤中养分的种类和含量对马铃薯的正常生长有重要的决定作用。马铃薯对土壤养分的吸收取决于养分含量、形态、环境条件等方面，如果养分能够满足马铃薯正常需求，马铃薯一般就能发挥出生长潜能，取得较高的经济产量。土壤养分形态不是固定不变的，其形态转化包括化学转化、物理转化、生物转化等。

5.2.4　肥料

肥料是指能供给作物生长发育所需养分，是改善土壤性状，提高作物产量和品质的物质。肥料是作物的“食粮”，是增产的物质基础，农业生产中种植业的发展离不开肥料。我国农业已经有 1 万年以上的悠久历史，农田施肥大约开始于殷商朝代，到战国时期已经重视并强调农田施肥了，《齐民要术》中已经详细介绍了种植绿肥的方法以及豆科作物同禾本科作物轮作的方法等。我国古代最多是利用动物粪便作为肥料，到战国和秦汉又利用腐熟人畜粪尿、蚕粪、杂草、草木灰、豆萁、河泥、骨汁等。宋、元朝已开始使用石灰、石膏、硫黄、食盐、卤水等无机肥料。1843 年世界上第一个化学肥料（过磷酸钙）研制成功，随着近代化学工业的兴起和发展，各种化学肥料相继问世。18 世纪中叶，逐渐出现了单元肥料（仅含一种养分元素）和复合肥料（含两种或两种以上养分元素），前者如氮肥、磷肥和钾肥，后者如氮磷、氮钾和磷钾的二元复合肥以及氮磷钾三元复合肥。我国化肥产业自 1949 年开始迅速发展，目前，化肥已成为我国一项重要的农用物资，在农业生产中发挥重大的作用，对我国农作物增产的贡献率高达 40%。近年来，随着现代农业的发展，对肥料的效能和有效时期都提出了更高的要求，伴随而来的缓释、控释、长效、水溶、生物、纳米、功能、智能、信号、改土、调酸、抗逆等新型肥料不断涌现,肥料的产业结构正在快速转变,由传统大化肥为主向水溶肥、生物有机肥等新型肥料领域不断靠拢、延伸,高效化、复合化、长效化、多元化、功能化、低碳化已成为新型肥料所具备的主要特点。

5.2.4.1 化学肥料

化学肥料是指用化学方法制成的含有一种或几种农作物生长需要的营养元素的肥料,一般简称为化肥。化肥一般多是无机化合物,仅尿素是有机化合物。只含有一种可标明含量的营养元素的化肥称为单元肥料,如氮肥、磷肥、钾肥以及次要常量元素肥料和微量元素肥料。含有氮、磷、钾三种营养元素中的两种或三种且可标明其含量的化肥,称为复合肥料或混合肥料。磷肥、氮肥、钾肥是植物需求量较大的化学肥料,化学肥料种类多,性质和施用方法差异较大。

5.2.4.2 有机肥

广义上的有机肥料俗称农家肥,是指含有大量生物物质、动植物残体、排泄物、生物废物等物质的缓效肥料,包括以各种动物、植物残体或代谢物组成,如人畜粪便、秸秆、动物残体、屠宰场废弃物等。另外还包括饼肥(菜籽饼、棉籽饼、豆饼、芝麻饼、蓖麻饼、茶籽饼等)、堆肥、沤肥、厩肥、沼肥、绿肥等。狭义的有机肥料专指以各种动物废弃物(包括动物粪便、动物加工废弃物)和植物残体(饼肥类、作物秸秆、落叶、枯枝、草炭等),采用物理、化学、生物或三者兼有的处理技术,经过一定的加工工艺(包括但不限于堆制、高温、厌氧等),消除其中的有害物质(病原菌、病虫卵害、杂草种子等)达到无害化标准而形成的,符合国家相关标准(NY/T 525—2012)及法规的一类肥料。

5.2.5 施肥

施肥,是指将肥料施于土壤中或喷洒在植物上,提供植物所需养分,并保持和提高土壤肥力的农业技术措施。施肥是调节马铃薯营养、提高土地肥力、获得农业持续稳定高产的必不可少的物质基础，是保障粮食安全和维护农业可持续性发展的主要手段之一。随着现代农业的发展，施肥方式得到了快速发展，其中测土配方施肥是目前使用较为普遍且效果明显的一种重要施肥模式。

5.2.5.1　施肥的时期与方法

马铃薯在生长过程中，前期主要是根、茎、叶等器官的建造以及形成匍匐茎和块茎，在生长中期主要是块茎的膨大，后期则主要进行干物质的积累，叶片的生长及较高的光合效率对于产量有重要的影响。施肥要按照“前重后轻”或者“以基肥为主，以追肥为辅”的原则，达到“前促、中控、后保”的要求。前期主要促进茎、叶、根系的快速生长；中期则要适度控制地上部分植株茎叶的生长，促进地下部分块茎的生长和膨大；后期保证叶片绿色且不脱落。生长过程中要确保在前期和中期等吸收营养的关键阶段有充足的养分供给，避免等植株有缺肥表现时再进行肥料补充。

1. 基肥重施

基肥通常叫作底肥，在马铃薯播种前施用，主要的作用是供给马铃薯整个生长期所需养分，也可改良土壤，培肥地力。基肥包括有机肥和化肥两种，有机肥如农家肥、厩肥、绿肥和饼肥等，化肥如氮磷钾肥和微肥。有机肥可以作为基肥进行大量使用，但是必须采用商品有机肥或者已经腐熟完成的有机肥，未腐熟的有机肥由于发酵不彻底，不能直接被植物的根系吸收利用，还会发生“二次发酵”的现象，当发酵部位距根较近或作物植株较小时，发酵产生的热量会影响作物生长。未腐熟有机物质在土壤中发酵时，容易滋生病菌与虫害，导致植物病虫害的发生。未腐熟的粪便在分解的过程中会产生甲烷、氨等有害气体，使土壤产生酸害，造成植物根系损伤。在使用基肥时可以将化肥与有机肥混合使用，混合后相对安全，不会对作物的生长造成危害，避免化肥用量过大造成的烧苗等现象发生。

2. 追肥早施

追肥要结合马铃薯生长时期合理进行，幼苗期追施氮肥，可结合中耕培土浇施氮肥，以利于保苗，传统方法是根施尿素。马铃薯开花后，一般是不能追施氮肥，以免地上部分徒长，影响块茎膨大速度或熟期延迟，主要追施高钾肥，南方土壤缺钾多，应增施钾肥，北方土壤缺磷多，应增施磷肥，但马铃薯对钾素需求大，也应该重视，可在块茎生长开始立即追施高钾水溶肥，间隔 15 d 左右冲施 1 次，促进块茎膨大。

追肥的方式比较多，常见的有撒施、随水灌溉、埋施、水肥一体化等。目前规模化生产基地中应用较多、技术较先进的是水肥一体化技术，通过在水源进入滴灌主管的部位安装施肥器，让肥料在施肥器中溶解，配兑成的肥液与灌溉水一起，通过管道和滴头形成滴灌，均匀、定时、定量浸润马铃薯根系发育生长区域，较先进的水肥一体化智能灌溉系统能根据马铃薯的需肥特点、土壤环境、养分含量状况、不同生长期水肥需求规律情况进行不同生育期的设计，把水分、养分定时定量，按比例直接提供给马铃薯。

3. 叶面肥

马铃薯除了通过根系吸收养分外，叶片也能吸收养分，叶面施肥又称根外追肥或叶面喷肥，这是生产上常用的一种施肥方法。作为叶面喷施的肥料种类很多，包括固体、液体，主要有氮、磷、钾和微量元素类的化肥、植物生长调节剂类及其他既具有生理调节作用，又具有供应营养作用的叶面肥类等。一般情况下，为促进马铃薯生长，选用氮、磷、钾元素为主的叶面肥；改善品质，应选用以磷、钾元素为主的叶面肥；如果是以纠正或补充某一种元素，应针对性地选用能补充某一种元素的叶面肥；如果为刺激生长，防落花、落果或抑制生长等可选用调节剂类叶面肥等。

叶面施肥一般使用喷灌机、打药机、背负式机动喷雾器或手动喷雾器，可以结合农药进行叶面喷施，节省喷洒时间和用工，但混合后必须无不良反应或不降低肥效，否则达不到混用目的。叶面肥施用时喷施浓度要适合，不同的叶面肥喷施浓度不同，马铃薯的不同生育期喷施浓度也有差异，在一定浓度范围内，养分进入叶片的速度和数量，随溶液浓度的增加而增加，浓度过低难以发挥作用，浓度过高容易发生肥害，因此，在进行叶面喷肥时要依具体情况灵活掌握,配制适合的浓度。

5.2.5.2　测土配方施肥

测土配方施肥是以养分归还(补偿)学说、最小养分律、同等重要律、不可代替律、肥料效应报酬递减律和因子综合作用律等为理论依据,以确定各养分的施肥总量和配比为主要内容。为了补充发挥肥料的最大增产效益,施肥还必须选用良种、肥水管理、种植密度、耕作制度和气候变化等影响肥效的诸因素结合,形成一套完整的施肥技术体系。

测土配方施肥以土壤测试和肥料田间试验为基础,根据作物需肥规律、土壤供肥性能和肥料效应,在合理施用有机肥料的基础上,提出氮、磷、钾及中、微量元素等肥料的施用数量、施肥时期和施用方法。通俗地讲,就是在农业科技人员指导下科学施用配方肥。测土配方施肥技术的核心是调节和解决作物需肥与土壤供肥之间的矛盾。同时有针对性地补充作物所需的营养元素,作物缺什么元素就补充什么元素,需要多少补多少,实现各种养分平衡供应,满足作物的需要;达到提高肥料利用率和减少用量,提高作物产量,改善农产品品质,节省劳力,节支增收的目的。

马铃薯测土配方施肥的核心是肥料组合及使用量的计量,在马铃薯播种以前,首先要通过田间试验,掌握各个施肥单元马铃薯的优化施肥量,基、追肥分配比例,施肥时期和施肥方法;摸清土壤养分校正系数、土壤供肥量、农作物需肥参数和肥料利用率等基本参数;构建作物施肥模型,为施肥分区和肥料配方提供依据。其次要通过开展土壤氮、磷、钾及中、微量元素养分测试,了解土壤供肥能力状况。最后通过总结田间试验、土壤养分数据等,划分不同区域施肥分区,根据气候、地貌、土壤、耕作制度等相似性和差异性,结合专家经验,提出马铃薯的施肥配方,并逐步验证并完善肥料配方,改进测土配方施肥技术参数,形成最优配方。形成马铃薯配方后,依据配方,以各种单质或复混肥料为原料配制配方肥。配方落实到农户、田间是提高和普及测土配方施肥技术的最关键环节,目前有两种方式:一是农民根据配方建议卡自行购买各种肥料,配合施用;二是由配肥企业按配方加工配方肥，农民购买施用。测土配方施肥作为农业生产上的一项科学施肥技术，通过给土地“把脉开方”，再对“症”施肥，使农作物享受到了“营养套餐”，实现了作物产量和农民收入双增长，改变了农民“大水大肥”的用肥习惯，既保证了马铃薯生长和形成产量的需要，又节省了肥料和资金，还避免了因某种元素施用过多而造成减少产量的问题，测土配方施肥已经得到了农民的广泛认可。

5.2.6 马铃薯常见缺素症

马铃薯喜肥，生长过程中需要 N、P、K、Ca、P、S、Mg、Zn 等多种养分，并且各个生育期对营养需求特性不同，如果在某一阶段水肥供应难以跟上，缺少相应的养分，就会出现相对应的缺素症状，造成植株发育不良，进而影响产量，缺素症是生产中常见的一种病症。

5.2.6.1 缺氮

马铃薯植株生长缓慢，茎秆细弱矮小，分枝少，易感染黄萎病。生长直立，花期早，一般在开花前显症，叶片首先从植株基部开始呈淡绿或黄绿色，并逐渐向植株顶部扩展，叶面积小，淡绿色到黄绿色，叶片褪绿变黄先从叶缘开始，并逐渐向叶中心发展，中下部小叶边缘向上卷曲，有时呈火烧状，提早脱落。严重缺氮时，至生长后期，基部老叶全部失去叶绿素而呈淡黄或黄白色，以至干枯脱落，只留顶部少许绿色叶片，且叶片很小。早期缺氮，可导致植株矮小。如果继续缺氮，可致马铃薯生育期缩短，收获期提前。

5.2.6.2 缺磷

生育初期症状明显，影响马铃薯根系发育和幼苗生长，植株生长缓慢，株高矮小或细弱僵立，缺乏弹性，分枝减少，叶片和叶柄均向上竖立，叶片变小而细长，叶缘向上卷曲，不向水平展开，叶色暗绿而无光泽；严重缺磷时，顶端生长停滞，叶片、叶柄及小叶边缘有皱缩，下部叶片向下卷曲叶缘焦枯，老叶提前脱落，茎块有时会产生一些锈棕色斑点。本症状从基部叶片开始出现，逐渐向马铃薯植株顶部扩展。缺磷还会使根系和匍匐茎数量减少，根系长度变短，块茎内部发生锈褐色的创痕，创痕随着缺磷程度的加重，分布亦随之扩展，但块茎外表与健薯无显著差别；创痕部分不易煮熟。

5.2.6.3 缺钾

钾素不足时，马铃薯植株生长缓慢，节间变短，甚至完全停顿，成熟叶片粗糙皱缩发亮，植株呈丛生状；小叶叶尖萎缩，小叶排列紧密，与叶柄形成夹角小，叶表粗糙，叶脉下陷，老叶及叶缘首先由绿变为暗绿，进而变黄，最后发展至全叶，并呈古铜色；叶片暗绿色是缺钾的典型症状；症状自下而上发展，下部叶片首先出现症状，逐渐向植株顶部发展，底层叶片逐渐干枯，而顶部心叶仍呈正常状态。缺钾还会造成匍匐茎缩短，根系发育不良，吸收能力减弱，块茎变小，块茎内呈灰色，淀粉含量降低。缺钾严重时马铃薯植株呈“顶枯”。

5.2.6.4 缺硼

马铃薯植株生长缓慢，叶片变黄而薄，并下垂。根端、茎端生长停止，严重时生长点坏死，侧芽、侧根萌发生长，枝叶丛生。叶片粗糙、皱缩、卷曲、增厚变脆、皱缩歪扭、褪绿萎蔫，叶柄及枝条增粗变短、开裂、木栓化，或出现水渍状斑点或环节状突起。块茎有褐色坏死。

5.2.6.5 缺镁

从马铃薯植株基部小叶边缘开始由绿变黄，进而叶脉间的叶肉逐渐黄化，老叶的叶尖叶缘及脉间褪绿，并向中心扩展，后期下部叶片变脆增厚。严重时植株矮小，叶色由黄变褐，叶肉变厚而脆并向上卷曲，最后病叶枯萎脱落，块根生长受抑制。

5.2.6.6 缺钙

马铃薯植株幼叶失绿、变形，呈弯钩状，叶片边缘卷曲，小叶边缘呈淡绿，节间显著缩短，植株顶部呈丛生状。严重缺钙时，其形态症状表现为叶片、叶柄和茎秆上出现杂色斑点，叶缘上卷并变褐色，进而主茎生长点即根尖和顶芽的生长停滞,根尖坏死,而后侧芽萌发,整个植株呈丛生状,小叶生长极缓慢,呈浅绿色,根尖和茎尖生长点(尖端的稍下部位)溃烂坏死,块茎缩短、畸形,易生畸形成串小块茎,髓部呈现褐色而分散的坏死斑点,失去经济价值。

5.3 马铃薯常规栽培技术

由于地势、气候、土壤、温度等条件的差异,不同栽培区域马铃薯播种时间、收获时间均有所区别,在马铃薯生产中必须考虑气候变化规律因素,采取相应技术措施,才能使马铃薯高产稳产。

5.3.1 备耕

5.3.1.1 地块选择

马铃薯的根系一般分布在土壤浅层,易受外界环境变化的影响,最适宜于耕作层深厚、土壤疏松、光照好、排灌方便且富含有机质的土壤,如宁夏平原的稻田土(壤土)、砂壤土等。马铃薯的适应性较广,在轻质壤土、沙土、黏重土上种植采取一些行之有效的栽培方法和措施同样可以获得高产。轻质壤土透气性好,有很好的蓄水性和保肥能力,通常马铃薯块茎发芽快、出苗整齐,有利于根系的发展,块茎可顺利膨大,长出的块茎薯形正常,表皮干净,商品性好;沙性大的土壤缺点是水肥外流,种植马铃薯要注意水、肥管理,要分期增施农家肥和化肥,同时注意施肥方法和时期,特别注意浇水;黏重土壤保水保肥力强,透气性差,要用高垄、大垄栽培的方法,可避免因排水不畅造成后期烂薯。在黏重土壤上种植的马铃薯块茎容易变形、形成不规则薯块,同一品种的马铃薯淀粉含量比沙性土壤偏低,这类土壤肥力较高,实行精耕细作容易获得高产。马铃薯适于在微酸性土壤中生长,应避免在盐碱地种植,在碱性土壤中马铃薯易得疮痂病。

5.3.1.2　茬口

马铃薯一年四季都有栽培，但各地都必须按照马铃薯结薯时要求的温度安排栽培季节，即把结薯期安排在土温 13~20℃的月份，同时要求薯块在出苗后有 60~70 d 的见光期，其中结薯天数至少 30 d 左右。在无霜期 100~130 d 的地区，一般春种夏收或春种秋收；无霜期在 200 d 以上，且夏季高温多雨地区，一般分别于春、秋季栽培。马铃薯是不耐连作的作物，马铃薯对连作反应很敏感，如果一块地上连续种植马铃薯不但会引起病害严重，而且会引起土壤养分失调，特别是某些微量元素，使马铃薯生长不良，植株矮小，产量低，品质差，因此应选择 3 年内没有种植过马铃薯和其他茄科作物的地块。马铃薯的前茬作物以麦类、玉米等禾谷类茬口为最佳，其次为豆茬，避免甜菜茬、葵花茬和茄科作物。选择的地块要没有氯磺隆、普施特、阿特拉津等农药残留。

5.3.1.3　整地

马铃薯以地下块茎为收获产品，为促进高产，就要为块茎在地下生长创造良好的土壤环境。马铃薯对土壤的适应性强，最喜疏松肥沃、排水良好的土壤，对土壤孔隙度的要求很高，疏松的土壤通气良好，有利于块茎膨大，可防止后期块茎腐烂。整地可以使土壤疏松，提高蓄水保肥能力，协调土壤中水、肥、气、热肥力因素，为马铃薯根系和匍匐茎、块茎的生长提供舒适的生长环境，广大农民中也流传有“深耕细耙、旱涝不怕”的说法，同时还要对地块土壤进行处理，减少田间病虫害的发生。

深耕的时间越早越好，即在前茬作物收获之后立即抢时耕翻。深耕可使土壤疏松，透气性好，并可提高土壤的蓄水、保肥和抗旱能力，可改善土壤的物理性状，更有利于接纳较多的雨水，增加蓄墒效果，为马铃薯的根系充分发育和薯块膨大创造良好的条件。马铃薯的须根穿透力差，在块茎播种后出苗前，根系在土壤中发育得愈好，幼苗出土后植株生长势愈强，产量愈高，特别是前期生长比较缓慢的品种，尤为重要。所以，深耕是保证马铃薯高产的基础。翻耕深度保持在 25 cm 以上且深浅一致时，可以先灌水增墒，然后整地。有条件的地方，在深翻前，每亩施入优质农家肥 2 500 kg 以上。耕后应立即耙耱碎土，填补孔隙，使土壤上虚下实，土碎地平，达到深、松、平、净的要求，具体做到平整土碎无坷垃、干净无碎石、无茬子、无杂物、墒情好。要求随耕随耙，重耙轻耱，为及早播种、提高播种质量创造条件。

对于地下害虫危害严重的地块，整地时，每亩用 40%甲基异柳磷乳油 0.5 kg 加细沙土 15 kg，或毒死蜱、辛硫磷等药剂，制成毒土后撒施，起到一定的预防和防治作用。

5.3.1.4 施足底肥

我国种植马铃薯的地区大多是干旱或半干旱、丘陵地区等，灌溉条件较差或作物生长仅靠天下雨。马铃薯是高产喜肥作物，对肥料的要求量比较高，施足底肥，特别是有机肥和磷、钾化肥对马铃薯根系充分发育和增产起着重要的作用。合理增施基肥，满足马铃薯对养分的需求，是提高马铃薯产量的有效技术措施。马铃薯在生长期中形成大量的茎叶和块茎，块茎的发育和植株生长都需要大量的养分，需要的肥料中以钾的需要量最多，氮次之，磷最少。氮素肥料的施用要根据土壤肥力，不可盲目施入过多，在土壤肥力水平高的情况下，为了避免植株徒长，可把全部氮肥的 2/3 作基肥施入，留 1/3 作追肥。

基肥一定要施足，数量上要够用一个生长期，用法上有机肥与复合肥配合施用。为了保证马铃薯后期不出现脱肥早衰现象，要按照目标产量计算施肥量，如想获得 2 500 kg 的目标产量，需亩用腐熟厩粪或有机肥 2 000~4 000 kg、45%的复合肥 50 kg 和硫酸钾 5~10 kg，复合肥和硫酸钾要混合拌匀后撒施，增产效果较佳。

5.3.2 种薯准备及种薯处理

马铃薯产量与品质和种薯质量有很大关系，在相同条件下品种不同或不同种薯质量的同一品种其产量也会有所不同，精选种薯是提高产量的有效措施。

5.3.2.1　精选种薯

优良品种是增产的内因，是高产的关键。没有优良的品种，不可能达到高产的目的。优良品种首先要高产、稳产。高产需要植株生长健壮，块茎膨大快，养分积累多；稳产必须具有良好的抗病性和抗逆性。我国各地都有一些优良品种，但病毒性退化，往往使这些品种丧失了丰产性。因而良种还必须与脱毒技术相结合，只有良种脱毒，才能使良种高产得到保证。优良品种比普通品种增产 10%~15%，健康种薯比退化种薯增产 20%~80%，特别是对于马铃薯退化较为严重的区域或者是在晚疫病较为流行的年份增产效果更为明显。

马铃薯块茎形成过程中，由于植株生理状况和外界条件的影响，不同块茎存在着质的差异。种薯传带病毒、病菌是造成田间发病的主要原因之一，为了切断病源，预防病害，提高出苗率，达到苗全苗壮，出苗整齐一致，为马铃薯高产奠定良好的基础，种薯出窖后必须进行精选。种薯选择的标准：具有本品种特征，表皮光滑、柔嫩、皮色鲜艳、无病虫、无冻伤。凡薯皮龟裂、畸形、尖头、皮色暗淡、芽眼凸出、有病斑、受冻、老化等块茎均应坚决淘汰。如出窖时块茎已萌芽，则应选择具粗壮芽的块茎，淘汰幼芽纤细或从生纤细幼芽的块茎。

高质量的种薯是确保马铃薯种植后可以健康生长的基础，种薯质量很大程度上左右着马铃薯植株的长势和产量，脱毒马铃薯种薯具有出苗早、出苗率高、植株健壮、叶片肥大、根系发达、适应性强、抗逆性强、产量高、品质好等优点，一般普通种薯亩产量在 1 500 kg 以内，经过脱毒处理的种薯产量可达 3 000 kg 以上，增产效果很明显，在选择种薯时尽可能选择脱毒的马铃薯种薯。

5.3.2.2　种薯催芽

马铃薯一般有 2~3 个月的休眠期，如未打破而直接播种，经常会造成播种后发芽不整齐，出苗率低和出苗时间长，不便管理，影响产量，为了打破休眠期，使种芽整齐一致，生产上通常采用催芽的方法。催芽是马铃薯栽培中防病丰产的一个重要措施。播前催芽,可以促进早熟,提高产量,在栽种过程中不会出现缺苗。同时,催芽过程中,可淘汰病烂薯,减少播种后田间病株率或缺苗断垄,有利于全苗壮苗。马铃薯催芽是由马铃薯的休眠特性来决定的,为了保障播种后的马铃薯幼苗齐又壮,催芽工作就得做好。而在催芽方法上则要结合马铃薯品种、播种条件等特性来选择合适的方法,同时也要注意催芽时间的掌握。常见的方法有晒种、催大芽、赤霉素浸种催芽等方法。

5.3.3 合理密植

马铃薯的产量因素是单位面积株数与单株产量的乘积,单株产量是由单株结薯数字与单薯重确定的,而群体增产与单株增产之间是矛盾的。当单位面积株数增加时,单株产量相应降低,两者都与栽植密度存在着一定依存关系。在一定密度的范围内,群体的产量随密度的增加而增加,单株产量随密度的增加而降低。因此,确定密度必须考虑群体产量与个体产量两个相矛盾因素协调统一。如果密度小时,虽然单株发育好,产量高,但由于单位面积内总株数少,亩产量不会很高。如果密度过大,虽然总株数多,但单薯重很低,同样产量不高。因此,合理密植就是要使单位面积内有一个合理的群体结构,既能使个体发育良好,又能发挥群体的增产作用,以充分利用光能、地力,从而获得高产。

合理密植可以给马铃薯植株充分的空间以利用阳光和养分,是增加单位面积产量的有效途径,合理密植的原则是肥地宜稀,薄地宜密,大种薯宜稀,小种薯宜密。合理密植的作用主要在于充分发挥土、肥、水、光、气、热的效能,通过调节马铃薯单位面积内个体与群体之间的关系,使个体发育健壮、群体生长协调,从而达到高产的目的。

5.3.4 适时播种

适时播种是夺取马铃薯优质高产的关键技术环节。春季有的农民想早播种、早收获、早上市卖高价，因而忽视了适时播种，而播种太早又不用地膜覆盖，常因地温低，影响全苗。由于不考虑种薯发芽状态和地温情况，故常在播种后，种薯上产生子块茎（幼芽变成小块茎）或称闷生薯，造成严重的缺苗断垄，不可能获得高产。生产上应根据马铃薯的生长特性和本地气候条件做到适时播种，随着纬度和海拔的升高，播种期可适当推迟。马铃薯分布地区较广，各地的播种日期各不相同。一般情况下，确定适时播种期应考虑地温、霜期时间、结薯期、品种和种薯情况。

5.3.5　播种方法

由于多年来的播种习惯及栽培目的，不同地区播种方法多种多样，一般选择晴朗风小的天气于正午前 4 h 和正午后 4 h 内进行播种。常见的方法有平播、穴播、垄播、播后起垄、地膜覆盖播种等播种方法。

5.3.6　田间管理

马铃薯从出苗到收获的短短时间内，既要形成强大茂盛的地上部茎叶，又要积累大量的养分形成块茎，加强田间肥水等管理显得十分重要。在管理上应考虑到马铃薯生长季节的气候特点、品种特性等方面的因素，技术管理要及时，抓早、抓细，早中耕、早追肥、早浇水。促根、促棵、促匍匐茎、促幼苗早发，使苗壮生长。开花后根据天气、墒情、枝叶生长情况，酌情追肥、小水勤浇，促棵攻薯，以薯控棵，促薯、棵生长上下协调，既要防止后期茎叶早衰，又要控制后期茎叶徒长。

5.3.6.1　中耕除草

春季马铃薯播种后 30 d 左右才会出苗。在没有出苗之前，随着温度的升高，往往杂草丛生，特别是藜（俗称灰灰菜，*Chenopodium album* L.）、凹头苋（俗称野苋菜，*Amaranthus lividus*）、狗尾巴草（俗称狗尾草，*Setaria viridis* L.）等一年生杂草，只要湿度适宜，杂草很快出土。待马铃薯出苗时，田间已长满幼嫩杂草。在马铃薯出苗前 3~5 d 应进行第一次中耕灭草。此时，杂草出土后还很小，地下部只有主根，无须根或须根很少很小，可用菜耙搂1遍，既能消灭杂草，又能破除板结，疏松土壤，提高地温，促使马铃薯幼苗尽快出土。除草要在晴天进行，除后杂草很快枯死。另外可以减少地老虎成虫产卵，减轻对幼苗的危害。

幼苗出齐后，应及时进行第二次中耕除草。行间中耕深4~5cm，靠近幼苗应逐渐由深变浅，以免伤根。此次中耕，可消灭杂草，疏松土壤，提高地温，促进根系下扎。中耕可结合追肥进行。

由于马铃薯是浅根作物，根系分布在耕作层，现蕾以后不宜再进行中耕，以免伤根，影响植株正常生长。随着植株生长和培土，茎叶很快封行，田间杂草很少。发现田间有个别杂草，可进行人工拔除。化学除草方法详见第6章马铃薯病虫草害防治技术。

5.3.6.2　追肥

马铃薯是喜肥作物，要获得高产，底肥必须施足。底肥应以有机肥为主，辅助施入一些磷、钾肥。因为有机肥分解慢，可以不断地供应马铃薯各个生育阶段所需要的养分。在马铃薯生长前期还应追施一些速效性氮肥，以促进前期地上部茎叶生长，尽早地形成强大的植株，为丰产打下基础。追肥应早施，一般追肥两次。底肥充足，马铃薯植株生长旺盛，叶片浓绿，可不追或少量追施，以免追肥过多引起枝叶徒长，影响养分积累和块茎膨大。底肥施入较少，植株生长势弱，叶片小、发黄，影响光合作用，后期早衰而减产，应酌情适当加大追肥量。总之，应根据底肥施用量及植株生长状况而决定施肥及数量，既要防止后期徒长，又要防止早衰。追肥时切勿施用含氯的化肥，如氯化铵、氯化钾等，因为氯离子影响淀粉合成，会使马铃薯品质下降。

5.3.6.3　培土

马铃薯是以地下块茎为收获产品的作物，块茎膨大需要疏松深厚、透气良好的土层，只有为其创造良好深厚的土壤环境才能多结薯、结大薯。如果结薯层土壤过薄，会经常发生匍匐茎末端不膨大而不能形成块茎，窜出地面形成地上茎，减少结薯数量的现象。已经形成的块茎，膨大后露出地面变绿，降低块茎的食用价值，群众称为“露头青”，块茎内龙葵素含量增加，品质降低，食味辛辣麻口。结薯土壤板结，透气性差，影响块茎的呼吸和膨大，块茎易感染病害造成烂薯。为满足块茎膨大的需要，一般在马铃薯生长期需要培土两次，培土应与追肥、浇水结合进行。

5.3.6.4　灌溉

马铃薯在整个生产过程中对水分的需求量都非常大，生育过程的需水量，与植株大小、叶片的蒸腾量、土壤蒸发量、温度等有密切关系。根据研究结果，每亩产块茎 2 000 kg，需水量为 480~560 m^3。这是一般土壤条件下的理论数据，而实际上马铃薯的产量与需水量有时差异较大，原因在于需水量与土壤性质、气候条件、品种、植株生长期长短、栽培制度等有很大的关系。

马铃薯生育阶段不同，需水量差别很大。苗期需水量少，气温低，叶片的蒸腾量小，土壤蒸发量小，一般不浇水。苗期土壤墒情差，应及时进行深中耕保墒，提高地温，有利于根系向深处下扎，增强根系的吸收能力，使幼苗茁壮生长。苗期过早浇水，往往降低地温，土壤板结后，叶片发黄，幼苗生长缓慢。如果土壤过于干旱，影响了幼苗发育，也需要浇水。但浇水后要及时中耕破除板结，提高地温。马铃薯现蕾、开花以后，地上部生长迅速，形成强大的枝叶，地下部块茎进入膨大期，温度逐渐增高，叶的蒸腾量及土壤蒸发量加大。这一阶段马铃薯需水量最大，根据墒情应小水勤浇，经常保持土壤湿润，地皮不干，一般 7~10 d 浇水 1 次。水分不足影响块茎膨大，块茎表皮细胞老化；当土壤水分适宜时，块茎继续膨大受到表皮细胞老化的限制，在细胞幼嫩的芽眼处，形成子薯或畸形薯，品质变劣，产量降低，抗病能力减弱。根据不同土壤，在收获前 5~7 d 停止浇水，否则土壤水分过大，透气性差，块茎气孔膨大，细菌性病害容易感染，造成田间烂薯或收获后块茎不耐贮藏。

5.3.6.5　茎叶徒长及防止

植株徒长的状况是植株节间过长，植株纤细，地上部分生长过旺，以致头重脚轻引起倒伏。马铃薯徒长现象一般在生育后期丰产地块出现较多，主要是施肥量过大，特别是施氮肥过多，由于营养的分布不合理，加之种植密度过大，在植株生长期间拥挤和枝叶互相遮阴，使块茎结得晚、结得少、结得小，严重影响产量。由于倒伏使通风透气性差，导致病害发生，成为病原中心，加快了晚疫病的流行。控制徒长的办法有控制浇水、深中耕、喷施抑制剂。控制浇水只是暂时的，否则缺水会造成减产，深中耕在后期地上部茎叶封行时亦有一定的难度。高产高肥地块，一定要注意化肥和有机肥结合，因为有机肥营养元素的种类齐全，对于高剂量的化肥有缓冲作用。有机肥作为底肥，效果较好。化肥施用量较大时一定要氮磷钾配合施用。在发棵后向结薯期转化时（在现蕾后到开花期）停止追施化肥和灌水。

5.3.7 适时收获、安全贮藏

收获是田间作业的最后一个环节，收获质量的高低，是影响产量、贮藏质量、商品质量的重要因素。只有收获及时得当，提高收获质量，减少损失浪费，才能丰产丰收，提高商品价值，获得良好的经济效益。

5.3.7.1 确定收获期

马铃薯收获期应根据品种、成熟度、块茎膨大情况、栽培方式、块茎用途、气候条件等方面来确定。马铃薯生理成熟时产量最高，干物质含量也最高，还原糖含量则最低。因此，一般商品薯生产和原种薯生产应在生理成熟期收获，尽量争取最高产量和成熟的薯块。马铃薯成熟的标志是植株大部分茎叶由绿色变为黄色并逐渐枯黄，匍匐茎干缩，易与块茎脱离，块茎表皮形成了较厚的木栓层，块茎停止增长。但若此时收获不能获得最高的经济效益，则应根据市场规律，早收 10 d 或晚收 10 d，以获得最大经济效益。生产中可根据栽培块茎的用途、当地的气候、土质及市场等情况灵活掌握。

5.3.7.2 收获马铃薯

收获期前首先应刨除田间退化株、病株、死株、混杂株，然后再进行收获。春季露地马铃薯收获在 6~7 月，一天中应在 10:00 以前、15:00 以后进行为宜，要错过中午时节的高温天气。随刨收随运输，严防块茎在田间阳光下暴晒，以免灼伤块茎，造成贮藏期烂薯。中午运不完，块茎在田间应堆积成较大的堆，用植株秧子盖严盖厚，严防暴晒。大面积收获应在收获前 1~2 周杀秧，供鲜食用的可在植株还比较青绿时用机械和化学药剂杀秧，通过后熟作用加速块茎表皮木栓化。然后用犁去冲垄，将块茎翻出地面，进行捡拾。为防止冲垄时埋住块茎，应隔行进行犁收，犁面应固定，使土和块茎向两边翻，收完后用耙再耙 1 遍进行复收。小面积收获可以进行人工刨收，刨收的块茎表皮幼嫩，捡拾时应放入篓内或筐内，然后再运输，不要装塑料编织袋，以免相互摩擦碰破表皮。

5.3.7.3　马铃薯贮藏

马铃薯要求的贮藏条件较为严格，收获的块茎一般含水量在 75%左右，因为块茎水分含量高，对环境非常敏感，温度低容易冻伤，冻伤后品质下降；温度高容易生芽，马铃薯生芽的部位一般不能食用；空气干燥时，水分蒸发快，薯块的失水损耗明显增加；空气过于潮湿，温度不均匀的情况下，又容易产生冷凝水，造成大量薯块腐烂。因此，马铃薯的安全贮藏环节比较复杂和困难，具体详见第 7 章马铃薯贮藏保鲜技术。

5.4　马铃薯地膜覆盖栽培技术

温度对马铃薯的产量和质量有重要的影响，使用地膜覆盖可以起到增温的效果，可使马铃薯早生、快长、增产，地膜覆盖栽培技术是一项提高地温、蓄水保墒、改善生态环境、改良品质、促进早熟、增加产量、提高经济效益的栽培技术。

5.4.1　覆盖地膜的种类

地膜覆盖成本低、使用方便、增产幅度大，是一项既能防止水土流失，又能提高马铃薯产量的常用措施，常用的有透明地膜、除草薄膜、防虫薄膜、降解薄膜等。

5.4.2　选种备种

地膜覆盖的主要作用是促进早熟及节水，在生产中以早熟性好、生长发育快、结薯早、品质好、结薯集中的品种为主，如中薯3号、中薯5号、中薯8号、川芋4号、费乌瑞它、夏波蒂、大西洋、陇薯6号、陇薯7号、新大坪、青薯9号、青薯168、冀张薯12号等。最好选用无虫伤、无病斑、无破损、无畸形的健康脱毒种薯，播前要精选种薯和催芽处理，以利于幼芽提早发育，减轻环腐病、晚疫病等病的为害。

5.4.3　精细整地

马铃薯根系入土浅，主要分布在耕作层，在土层里结薯，要达到优质高产需选择土壤耕作层深厚（活土层深度60 cm）、质地疏松、有机质含量高、肥力中上、保肥保水能力较强、养分供应稳定的地块，最好是轻砂壤土，不可选陡坡地、石砾地、瘠薄地和涝洼地。重施基肥，结合整地一般亩施优质有机肥2 000~3 000 kg，并将所用化肥全田施肥或垄侧集中施肥，肥料最好选用马铃薯配方肥或者复合微生物肥料。为了提高马铃薯单株结薯数、单株产量、大中薯率，减少化肥的使用量，减轻有害物质对土壤及其马铃薯产品的污染，可选用100%的长效肥缓控释肥、微生物复合肥和有机肥。

地膜覆盖对整地要求较严格，要求在深翻20~25 cm且深浅一致的基础上，通过采取细整细耙等措施，使土壤达到深、松、平、净的要求。具体要做到平整无墒沟，土碎无大土块，无根茬，无杂草，干净无石块，墒情好。为保证起垄和覆盖质量，必要时可以先进行灌水增墒，然后再整地。覆膜种植马铃薯，由于追肥条件受到限制，如不采用水肥一体化等追肥技术，就需要在覆盖地膜前一次性施足底肥和种肥。常用的施肥方法有两种：一种是在做畦前，将有机肥、化肥和农药利用撒肥机或人工均匀地撒于地表，再通过旋耕机等器具耙入土中；另一种是在做畦时，把有机肥和农药撒于播种沟内，化肥撒入施肥沟内，基肥可 1/2 撒施，1/2 开沟集中施，做畦时再翻于土中。施用基肥时切记氮肥不可过多，否则会引起植株徒长、成熟期延迟，甚至不结薯。

覆盖地膜的方式有高畦覆盖、高垄覆盖、平畦覆盖、沟畦覆盖、沟种坡覆、穴坑覆盖等方式，马铃薯栽培中高畦覆盖、高垄覆盖的方式采用较多。

5.4.4　覆膜

地膜厚度尽可能选用 0.01 mm 以上达到国标要求的地膜，最好选用厚度在 0.018~0.030 mm 的高强度地膜，便于回收利用，减轻地膜使用后带来的“白色污染”问题。地膜幅宽应根据马铃薯垄或者畦的宽度确定，如 70 cm 宽的垄，加上两侧压土的 10 cm，一般需用幅宽 80~90 cm 的地膜。

选用透明无色地膜，容易滋生杂草，又因地膜覆盖不能中耕除草，常会造成杂草丛生，甚至顶破地膜，降低地膜的增产效果。因此进行大面积规模化马铃薯生产，减轻杂草对土壤养分和水分的消耗，清洁田园，防止病虫危害，在精细整地的基础上，必须采用有效合理的除草剂杀灭杂草。马铃薯常用苗前封闭除草剂有二甲戊灵、乙草胺、异丙草胺、敌草胺等，可单用，也可复配使用。一般每亩用 90%乙草胺 100~130 mL，或 50%氟草醚130~180 mL，或 48%氟乐灵 100~150 mL，或 72%异丙甲草胺 120~130 mL，加水 30~40 L 喷施。使用除草剂时，应注意严格按使用浓度和使用时期，在晴朗无风的天气喷施，以减少除草剂飘移到周围邻近地块。喷施时要做到雾化良好、喷雾均匀，无重喷、漏喷现象。为提高药效，不要全田喷完后再覆膜，一般喷两垄，覆盖地膜后再喷两垄，依此类推。

5.4.5　提早催芽播种

地膜覆盖栽培可以直接播种，也可以先催大芽再播种，生产上一般要求先催芽后播种，催大芽能够促早发根、早出苗、早齐苗、早发棵、早结薯、获高产，可以有效地防止由于土壤湿度过大造成的烂薯现象，保证出苗率和出苗整齐。播种前 1 个月左右，将所贮藏的种薯取出平铺于室内，在日光下均匀分布，堆放 2~3 层，发壮芽，催芽时要翻动，催芽时间为 20~30 d，催芽温度 15~18℃，待白芽变绿色、芽长 0.5 cm 左右时打开见光锻炼，进行切芽切块。大种薯需在播前切块以减少播种量，切块时要注意利用顶芽优势，将密集的顶芽切开，每块带有 1~2 个芽眼、重量不少于 25 g 左右，在温暖处晾 1~2 d，并在切块过程中淘汰带病种薯。切后用草木灰或干沙土拌薯块，并将其按宽 100 cm、厚 25~30 cm 摊开，上面及四周覆盖湿润细沙 6~7 cm 厚，使伤口收水，防止播种后种薯腐烂而影响出苗。温度保持在 15~18℃，不低于 12℃，不超过 20℃，严防温度过高引起切块腐烂。待芽长至 3 cm 左右时，即可将切块扒出播种，宜浅播，播后覆土厚度以 6~8 cm 为宜。

生产中一般气温平均稳定在 5℃以上、10 cm 地温稳定在 10℃以上时播种，播期以出苗时不受霜冻为宜，一般比当地露地栽培提前 10 d 左右，以晴朗天气的 9:00~16:00 播种为宜，通常有先播种后盖膜和先铺膜后播种两种方式。

5.4.6 田间管理

地膜覆盖栽培，一般播种后 15~20 d 出苗，在先播种后覆膜的地块上，当苗出土时要及时破开地膜引苗，做到先出的先放，后出的后放，防止幼苗紧贴地膜在晴天高温下被灼伤烫坏，影响生长或造成烂叶。放苗时间以 8:00~10:00，16:00 至傍晚为好，放苗时可用刀在播穴上方对准苗划“十”字口，划口不宜太大，以放出苗为度，划好后将膜下小苗细心扒出，然后在放苗部位把破口四周的膜展开，用细土把膜孔堵住，以防地膜内过高温度的气流灼伤马铃薯幼苗，并可保温保苗。在先覆膜后播种的地块上，播种时封的土易形成硬壳，如不破开土壳，苗不易顶出，若幼苗弯曲生长而顶到地膜上，应及时将苗放出，以免烧苗。喷施除草剂的地块，更应及时破膜，使幼苗进入正常生长。如果空气温度较低，出苗不整齐时，应该放绿苗不放黄苗，放大苗不放小苗，适当推迟放苗时间，避免薯苗受凉。如遇寒流，要在寒流过后再引苗，此时如晴天要用草苫遮住阳光、防止地膜温度过高，烫坏薯苗。出苗率达 70%时，及时查苗补苗，剔除病、烂薯块，补栽提前准备的大芽薯块，保证苗全苗齐。缺苗过多对产量造成较大影响，一般缺苗 20%，减产达 20%~23%。齐苗后进行定苗，每棵保留 1~2 株壮苗，将多余弱小苗剔除，以利苗壮薯大高产。

马铃薯地膜覆盖栽培前期以中耕除草、培土为重点，中后期以浇水追肥、防治病虫害为重点。马铃薯全生育期中耕培土 3 次，第一次在齐苗后 5~10 d，第二次中耕在现蕾期进行，植株封垄前进行第三次培土。结薯期若有小薯露出土面或裂缝较大，要及时掀起地膜培土，然后重新盖严地膜，以免薯块见光发绿。

在施足基肥和种肥的情况下，生育期间一般不需要进行追肥。对基肥、种肥施用不足的地块，出苗后注意加大肥水管理，以水促肥，酌情补施速效肥料。现蕾时结合培土施适量结蕾肥，以氮肥为主，施肥量应根据植株长势而定。开花后不再施肥，特别是后期不能过多追施氮肥，如果后期有早衰现象，可用磷钾肥或微量元素肥进行叶面喷施。植株生长过旺，可用 0.1%矮壮素进行叶面喷施，以控制植株旺长，促进块茎生长。

马铃薯对水分要求敏感，整个生育期要求土壤始终保持湿润状态，确保水分供应。如果是足墒覆膜，由于地膜的保水作用，出苗后 1 个多月不会缺水，如果播前土壤墒情不足、播后久旱不雨，有灌水条件的可采用小水沟灌或在宽行间开沟灌水以补墒。出苗后 20 d 左右是块茎形成期与块茎生长期交替阶段，应减少浇水，防止茎叶徒长。块茎膨大期需水较多，应保持小水勤浇。进入 5~6 月，由于气温较高，可采用多次灌溉以降低地温，保持土壤湿润，促进薯块膨大，防止因土壤温度过高而产生二次生长，形成畸形薯影响商品性。结薯期若气温较高，马铃薯长势较弱，不能封垄时，可在地膜上盖土，降低垄内地温，为块茎膨大创造冷凉的环境，以利块茎膨大。浇水避免大水漫灌，灌水量不宜超过垄高的 1/2，田间积水过多，遇大雨应及时排水。浇后及时中耕，以免造成土壤板结、影响薯块膨大。收获前 5~10 d 停止浇水，促使薯皮木栓化，以利收获。在各生育阶段，如雨水较多，必须进行清沟排水，防止涝害。

地膜覆盖马铃薯的病害主要是晚疫病，害虫主要有蚜虫、二十八星瓢虫、地老虎、蛴螬等。

5.4.7 适时收获，提早上市

马铃薯的收获期有很大的伸缩性，应考虑成熟度、市场价值、天气等多种因素，一般当植株大部分茎叶由绿转黄，达到枯萎，块茎停止膨大，周皮变硬变厚，干物质含量达到最高限度，此时为食用块茎的最佳收获期。收获应选择晴天，宜在 10:00 以前和 15:00 以后，收获时尽量不损伤薯皮，运输中也要避免机械损伤，以便保证薯块外观光滑，提高商品性。收获后及时捡拾、清理残留的地膜，净化土壤，保护农田生态环境。随刨收随运输，严防块茎在田间阳光下暴晒。运输不及时，将块茎在田间堆积成较大的堆，用薯秧盖严，严防暴晒，以免块茎变绿。为了获得较高的经济效益，可综合考虑市场价格和产量确定收获时间。

5.5 马铃薯机械化种植技术

近年来，在各级农业农村部门相关扶持政策的带动下，农村土地流转率逐年提高，机械化水平也达到了较高的比例，特别是随着农机农艺融合技术的示范推广以及消费市场对马铃薯需求的不断增加，一大批有较强资金实力的国内外种植、加工企业纷纷涉足马铃薯领域，从而引进及推广了一批科技含量高、现代化的大中型现代化农业机械设备，在规模化种植基地上进行了应用，涌现出了一大批规模在千亩以上的大型种植基地，马铃薯机械化种植取得了长足发展，种植方式开始向规模化、标准化、集约化方向发展，通过这种方式基本实现了马铃薯的良种化、机械化、专业化、科技化等全产业链生产模式，产业化发展水平得到了快速提高。

5.5.1　主要技术

马铃薯机械化种植是集开沟、施肥、种植、覆土、镇压、中耕、喷药、收获等作业于一体的综合机械化技术，具有保墒、省工、节种、节肥、节药、深浅一致等优点，不仅省工、省力、降低劳动强度、节约大量劳动力资源，还可以提高种植质量和产量，部分区域所种植的马铃薯单位面积产量和效益都高于人工，单产普遍能够达到 45 t/hm^2 以上，最高能达到 75 t/hm^2，产量已经接近或者达到了国外马铃薯生产水平，马铃薯机械化种植技术要点如下。

5.5.1.1　选地与整地

机械化种植基地一般规模较大，需要长期进行农作物生产，在选地前要格外重视基地的基本设施，比如道路的通畅、交通的便利、水电设施的配套、灌溉条件是否满足等；其次要考虑气候条件是否适宜，比如气候冷凉、种植季节温差较大，能够保证马铃薯的正常生产；最后要选择地势平坦、疏松肥沃、有机质含量高、土层深厚、排灌方便、无药害残留的平地、缓坡地等适合机械作业的连片土地，缓坡地的坡度要小要缓（坡度≤8°），垄向要与坡地的等高线相垂直，切忌高低不平和斜坡。土壤酸碱度适中的砂壤土、轻壤土或沙土较为适宜（pH 在 5~7 最佳），由于北方土壤大多偏碱性，也可以利用 pH 在 7.8~8.0 的微碱性土壤。为了经济有效地利用土壤肥力和预防土壤、病株残体传播的病虫害及杂草，土壤选择中务必要避免前茬种过茄科作物、块根及块茎类作物的地块，而选择种过豆科、禾本科作物的地块较好。马铃薯一般不宜连作，应实行 3 年以上轮作。

深耕整地能调节土壤中水、肥、气、热状况，满足马铃薯块茎形成和膨大生长的需要。深耕最好在秋天进行，经过一个冬季的冻消、风化，不但土块易碎，便于整地，而且有利于土壤熟化，减轻病虫害。整地要求与常规种植基本一致，耕地深度以达到 20~40 cm 为宜。深耕作业采用拖拉机配套翻转犁，做到地内不留墒沟，播前再用联合整地机或圆盘耙、旋耕机浅耕耙耱，使地面达到平整，以达到播种机正常开沟、覆土的要求。耙深 10~15 cm，土壤疏松，上松下实，保墒增温。地表平整度偏差≤3 cm，漏耙面积≤1%，耙深度变异系数≤15%，碎土率≥80%，达到"平、齐、松、碎、净、墒"六字标准。

5.5.1.2 施好底肥和农药

按规定的数量，把作底肥的农家肥和化肥以及要基施的农药，均匀地撒于地面。撒后结合耙地，把肥料和农药耙入土壤中。也可用装有施肥器的播种机，在播种的同时施入化肥和农药。

5.5.1.3 种薯选择与处理

按种植要求选择适宜的优良脱毒种薯，可以采用原种或者三代以内的种薯，机械化播种的速度是人工播种的数倍，需提前准备好充足的种薯。通常可以按照播种面积、播种密度、单块种薯大小、自然损耗等方面来计算需要量。所准备的种薯必须经过挑选、催芽、切块、药剂拌种等，条件允许时最好采用整薯播种，保证播种质量达到农艺要求。

5.5.1.4 适时播种

适时播种是马铃薯获得高产的重要环节。适时是指土壤 10 cm 深处地温达到 7~8℃时进行播种。在大面积播种期间仅靠人力、畜力是难以完成的。因为过早或过晚，种薯不能正常发芽，造成严重的缺苗断垄现象，影响产量。马铃薯种植大多采用垄作和平作两种方式。垄作能提高地温、促进早熟、抗涝，便于中耕和灌溉，更有利于机械作业。马铃薯垄作时播深（包括垄高）一般为 12~18 cm，潮湿地区不超过 12 cm，气候干燥温度较高的地区在 18 cm 左右。另外对采用机械化收获的地区宜浅播。马铃薯大型播种机械可一次完成开沟、播种、施肥、起垄、覆土、镇压等多项作业，具有排种均匀、株行距一致、镇压严密、出苗均匀等优点，是未来播种环节的发展方向，在生产中可以广泛推广使用。采用机械化播种，不仅提高了播种质量，降低了劳动强度，而且为马铃薯中耕和收获等作业提供了条件。

5.5.1.5　田间管理

中耕次数根据气候、土质及杂草等条件而定，一般进行 1~2 次，多雨或草害严重时要加大次数，中耕深度由深到浅，中耕后不得有大土块，注意避免损伤马铃薯主根，翻起的土不埋压茎秆。第一次在薯苗露头 20%~30%时进行，先追肥后中耕培土，或用带施肥箱的中耕机，随追肥随中耕，以铲除田间杂草。中耕时培土 5 cm 左右，把刚露头的幼苗埋上。第二次在苗高 15~20 cm 时进行，结合第二次追肥再培土 5 cm 左右，土一定要壅到苗根，把苗眼杂草盖死，中耕机的犁铲、犁铧要调好入土角度、深度和宽窄，做到既不伤苗又培土严实，培够厚度。在第一次中耕时追施尿素 100~150 kg/hm^2，中耕培垄时调好犁铲和犁铧角度、深度和宽度，做到不伤苗。马铃薯生长期间，须及时用农药控制早疫病、晚疫病，第一次用药在马铃薯现蕾期，以后每次用药间隔 7~15 d。在使用中应注意农药的交替，以避免产生抗药性。除草剂的喷洒、杀虫剂杀菌剂多次施用、部分化肥农药包括微量元素的叶面喷施等均可以通过打药机来完成。

5.5.1.6　机械收获

在收获前 10 d 左右，先杀秧或割秧，促使薯皮老化，以便在收获时减少损失，机械收获设备进地前要调整犁铲入土深浅。入土浅易伤薯块，且收不干净；入土深浪费劳动力，易丢薯；在马铃薯收获机械调试完成后再开始收获，以提高收获质量。

5.5.2　主要机械设备

长期以来，我国的马铃薯生产均为人工操作，特别是在种植规模较小的区域。但近年来，马铃薯种植面积逐年增加，而农村人口又不断向非农行业流动，人工操作已远不能满足马铃薯生产需求，马铃薯生产的机械化成为产业发展的趋势。对于土地连片程度高，地势较平坦，适宜大型机械操作的区域近年来国内外各类先进机械设备都开始逐步应用，播种、起垄、收获等机械化操作正逐年增加，有效提高了生产效率。目前，使用的马铃薯栽培机械一部分是从德国、美国、荷兰、意大利等国进口，一部分则是国产的，马铃薯栽培中广泛使用的大中型机械设备主要如下。

5.5.2.1 耕整地机

耕整地机具已形成系列化、通用化，基本实现了机械化，包括深松、灭茬、旋耕、耙地、施基肥等作业，有条件的地区已经采用多功能联合作业机具进行作业。起垄是马铃薯播种前的一道重要工序，马铃薯起垄机主要有单一功能作业机和复式作业机，其中复式作业机可一次完成旋耕、筑垄、整形、施肥、镇压等多个工序或几个工序的组合。马铃薯中耕机一般可一次性完成松土、起垄、整形、施肥等功能，适用于较松土地上的起垄工作，垄型光滑整齐；也可用于多种地形条件的培土作业，以避免马铃薯出现青头，提高马铃薯品质。

5.5.2.2 马铃薯播种机

马铃薯播种机是能够将块状的种子利用播种系统有序地种植在地下的一种种植机，能一次完成开沟、施肥、播种、铺膜、覆土、镇压等作业，播种均匀、精度高、出苗率高、省种省力、作业效率高，有利于大面积作业。田间作业时，开沟器开沟，地轮随拖拉机前进并通过链轮和链条为播种和施肥装置提供动力，肥料通过施肥器进入施肥管，经开沟器施入土壤；排种器将种薯播到开好的沟床内，其后起垄覆土装置完成起垄覆土作业，铺膜装置完成铺膜工序，从而完成整个种植作业过程。马铃薯播种机种类较多，按照作业方式可以分为垄作、平作以及垄作和平作可调 3 个方式，按照开沟器的型式可分为开沟器和铧式开沟器，按照自动化程度可分为全自动和半自动播种机。

5.5.2.3 马铃薯中耕培土机

马铃薯中耕培土机是用于马铃薯中耕培土的农业机械，可完成松土、除草、筑垄、追肥等作业，同时兼有提高地温、保墒等作用。行间中耕机大多采用后悬挂式，也有前悬挂式的机具。广泛用于马铃薯中耕的通用型中耕机品种很多，主要有 3ZF-4 型中耕施肥机、3ZP-2 型中耕培土机、3Z-2A 型中耕机、4SPI 分组旋转中耕机和 121 型中耕培土机等。

5.5.2.4　马铃薯施肥机

由肥料箱、排肥器等组成，有的还有输肥、开沟、覆盖装置，不同种类的施肥机械，其工作特征及原理都大不相同。按施用肥料性状，分固态化肥施肥机、液态化肥施肥机、厩肥撒施机、厩液施洒机等；按用于作物不同生长期，分施基肥机、施种肥机、追肥机等；按作业方式，分条施机、撒施机、深施机、叶面施肥机等。

5.5.2.5　打药机（喷雾机）

打药机目前主要使用喷杆式打药机，主要由行走机构和工作部件组成，药箱、液泵、喷杆及喷头等是影响喷雾效果的主要工作部件。工作时需配备动力源（一般为拖拉机）以驱动液泵，通过控制阀的控制，药箱中的药液经输液管路被输送至各喷头处；当该处液体达到预设压力值时，触发防滴装置工作，药液被雾化喷出。根据喷杆式喷雾机与配套动力的连接方式，可以将喷杆喷雾机分成悬挂式喷杆喷雾机、牵引式喷杆喷雾机和自走式喷杆喷雾机。

随着近年来科技的飞速发展，无人机植保开始逐步应用在马铃薯种植过程中，相比传统喷雾器械来讲，其工作效率更高，作业时间短，农药利用率高，特别是在专业化统防统治的社会化服务组织引导下，种植户对其接受程度逐年提高，植保无人机已经成为马铃薯植保领域的一个利器，开始在很多地区得到应用。农业植保无人机主要由动力系统、喷洒系统、飞控系统等部分组成。其中，常见的动力系统为电力动力系统，主要包括无人机的动力电池、电机、电子调速器、旋翼等部分，为无人机的运行提供动力能源；喷洒系统为植保无人机进行施药作业的主要工作部件，在整机结构中具有重要作用；飞控系统是指无人机的控制系统，用于提供控制与决策指令，使无人机完成 GPS 定位、北斗定位导航、数据采集等工作。目前国内涉及无人机产业的生产企业约 200 多家，并呈现快速增长的趋势，其中生产农用无人机的知名企业约十几家,如深圳大疆、广州极飞、安阳全丰、天翔航空、无锡汉和、高科新农等。

5.5.2.6　杀秧机(碎秧机)

应用于马铃薯收获前的杀秧,一般为悬挂式,靠拖拉机输出动力驱动锤刀围轴旋转,锤刀长短按垄上、垄间高矮不同而长度不同,达到仿人形效果,可将垄背、垄沟地上所有茎秆打碎,可完成秧苗的切除与梳理分流作业。通过马铃薯机械杀秧,使马铃薯块茎的表皮充分木栓化,与茎秧分离更加容易,粉碎后的茎秧还田,可提高土壤肥力。在马铃薯杀秧机产品方面,代表世界先进技术水平的农机企业有德国 Grimme 公司、美国 Reekie 公司、美国 Double L 公司、荷兰 APH 公司、比利时 AVR 公司和挪威 TKS 公司等。

5.5.2.7　收获机

由于马铃薯收获环节的用工量约占整个生产过程的 50%以上,需要大量劳动力,因此世界各马铃薯主产国基本上都特别重视机械化收获,马铃薯生产发达的国家机械化收获率可以达到 95%以上,马铃薯收获机技术最为成熟的代表公司主要有德国 Grimme 公司和美国 Double L 公司。中国目前推广应用的机型主要以小型分段收获为主，收获效率低和人工劳动强度大的问题依然没有得到有效解决，只有较大规模的种植基地近年来才逐步开始引进使用大中型收获机械。马铃薯机械化收获方法可以分为挖掘、分段收获和一次性联合收获机。挖掘机即把成熟的马铃薯从土层内挖出来。分段收获需要利用多种机械分环节依次完成,主要包括挖掘机和捡拾机 2 种。收获步骤分为挖掘、输送、分离、捡拾、装车等多个步骤,工序多,浪费的人力成本较大;一次性联合收获即一种机械一次性完成挖掘、输送分离、装车作业,集约程度高,但是收获机械价格相对昂贵。马铃薯机械化收获机械,按先进程度由低到高排列依次是马铃薯挖掘机、马铃薯分段收获机、马铃薯联合收获机。马铃薯挖掘机适合小地块,马铃薯联合收获机适合大型农场,马铃薯分段收获机介于两者之间。

第 6 章　马铃薯病虫草害防治技术

随着我国马铃薯种植规模的扩大及种植时间的延长，马铃薯病虫草害也逐年加重，成为限制马铃薯高产优质的主要因素之一，严重影响了马铃薯产业的持续健康发展，为持续做大做强马铃薯产业，增强马铃薯产业发展后劲，必须掌握马铃薯病虫草害的发生特点，加大对病虫草害的防治力度，将病虫草害的为害程度控制在最低的范围内。

6.1　病虫草害防治要求

马铃薯病虫草害防治应坚持“因地制宜、分类指导”的原则，贯彻落实“预防为主、综合防治”的植保方针，树立“科学植保、公共植保、绿色植保”的理念，综合应用农业、物理、生物防治措施，突出抗病品种、种薯处理、健身栽培、绿色防控、科学用药、规范施药、减量施药等关键技术，抓住重点地区、重大病虫、重要时段，统筹兼顾、综合施策、安全用药、科学防控，因地制宜组装配套技术体系，提高马铃薯防治技术到位率，促进农药减量控害，实现马铃薯病虫草害的全程控制。

6.1.1　科学防控的基本原则

6.1.1.1　采取综合措施增强作物抗害能力

从促进作物整体健康生长角度，培育和增强马铃薯自身及农田生态综合控害能力，有效增强马铃薯抗病、抗害性。积极采取适期播种、合理密植、轮作深耕、科学施肥、合理灌溉等健身栽培措施,配合植物营养剂、调节剂的合理使用,全面改善马铃薯根际土壤环境,营造良好田间生态,增强马铃薯自身抗病、抗虫、抗逆能力,有效抵御和减轻病虫害的发生。

6.1.1.2　优先使用非化学防控手段

强化绿色植保和减药控害,在有效控制病虫草害,保证马铃薯生产目标效益的基础上,应优先使用抗病品种、生态调控、生物药剂、理化诱控及农艺耕作等非化学防控措施,减少化学农药使用量,减轻对农田生态的破坏。

6.1.1.3　安全科学减量使用化学农药

一是安全用药。严格执行国家禁用和限用农药规定,控制使用高毒、长残效农药,并逐步减少毒死蜱、三唑磷等易残留超标农药,乙酰甲胺磷、丁硫克百威、乐果等易产生高毒代谢产物农药及环境激素类农药。二是对症用药。针对不同病虫害种类和田间草相,选择合适药剂,提高防控效果,提倡“一喷多防”,有效减少农药用量,降低防控成本。三是轮换用药。轮换使用不同作用机理的药剂,且每个生长季同一种药剂使用不应超过 2 次,并防止随意增加用药量,以延缓抗药性产生。四是低污染、减量用药。提倡种薯处理、毒饵盒投药等低污染、轻简化和隐蔽用药技术。推广高效、低毒、低残留的环境友好型农药及水分散粒剂、水乳剂等环保剂型农药。

6.1.1.4　合理使用农药助剂

使用农药助剂有利于农药有效成分的分散,药效发挥或延长药效,也有利于病虫接触或吸收等,从而提高防治效果,降低农药使用量,减少农药残留。可以结合当地实际,试验示范无机矿物类、生物来源的天然物质、有机合成化合物等一些技术成熟的助剂,达到减量控害,提质增效的目的。

6.1.1.5　规范精准配药施药

一是选择标准施药机械。针对不同作物及防控对象,合理选择药械种类及喷头类型和型号。要使用标准施药机械施药,非标药械要更换节药喷头及喷头体等主要部件。作业前应检修调试药械，更换陈旧、破损喷头，避免新旧喷头同时使用。二是规范施药作业。作业时应准确测量地块，并严格按照不同施药机械的作业规范施药，推广智能化精准施药，提高防控效果，减少农药飘移和作物药害。三是精准配制农药。对农药瓶(袋)3 次以上清洗，并进行至少 2 次以上稀释，精准配制农药，减少浪费及环境污染。四是安全施药作业。配药和作业时，要按照农药安全使用规范，做好各方面安全防护，杜绝农药安全事故发生。

6.1.1.6　妥善回收处置农药废弃瓶(袋)

加强相关法律法规和环保理念的宣传，提升农药生产和经销企业及使用者的环境保护和遵纪守法意识。积极推动建设集中配药服务站、设立回收点，组织开展政府公益性回收、社会化有偿回收、农药生产和经销企业义务回收等多种模式的回收。积极示范药瓶分类、清洗，推进无害化处置和资源化利用，有效减少农药面源污染。

6.1.2　不同生育期主要防治措施

在马铃薯的栽培过程中，每个生育时期发生的病虫草害都有一定特点，病虫草害会影响马铃薯的产量以及品质，应针对不同生育期所发生的病虫草害采取有针对性的防治措施，这样才能保证马铃薯的健康生长，进而提升产量和品质。

6.1.2.1　播期防治

①应用脱毒种薯，适期播种。脱毒种薯可减轻病毒初浸染源、恢复原品种种性，可以说是一个提纯复壮的过程，种苗不携带任何病害，栽后返苗期快，大田生长势强，结薯早，薯块膨大快，结薯集中，田间发病率明显降低，增产率一般 20%左右，有的品种可达 1 倍以上。适期播种是防止种薯腐烂，保证苗全苗壮，增强植保抗病力的一项基础措施。应在加强田间马铃薯品种抗病性监测的基础上，大力推广应用脱毒、抗病种薯。

②种薯处理。选用适合当地栽培的抗病马铃薯品种，种薯宜选用 50~

100 g 无病斑、无虫眼、无机械破损的小整薯，播种前剔除病烂薯，提倡小种薯播种。需切块时，切刀用酒精、高锰酸钾或福尔马林液浸泡消毒，最好随切随消毒。种块可选用甲霜灵·锰锌或霜脲·锰锌等药剂均匀拌种，旱作区可用马铃薯专用浸种剂加上述两种药剂混合拌种，种薯拌药后避光晾干播种。

③健身栽培。选用抗病品种，实行轮作倒茬，合理密植，推广高垄、大垄栽培，控制氮肥，增施磷钾肥，适当增施钙肥提高植株自身抗病能力。晚疫病重发区应适当降低种植密度，降低薯块带菌率，提倡与非茄科作物如谷类、豆类、纤维作物轮作，避免与烟草、茄子、番茄、辣椒等茄科作物轮作，轮作年限应在 3 年以上。

6.1.2.2　生长期防治

①加强监测预警。采取系统监测与田间实查相结合，定点调查与大田普查相结合。根据马铃薯病虫调查规范，出苗后或定植开始每 5~7 d 调查一次病虫发生情况，明确主控及兼防对象。根据调查结果和防治指标，确定最佳施药时间，选择用药品种。

②中心病株处理。当发现中心病株时，要连根及薯块全部挖出，装入密封袋后带出田外深埋或销毁，对病株周围 50 m 范围内喷施烯酰吗啉或氟菌霜霉威等药剂进行封锁控制，隔 7 d 喷 1 次，连喷 3 次，阻止病害扩展。

③控制徒长。在现蕾期当株高 30~40 cm，且有徒长迹象时，采用烯效唑或马铃薯专用植物生长调节剂均匀喷雾控制徒长。在马铃薯各生育阶段分别使用 5%氨基寡糖素、赤·吲乙·芸苔素等 3~4 次，也可以引进一些新的诱抗剂如甲壳素、脱落酸等，提高植物免疫力，优化生长势，减少病害发生，改善品质，提高产量。

④物理防控。推广色板诱虫技术。利用黄板可诱杀蚜虫、粉虱、斑潜蝇，蓝板诱杀蓟马，控制虫害及病毒病。有趋光性的鳞翅目、鞘翅目害虫的成虫，可以采用灯光诱杀的方法，每 30~50 亩马铃薯田装一盏灯，可以起

到明显的防治效果。安装害虫性诱捕器，主要是应用生物农药和性诱技术防治害虫，如针对马铃薯甲虫、甜菜夜蛾，每亩安放1枚性诱剂诱芯，可以有效减少虫源。利用害虫的趋化性诱杀，如采用糖醋液诱杀小地老虎的成虫。利用成虫假死性捕杀害虫，效果也很好，如在二十八星瓢虫、金龟子发生期，用薄膜承接并敲打植株使之坠落，收集后集中消灭。有些害虫产卵集中成群，颜色鲜艳，极易发现，可采用人工摘除卵块的方法消灭虫害。

⑤生物防虫。应用生物制剂防治，可以有效减少化学农药的使用量。在害虫点片发生或盛发初期施药，选用植物源或微生物源杀虫、杀螨剂。粉虱类可选用矿物油、球孢白僵菌和乙基多杀菌素等药剂；害螨类可选用矿物油、藜芦碱、浏阳霉素等药剂；蚜虫类可选用藜芦碱、鱼藤酮、除虫菊素、苦参碱等药剂；蓟马类可选用乙基多杀菌素、多杀菌素等药剂；鳞翅目害虫的幼虫可选用短稳杆菌进行防治。

⑥药剂控病。依据预警监测结果，根据病虫发生程度，在必须采用药剂防治时，优先选用高效低毒、剂型先进的农药种类。示范推广新型生物农药如枯草芽孢杆菌、哈茨木霉菌等，并轮换交替使用，降低病虫抗药性风险。同时，根据发病情况组织开展专业化统防统治，选用治疗性杀菌剂，如烯酰吗啉、氟菌霜霉等药剂，注重轮换用药。

6.1.2.3　收获期预防

机械收获需在收获前1周进行机械杀秧，促进薯皮老化。收获时避免机械损伤、风吹雨淋、暴晒和受冻，并剔除病、烂薯，以利贮藏运输。

6.1.2.4　贮藏期预防

入库前清除上年残存在地表的渣滓，地面喷施杀菌剂，库内药剂熏蒸以彻底消毒杀菌，密闭1周后进行通风，同时做好防鼠准备。马铃薯应在入库前剔除病薯和有伤口薯块，预贮10 d左右，使薯皮老化，降低薯块温度，减弱呼吸作用，剔除病薯烂薯。贮藏量应控制在库容的2/3，入库初期应迅速将窖内温度降到10~13℃，并维持15~20 d，之后库温应逐渐降至2~4℃，相对湿度保持在85%~93%。贮藏过程中要适当通风，调节库内二氧化碳浓度和温、湿度，运输过程中要注意防挤压和冻伤等损害。

总之，对于检疫性病害、种传和土传病害、地下害虫以及迁移快、传播流行速度快的病虫害，要大力推广使用生物药剂制剂、天然合成物质，合理、交替、轮换使用高效、低毒、低残留的化学农药，减少环境污染，确保农产品质量安全。

6.2 马铃薯病毒病

病毒病是马铃薯的主要病害之一，它可以导致植株生理代谢紊乱、活力降低，造成大量减产，严重时可减产70%~80%，甚至没有商品产量。世界上已报道为害马铃薯的病毒有30多种，我国已发现的专门寄生马铃薯的病毒有7种：马铃薯卷叶病毒（PLRV）、马铃薯重花叶病毒（PVY）、马铃薯普通花叶病毒（PVX）、马铃薯轻花叶病毒（PVA）、马铃薯潜隐花叶病毒（PVS）、马铃薯副皱缩花叶病毒（PVM）、马铃薯纺锤块茎病毒（PSTV）。

6.2.1 症状

马铃薯感染不同的病毒，其表现症状也不同，常见的有花叶、垂叶坏死、皱缩花叶、卷叶、矮化、顶卷叶等。马铃薯感染病毒后，块茎变小、变形，产量降低，种性退化。马铃薯诱发病毒病害的主因是由于被病毒单独或复合感染所引起的，病毒侵染马铃薯植株后，逐渐向块茎中转移，并在块茎中潜伏和积累，通过无性繁殖，世代传递，导致产量逐年降低，品质变劣；同时表现出各种畸形症状，最终失去种用价值。一般可使马铃薯减产20%~30%，重者减产70%以上。采用感染病毒的块茎作种，后代仍表现退化减产，失去种用价值，常见病毒病如下。

6.2.1.1 花叶病毒病

大多数病毒病在得病当年症状不明显，但在温度较高的地区，症状逐年加重。

马铃薯普通花叶病毒病症状：植株感病后，生长正常，叶片平展，但叶面叶绿素分布不均，叶片颜色深浅不一，叶片易见黄绿相间的轻花叶，有时伴有叶脉透明，叶片不明显变形。因马铃薯品种、环境条件及病毒株系的不同而有一定的差异，毒性强的株系也可引起皱缩、条纹、坏死等。

马铃薯条斑花叶病症状：在不同品种上症状也有所不同，大多数品种表现重花叶，呈浓淡绿相间或黄绿相间斑驳花叶。发病初期，顶部叶片产生斑驳花叶或枯斑，以后叶、叶脉、叶柄及枝条、茎部都可形成明显的褐色坏死斑，病斑发展连接成坏死条斑；生长发育后期植株下部叶片干枯，不脱落，呈垂叶坏死状，病株薯块变小。

马铃薯皱缩花叶病症状：弱株系在一些品种上引起轻花叶，小叶尖脉间花叶，叶尖扭曲，严重时叶片小而严重皱缩，顶叶片卷叶，叶尖向下弯曲；强株系侵染后产生明显花叶，叶片严重变形，有时叶脉和叶柄及茎上有黑褐色坏死、全株矮化。危害严重时，叶片严重皱缩，自下而上枯死，顶部叶片可见斑驳。病株薯块较小，亦可有坏死斑。

6.2.1.2 马铃薯卷叶病

病株叶片边缘以主脉为中心向上翻转，严重时每张小叶呈筒状。初期幼嫩叶片褪绿，一般为淡黄色，上部叶片卷曲，尤其是小叶的基部，继而沿中脉向上卷曲，扩展到老叶。后期叶片小、厚而脆，叶脉硬，叶色淡，叶背面可呈紫色、粉红色或红色，病叶变硬、革质化，块茎小而密生，其内维管束变为黑褐色或发生网腐症状，高感品种的块茎薯肉中有明显的坏死组织。

6.2.1.3 马铃薯纺锤块茎病

感病植株表现为矮化，呈束顶状，块茎由圆变为长纺锤形或圆筒形。有的薯皮有纵裂纹，芽眼较多，有时呈突起状，表皮为红色和紫色的块茎，感病后常褪色。感病块茎生出的幼芽生长发育缓慢，田间病株直立，较少分枝，叶色灰绿，叶片和叶柄与茎之间角度变小成锐角向上束起，顶部叶片竖立，叶缘呈波状或向上卷，全植株失去润泽的绿色，叶片背面褪色或呈紫红色，同时叶片小而脆，半闭半合，小叶中脉内弯，叶片卷曲。

6.2.2 病原

病原种类包括病毒(占多数)、类病毒、植物菌原体多达30余种,常见且重要的有以下几种。

马铃薯X病毒 (Potato Virus X 简称PVX) 在马铃薯上引起轻花叶症,有时产生斑驳或环斑,温度过高或过低时病状隐蔽;病毒粒体线形,长480~580 nm;其寄主范围广,系统侵染的植物主要是茄科;传播途径为接触传播,钝化温度68~75℃;体外存活期1年以上。

马铃薯S病毒(Potato Virus S 简称PVS),在马铃薯上引起轻度皱缩花叶或不显症;病毒粒体线形,长650 nm;其寄主范围较窄,病毒传播途径主要靠接触传播,系统侵染的植物仅限于茄科的少数植物;病汁液稀释限点1~10倍,钝化温度55~60℃;体外存活期3~4 d。

马铃薯A病毒(Potato Virus A 简称PVA),在马铃薯上引起轻花叶或不显症;病毒粒体线形,长730 nm;其寄主范围较窄,仅侵染茄科少数植物;接触或蚜虫均可传播,病汁液稀释限点10倍,钝化温度44~52℃;体外存活期12~18 h。

马铃薯Y病毒(Potato Virus Y 简称PVY),在马铃薯上引起严重花叶或坏死斑和坏死条斑;病毒粒体线形,长730 nm;该病毒寄主范围较广,可侵染茄科多种植物;传播途径为接触和蚜虫传播,一般减产50%左右,病汁液稀释限点100~1 000倍,钝化温度52~62℃;体外存活期12~24 h;Y病毒和X病毒或A病毒等复合侵染(Y+X或Y+A)时,植株受害更为严重。

马铃薯卷叶病毒(Potato Leaf roll Virus 简称PLRV),是最重要的马铃薯病毒性病害, 在所有种植马铃薯的国家都会普遍发生。病毒粒体球状,直径25 nm;该病毒寄主范围主要是茄科植物,在马铃薯上引起卷叶症,感病严重时减产40%~60%;主要传染途径是蚜虫,病毒稀释限点10 000倍,钝化温度70℃,体外存活期12~24 h,低温下存活4 d。

6.2.3　发病条件

带毒种薯和田间自生苗是主要的初侵染来源，病毒可通过蚜虫及汁液与叶片摩擦传毒，在田间有带毒植株的情况下，蚜虫发生的迟早和数量与病毒病发生及流行的轻重呈正相关，尤其是田间有翅蚜的数量和迁飞直接影响病毒在田间的传播。田间管理条件差，蚜虫发生量大时发病重。在马铃薯生长季节，尤其在结薯期遇上高温，会加重马铃薯的病毒病。因为马铃薯适于在冷凉地区和昼夜温差大的环境下生长，25℃以上高温会抑制植株生长和降低马铃薯对病毒的抵抗力。同时，高温有利于传毒媒介（蚜虫等）的繁殖、迁飞和取食活动；有利于病毒迅速侵染和复制，减弱马铃薯自身的抗病性，因而加重了病毒病害的发病程度。故干旱温暖年份，蚜虫发生量大，有利于病害发生；在海拔较高的地区，由于多雾、高湿、风大，不利于蚜虫繁殖，病害发生轻。病害在田间的传播方式因病毒种类不同而有差异，如 PVX 在田间是通过汁液接触传播的，叶子相互摩擦，切刀、农机具、人等均可传播；PVY 则通过蚜虫非持久性传播，蚜虫的传毒率很高；PLRV 是以蚜虫持久性传毒，在虫体内经一定的潜育期后，即可传毒，可保持传毒力 2 周。在相同条件下，品种的抗耐病能力不同。此外，栽培和贮藏条件，也影响植株生长和病毒侵染危害的程度。当年感染的植株往往只有一部分块茎带毒，对已形成的块茎，病毒通常已来不及侵入。

6.2.4　防治措施

6.2.4.1　利用茎尖组织脱毒培养技术

所有的马铃薯病毒都能通过薯块传播，种薯是生产中大多数马铃薯病毒病害的最初侵染来源，因此采用脱毒种薯是目前防治马铃薯病毒病害的行之有效的途径。要建立无毒种薯繁育基地，生产出合格的种薯，原种田应设在高纬度或高海拔的地区，并通过各种检测方法淘汰病薯，推广茎尖组织脱毒种薯技术。

6.2.4.2 选用抗病毒或耐病的优良品种

选用抗病毒的优良品种是防治病毒病害最经济有效的途径。由于马铃薯可被多种病毒侵染，难以育成兼抗各种病毒的品种，应根据当地主要病毒病害种类，有针对性地选育抗该种病毒病的品种。目前抗病品种很多，生产上大面积应用的主要有大西洋、中薯2号、中薯3号、内薯7号、丰收白、克新1号、克新4号、豫马铃薯1号、豫马铃薯2号、费乌瑞它等。

6.2.4.3 改进栽培措施

因地制宜适时播种，避开蚜虫迁飞高峰，减轻蚜虫为害传播，躲过高温影响；实行精耕细作，高垄栽培，及时培土，及早拔除病株；科学施肥，避免偏施过施氮肥，增施磷钾肥，以防茎叶徒长而延迟结薯；注意中耕除草，拔除病株，勤中耕培土；控制秋水，严防大水漫灌。除此之外，缺锌会降低马铃薯植株对病毒病的抵抗力，建议生长期适时补锌。

6.2.4.4 药剂防治

及时防治蚜虫，从蚜虫出现开始，每7~10 d喷施1次灭蚜药，每次以不同种类的农药交替喷施，发现感病植株应立即拔除，尤其靠蚜虫进行非持久性传毒的条斑花叶病毒更要防好。可用吡虫啉药液防治，切断病毒的传播，或用抗蚜威药液喷雾，也可选用病毒钝化剂，如病毒必克、克毒宝等。对于病毒病，通过药剂防治和种植抗病毒品种只对个别病毒有一定作用，但侵染马铃薯的病毒种类很多，难以收到理想的效果，发病初期可选择喷洒抗毒丰（0.5%菇类蛋白多糖水剂）300倍液，或1.5%植病灵Ⅱ号乳剂1 000倍液，或20%病毒A可湿性粉剂500倍液。

6.3 马铃薯细菌性及真菌性病害

6.3.1 早疫病

早疫病也叫轮纹病、夏疫病，主要在植株成熟时发生。早疫病是马铃薯最普遍、最常见的病害之一，凡是种植地区基本均有发生，且近几年发生率呈现上升趋势。与晚疫病相比，此病容易被人们所忽视。然而，在气温偏高、植株生长衰弱的许多地区由早疫病引起的损失已超过晚疫病。

6.3.1.1　症状

病菌主要为害叶片，也可以侵染叶柄、茎和薯块。叶片被害时坏死病斑呈黑褐色，病斑多为圆形或卵圆形，叶片上具有明显的同心轮纹，形状与树的年轮相似，较少扩散到茎上。病斑大小 3~4 mm，湿度大时，病斑上产生病原菌分生孢子梗及分生孢子，呈黑色绒毛状霉层，严重时病斑相连，整个叶片干枯脱落。病斑通常在花期前后首先从底部叶片形成，发病后产生褐色凹陷的斑点，与健康部分有较为明显的边界，到植株成熟时病斑明显增加，病叶上产生黑色同心轮纹并引起枯黄、落叶或早死，田间严重发病时，大量叶片枯死，田间出现一片枯黄。茎秆和叶柄受害多发生于分枝处，病斑褐色，线条形，稍凹陷，扩大后呈灰褐色长椭圆形斑，湿度大时，病斑上生出黑褐色霉层，严重时，整个病斑相互连接，但受较大的叶脉限制，病斑很少是圆形的，主要呈三角形或不规则形，最后干枯脱落形成穿孔，茎叶枯死。块茎发病后表皮上产生暗褐色凹陷圆形病斑，大小不一，直径可达 2 cm，边缘清晰并微隆起，与周边区别较为分明，有的老病斑出现裂缝，皮下呈浅褐色海绵状干腐，深度一般不超过 6 mm，腐烂的块茎颜色黑暗，干燥似皮革状。在贮藏期间病斑可增大，块茎皱缩。

6.3.1.2　病原

马铃薯早疫病主要由链格孢属茄链格孢引起，属半知菌亚门链格孢属。

6.3.1.3　发病条件

较高的温度和湿度有利于早疫病发生。7~8 月雨季温湿度合适时易发病，若这期间遇有小到中雨，或阴雨连绵，或湿度高于 70%，该病易发生和流行，且发病重，易感品种可能表现出严重的落叶。在湿润和干燥交替的气候条件及容易徒长的不利条件下，例如不良环境、温暖、潮湿气候及肥力不足的地块中该病害发展较迅速，发病程度重。

6.3.1.4　防治措施

①选用抗病品种。早疫病发生较重的地区种植抗病品种，特别是选用早熟抗病品种，适时提早收获，不同品种间对早疫病的感病程度不同，如东农 303、晋薯 7 号等较抗病。

②加强田间栽培管理。选择土壤肥沃、地势高、干燥的地块种植，实行轮作倒茬，增施有机肥。在生长季节及时灌溉和追肥，增施氮肥和钾肥，及时灌溉促进植株生长健壮，推行配方施肥技术，提供植株健康生长的条件，提高植株抗病能力。清理田间残株败叶，减少初侵染来源。重病地最好与豆科、禾本科作物轮作 3~4 年。

③合理贮运。收获充分成熟的薯块，尽量减少收获、包装和运输过程中的损伤，应尽量减少块茎损伤，病薯不入库，贮藏温度以 4℃为宜，不可高于 10℃，并且注意通风换气，播种时剔除病薯。

④药剂防治。发病前可喷洒 80%代森锰锌可湿性粉剂 600 倍液、75%百菌清可湿性粉剂 600 倍液、64%杀毒矾可湿性粉剂 500 倍液、40%克菌丹可湿性粉剂 400 倍液、77%可杀得可湿性粉剂 500 倍液等；发病初期喷施内吸性专用杀菌剂，如 32.5%苯甲嘧菌酯悬浮剂 1 000 倍液、10%苯醚甲环唑水分散粒剂 1 000 倍液、50%甲基硫菌灵可湿性粉剂 700 倍液、50%多菌灵可湿性粉剂 500 倍液、47%加瑞农可湿性粉剂 800 倍液等。兑水后进行叶面喷施，每 7~10 d 喷 1 次，连续防治 2~3 次。

6.3.2　晚疫病

马铃薯晚疫病是世界上最重要的马铃薯病害，也是我国普遍发生的一种严重的寄主性真菌病害，特别是我国西南地区较为严重。晚疫病也被农民称为马铃薯瘟病，马铃薯晚疫病在温度较低、湿度较大的条件下容易发生，尤其在雨后容易发生，是由致病疫霉引起，能够导致马铃薯茎叶死亡和块茎腐烂，在生产上具有一定程度的毁灭性，破坏性较大，不抗病的品种在晚疫病流行时田间产量损失可达20%~50%,贮藏损失轻者5%~10%。

6.3.2.1　症状

晚疫病主要危害马铃薯叶、茎和薯块。植株被晚疫病侵袭时,首先在叶尖和叶缘处发生暗绿色的小病斑,初为水浸状绿褐色斑点,后扩大为圆形暗绿色斑,病斑周围有浅绿色晕圈,病斑边缘界限不明显。在空气湿度大时,病斑迅速扩展,可波及全叶及叶柄,病斑呈水渍状不规则暗绿色,像被开水浸泡过,发病严重时叶片萎蔫下垂,茎秆经常从病斑处折断,最后全株黑腐,植株地上部分全部枯死,全田一片枯焦,散发出腐败气味,导致绝产绝收。天气干燥时,病斑呈褐色,质地易裂,扩展慢,并形成坏死区或症状表现不明显,茎部受害后可形成长短不一的褐色斑;潮湿时,病斑周围与健康组织交界处有黄色晕圈,在叶背面产生稀疏的白色霉层,即孢子梗和孢子囊,受害部位组织坏死、软化,甚至崩解,雨后或清晨尤为明显。块茎发病,初为褐色不规则的病斑,稍凹陷,病斑下的薯肉为不同深度的褐色坏死,与健康薯肉没有整齐的界限。土壤干燥时,病斑变褐干枯,质脆易裂,不见白霉,且扩展速度减慢。薯块可在田间发病后烂在地里或在贮藏期发病烂在窖里。

6.3.2.2　病原

致病疫霉,属鞭毛菌亚门疫霉属。

6.3.2.3　发病条件

晚疫病病菌主要以菌丝体在病薯中越冬,由于部分带病种薯并不表现任何感病症状,所以即使严格挑选也无法保证所有种薯不带病,带菌薯块播种后不发芽或发芽出土后死亡,有的出苗后在温度、湿度适合时即成为中心病株,病斑上的孢子借助气流和雨水传播再侵染周围植株,形成发病中心,并迅速向外侵染蔓延,全田植株感病而枯死。马铃薯晚疫病的发展必须有一定的温度和湿度条件,病菌喜欢中低温和高湿度条件,因此阴雨、晨露使叶片表面湿润,形成病菌孢子入侵的有利条件。雨水少、温度高,则病害发生轻;地势低洼、排水不良的地块发病重。密度大或偏施氮肥会致使其发病。宁夏南部山区在8月下旬至9月上中旬,如遇阴雨连绵,空气潮湿,或温暖多雾,即有发生流行的可能,在干燥天气时,病株干枯,在潮湿天气时则腐烂。

6.3.2.4 防治措施

①选用抗病品种。晚疫病病害的流行与品种的抗病性关系十分密切,在病害流行期,感病品种发病早,发病率高,且蔓延速度快,抗病品种则相反。生产上要合理利用抗病品种,注意品种搭配轮换,通常早熟品种抗晚疫病性能较差,而中晚熟品种抗晚疫病性能较强。对晚疫病具有一定抗性的品种有:克新4号、克新10号、克新11号、克新13号、东农304号、坝薯10号、晋薯7号、高原7号、紫花白、黔芋8号、陇薯6号、陇薯10号、青薯9号、青薯168等。

②严格执行种薯准入制度,防止病害蔓延。调入大批种薯之前,应进行产地检查或种薯检验,证实无病后方可调种,这对于新的马铃薯种植区尤为重要。

③种植无病种薯。建立无病留种地,选用无病种薯,只要种薯不带病,田间就不会首先出现病株;严格筛选种薯,彻底清除病薯并集中处理。种薯入库贮藏、出库、春化处理、切块、催芽等每个环节都要精选薯块,剔除病薯,以切断病源。尤其是催芽期间凡不发芽或发芽慢、出现病症的应全部剔除;切块播种或整薯播种时切刀必须用酒精或来苏水(甲酚皂溶液)或高锰酸钾溶液浸泡消毒,切到病薯要换用消毒刀,防止交叉感染。

④药剂拌种。防晚疫病菌的药剂有克露、甲霜灵·锰锌、杀毒矾、阿米西达等。拌种的方法可分为干拌和湿拌,干拌一般是先将一定量的药剂与适量滑石粉混匀,再与种薯混匀后即可播种;湿拌一般将所选药剂配成一定浓度的药液,均匀喷洒在切好的种薯上,拌匀并晾干后播种。由于不同药剂有效含量不同,具体使用剂量参见产品说明书。

⑤加强栽培管理。适时早播,合理密植,不宜过密。控制氮肥用量,增施磷钾肥,促使马铃薯健壮生长,提高抗病能力,氮肥施用过量可使马铃

薯茎叶发生徒长，徒长和密度大会造成花期茎叶量过大，田间荫蔽，特别是多雨季节，田间湿度上升，促使病害提早发生，并加快其在田间传播的速度，导致病害流行。合理灌溉，结薯后增加培土成高垄，减少薯块受侵染的可能性。高垄栽培、加厚培土，促进田间通风透光、降低小气候湿度，创造不利于病害发生的环境条件，抑制病害发生，防止病菌孢子囊落入土壤后侵染薯块。地上茎叶发病枯死后，要及时将秧子割去，暴晒2~3 d收获。对于病叶病株应及时清除并烧毁或深埋。

⑥药剂防治。做好病情预测预报工作，一般选择低洼潮湿、生长旺盛、成熟较早的感病品种田，从植株开始现蕾时进行调查，田间发现发病中心病株后，应立刻进行封锁和消灭，这是大田防治的关键。对于发现的中心病株要尽快割去发病马铃薯秧，装入塑料袋后轻轻地拿出田间进行深埋，并要对中心发病株或病穴用石灰消毒。同时，对发病田块进行喷药，尤其是中心病株附近，进行全面防治。可选用40%乙膦铝可湿性粉剂300倍液、70%代森锰锌可湿性粉剂600倍液、47%加瑞农可湿性粉剂800倍液、72%克露可湿性粉剂600倍液、64%杀毒矾可湿性粉剂500倍液、72.2%普力克水剂800倍液、85%瑞毒霉可湿性粉剂800倍液、69%安克锰锌可湿性粉剂800倍液、53%金雷多米尔可湿性粉剂800倍液、58%瑞毒霉锰锌500倍液、80%大生可湿性粉剂400倍液，为了达到更好效果可几种药交替施用，每隔7d喷施1次，连续防治2~3次，就可控制晚疫病的危害。

6.3.3　环腐病

环腐病又称轮腐病，俗称转圈烂、黄眼圆，是一种常见的马铃薯毁灭性细菌性维管束病害，发病后切开可见维管束变为乳黄色至黑褐色，皮层内现环形或弧形坏死部，故称环腐病。该病在全国各地均有发现，北方一季作区发生较严重，二季作区发生较轻，发病严重的地块可减产30%~60%。春秋生产季节发病容易造成死棵烂薯，收获后贮藏期间若有病薯存在,常造成大量烂薯。

6.3.3.1 症状

病菌主要在植株和块茎的维管束中发展，带病薯块播种后不出芽或出芽后枯死或形成病株,感病程度轻的比健康种薯晚出苗 4~5 d,开花期前后病症开始明显,病株一般生长缓慢,植株稍矮,陆续表现为萎蔫,不结薯或结少量小薯。植株地上部分症状因品种不同而表现有枯斑和萎蔫两种类型。枯斑型病株一般在植株基部复叶的顶叶上先发病,初期叶尖和叶缘呈褐色,叶脉仍为绿色,叶肉为黄绿至灰绿色,具明显斑驳。后期病斑扩展,叶尖叶缘逐渐干枯,叶片向内纵卷,枯斑叶先从植株下部叶片开始,而后逐渐向上发展至全株,重病株生长矮小,最后全株枯死;有些叶片先由尖端变褐后全部变褐，病株叶片向上卷曲变枯，仅留顶部几片灰绿色小叶。萎蔫型病株多数从现蕾期开始发生,开花期发生较多,发病初期从植株顶端的复叶开始萎蔫,叶缘稍内卷,似缺水状,逐步向下扩展,开花期前后病症明显,后期常出现个别枝条萎蔫或全萎蔫,下部叶从叶缘变黄并向上卷曲,叶片变得松弛,主脉之间出现淡黄色,顶部叶片变小,叶片组织部分褪色,由浅绿色变成黄绿色,叶缘出现褐色斑点,全株叶片开始褪绿,但叶片不脱落,剖开茎基部,维管束变为淡黄色至黄褐色,最后植株整体倒伏枯死。该病在田间表现不是一穴中所有主茎都有上述症状,有时仅有一个或两个主茎发病,也有地上部不显病症的。块茎发病是病菌沿维管束通过匍匐茎进入维管束环,横切开块茎,严重时可见块茎维管束软化,大部分腐烂并变成红色、黄色、黑色或红棕色,皮层内出现环形或弧形坏死部分,重病薯块病部变黑褐色,生成环状空洞,一旦挤压后维管束部分与薯肉分离,组织崩溃呈颗粒状,常溢出乳黄色或乳白色无味的细菌性脓液。环腐病常出现部分枝叶萎蔫，下部叶从叶缘变黄并向内卷曲，枝叶枯死慢,芽眼并不首先受害,这也是与青枯病的不同之处。

6.3.3.2 病原

病原为密执安棒形杆菌环腐亚种。

6.3.3.3　发病条件

环腐病菌主要靠种薯传播，在土壤中存活时间较短，主要存活在土壤中残留的病薯或病残体内，但可能被携带在工具、机械、包装箱或包装袋上，通常能够越冬，带病的种薯是翌年初侵染的主要病源。收获期是此病的重要传播时期，带病薯块和健康薯块在一起堆积时，很容易通过伤口接触传播，在收获、运输和入库过程中有很多传染机会，尤其是切块播种，病薯可通过切刀把病菌传给健康块茎。一般来说，温暖干燥的天气有利于病害发展，阴雨连绵、排水不良及地下害虫危害重的地块发病严重。贮藏期温度对病害也有影响，在温度20℃上下贮藏比低温1~3℃贮藏的发病率高得多。播种早发病重，收获早则病薯率低，病害的轻重还取决于生育期的长短，夏播和二季作一般发病轻。

6.3.3.4　防治措施

①建立无病种薯田。严禁从病区调运引进种薯，尽可能利用脱毒苗生产无病种薯和小型种薯，种薯田所选地块应2年以上未种植过马铃薯，收获时将种薯单独收、单独贮藏。为避免种薯传病应使用新的包装袋包装，最好能用整薯播种，尽量不用切块播种，防止切刀传播此病害。播种前把种薯先放在室内摊放5~6 d，进行晾种，不断淘汰病薯，在出库、催芽、切块过程中发现病薯要及时清除，减少种薯带病，力求播种无病种薯。在马铃薯生长期间，土壤、昆虫、流水及接触传染的概率很小。因此，选用无病种薯、小整薯播种可有效控制马铃薯环腐病的发生。

②防止通过切刀传染。切薯块时病菌容易通过切刀带菌传染，应进行严格的无菌或少菌操作，对于箱子、筐子、设备、工具等进行消毒，特别是切块的切刀必须严格消毒。种薯应是无病健薯，切块前准备3~4把刀，每切1个块茎换1把刀或消毒1次，消毒可采用火焰烤刀、开水煮刀，或将切刀放入0.1%高锰酸钾溶液、75%酒精、0.2%升汞水浸泡消毒。切块时应首先指定专人在种薯的尾部(脐部)削切把关，发现尾部维管束变色时立即淘汰种薯，并对切刀消毒，经过削切脐部把关，把无病的健康种薯放在

一起，由其他人再进行切块，从而防止环腐病借切刀传播和其他人频繁对于切刀进行消毒的次数，尽可能杜绝种薯带病。

③选用抗病或者耐病品种。严禁从病区调种，防止病害扩大蔓延，克新1号、克疫、乌盟601、高原4号、东农303、高原3号、长薯4号、长薯5号等品种对环腐病都有较好抗性。

④田间拔除病株，淘汰病薯。在盛花期，深入田间调查，结合中耕培土，发现病株及时连同薯块挖除干净，带出田外集中处理，对降低发病率有一定效果。种薯入库时，挑出病薯块，可避免腐烂。在播种之前，对于田间前茬留下的残余薯块进行清理。

⑤药剂拌种。采用农用链霉素拌种，一般100 kg种薯用7 g硫酸链霉素加2.5 kg滑石粉混匀拌种即可。采用硫酸铜拌种，将种薯放置于50 mg/kg硫酸铜溶液浸泡10 min。采用甲基托布津拌种，将种薯放置于50%甲基托布津可湿性粉剂500倍液浸泡2 h，然后晾干播种。也可用种薯重量0.1%的敌克松加适量干细土混匀后拌种，随拌随播。

6.3.4 青枯病

青枯病是一种世界性病害，在马铃薯幼苗期、成株期均能发生，尤其在温暖潮湿、雨量充沛的热带、亚热带和部分温带地区流行。植株感病后从下向上发展，白天叶片萎蔫，晚上恢复正常，从植株患病到全株萎蔫2~3 d，但叶片仍保持绿色，因此称为青枯病。在长城以南大部分地区都可发生青枯病，黄河以南、长江流域诸省(区)青枯病较重，发病重的地块产量损失能够达到80%左右，已经成为一种毁灭性病害。青枯病最难控制，既无免疫抗原，又可经土壤传病，需要采取综合防治措施才能收效。

6.3.4.1 症状

在马铃薯整个生育期均可发生。植株发病时出现一个主茎或一个分枝急性萎蔫青枯，其他茎叶仍然正常生长，病株在短期内仍保持浅绿色或苍绿色，叶片先萎蔫后下垂，叶片不凋落，叶脉褐变，茎出现褐色条纹，横剖茎可见维管束变褐，湿度大时切面有细菌液溢出，开始早晚恢复，持续4~5 d 全株茎叶出现上述症状以致植株逐步萎蔫死亡。发病植株茎秆基部维管束变黄褐色，病菌沿维管束侵入各个茎内，先侵入的先凋萎，后侵入的后凋萎。若将一段病茎的一端直立浸于盛有清水的玻璃杯中，静止数分钟后，可见到在水中的茎端有乳白色菌脓流出，此方法可对青枯病进行确定。植株发病的同时，病菌从匍匐茎侵入块茎，所以脐部组织最先出现黄褐色或暗褐色症状，俗称“黑眼圈”，切开的块茎还可看到从脐部到维管束环的病害发展与组织变色症状，刚侵入时组织变色较浅，很容易被忽视。发病后期块茎患处用手指挤压，可出现乳状病液，但薯肉和皮层并不分离，严重时外皮龟裂，髓部溃烂。块茎染病，芽眼先发病，芽眼会出现灰褐色，不能发芽，患病重的脐部呈灰褐色水渍状，切开薯块可以见到维管束圈变褐色，而后整个块茎腐烂。青枯病使马铃薯植株全株萎蔫，而环腐病通常是某些茎枯萎。从块茎腐烂症状来看，环腐病必须用手挤压方可从维管束中溢出乳白色菌脓，但薯肉和皮层并不分离，而青枯病无须挤压即可自动溢出菌脓，并且青枯病薯块会从芽眼溢出菌脓，而环腐病不会。

6.3.4.2　病原

青枯病是一种典型的细菌性维管束病害，病原为青枯假单胞菌。

6.3.4.3　发病条件

青枯病主要通过带病块茎、寄生植物、土壤或侵入薯块越冬，通过雨水、灌溉水、病苗、昆虫、人畜、生产工具等传播，种薯带菌率高低、土壤中残留菌液多少对青枯病的发病轻重具有直接的影响。种植的病薯与健康植株在生长过程中根系互相接触，也能传病；中耕除草、浇水过程中土壤中的病菌可通过流水、污染的农具以及鞋上黏附的带病菌土传病；杂草带病也可传染马铃薯等。但种薯传病是最主要的，特别是潜伏状态的病薯，在低温条件下不表现任何症状，在温度适宜时才出现症状。高温高湿、连作田、低洼地发病重。温暖潮湿、雨水充沛的环境下发病严重，尤其是田间土壤含水量高、连阴雨或大雨后转晴,气温急剧升高时发病重。

6.3.4.4 防治措施

①选用抗病品种。目前对青枯病尚无免疫抗原材料,选育的抗病品种只是相对病害较轻,比易感病品种损失小,所以仍有利用价值。目前较抗青枯病的品种有抗青91、阿奎拉、怀薯6号、鄂芋783-1、克新4号、东引1号、大西洋、新芋4号等。

②利用无病种薯。在南方疫区所有的品种都或多或少感病,若不用无病种薯更替,病害会逐年加重,后患无穷。所以应在高纬度或者山区无病害地区,建立种薯繁育基地,利用脱毒的试管苗生产种薯,培育健康无病种薯,从无病良种繁育基地调种,对种薯进行严格挑选后供应生产用种,疫区当地不留种。在种薯贮藏期间要定期检查,对挑选出的病薯及时销毁。利用脱毒薯更换已感染的品种,大量繁殖无病种薯,迅速扩大无病种薯种植面积,几年后即可达防治目的。此方法虽然人力物力花费大,却是一项最有效的措施。

③实行整薯播种,避免切刀传病,减少种薯间病菌传播。除淘汰病薯外,一般采用小整薯播种,整薯播种要求薯块不宜太大,以30~50 g为宜。若种薯较大,必须切块,切刀要进行彻底消毒,避免病菌随切刀传播。

④加强植物检疫。严禁到青枯病发生地区调种和引种,防止病害扩大蔓延。

⑤重视种植过程,加强田间管理。生产中建议采用商品有机肥,如采用自行沤制等工艺制作有机肥,施用的有机肥必须经过腐熟处理,尽可能不选用病薯秧和病土沤制的有机肥。如堆制原料中含有带病的茎叶和烂薯,则必须进行高温堆腐处理,从而彻底杀死病原菌,防止土壤被病菌污染传病。通过施用有机肥或草木灰来改变土壤微生物群落,调节土壤pH,实行与十字花科或禾本科作物3年以上轮作,避免与姜、茄科类作物、花生、大豆等连作,最好能与禾本科作物采取水旱轮作等方式对该病均有较好的防治效果。栽培时应用高畦栽培方式,避免大水漫灌,雨后注意排水,

防止水源污染。中后期尽量少中耕，以免伤根，减少根系传病机会。适当提前收获，尽可能选择高温季节来临之前就能成熟的品种，抢晴天及时收获，收获后彻底清洁田园，不要让成熟的薯块留在地下时间过长，以免增加感染的机会。

⑥土壤消毒。对于零星发病的田块，可采用土壤熏蒸剂进行消毒处理，以避免病原扩散。一般在生长期对发病植株的生长位置进行标记，等收获后以病株为中心向外辐射 50 cm 左右，按照一定距离间隔打孔 20~30 个，孔深 20 cm，每孔灌氯化苦 5 mL 左右，灌后立即盖土、踏实，防止药液挥发。下茬作物种植前 15 d 翻地，便于药液完全挥发散尽。

⑦药剂防治。发现田间病株及时拔除销毁，病株穴用生石灰消毒。发病初期可用 72%农用链霉素可溶性粉剂 4 000 倍液、72%硫酸链霉素可溶性粉剂 4 000 倍液、50%氯溴异氰尿酸可溶性粉剂 1 200 倍液、25%络氨铜水剂 500 倍液、50%琥胶肥酸铜可湿性粉剂 400 倍液、77%氢氧化铜可湿性微粒粉剂 400 倍液等进行灌根，每株灌药液 0.3~0.5 kg，每 7~10 d 灌药 1 次，连续灌 2~3 次，具有一定效果。

6.3.5　疮痂病

马铃薯疮痂病是一种世界性病害，分布范围广，除了土壤极酸地区外，各产地几乎都有发生。在我国北方碱性土壤地区的秋季该病对马铃薯为害比较严重，特别是在连作、偏碱地和温室的马铃薯生产中为害较为严重。除为害马铃薯外，还为害甜菜、萝卜等作物。不抗病的品种秋播时几乎每个块茎都感染疮痂病，疮痂病一般仅为害马铃薯块茎表皮部，而不深入薯肉，有的块茎表皮全部被病菌侵染，特别是刚收获的块茎较明显，虽然该病害对马铃薯产量的影响不大，但马铃薯外貌和食用品质受到严重影响，使商品价值降低，不耐贮藏，严重影响马铃薯的种植效益。

6.3.5.1　症状

疮痂病主要为害块茎，有时也侵染地上茎，病菌从薯块皮孔及伤口侵入，开始在块茎表皮发生褐色斑点，以后逐渐扩大或合并成褐色病斑，破坏表皮组织，形成不规则硬质木栓层疮痂病斑，因产生大量木栓化细胞而导致表面粗糙，病斑中部下凹，边缘木栓化向上凸起，呈褐色疮痂状，病斑仅限于皮部不深入薯内，常有几个疮痂彼此相连，造成很深裂口，影响外观。病菌主要从皮孔侵入，表皮组织被破坏后，易被软腐病菌入侵，造成块茎腐烂，经济损失严重。

6.3.5.2 病原

马铃薯疮痂病是一种细菌性病害，病原为疮痂链霉菌，属放线菌。

6.3.5.3 发病条件

在块茎形成和发育期间，病菌孢子可通过气流、雨水或昆虫传播，病原菌可通过皮孔、气孔和伤口侵入块茎，一般在块茎发育的早期表皮木栓化之前易感病，当块茎表皮木栓化后则病菌难以侵入。在块茎膨大期间，如果连续阴雨，土壤湿度大，疮痂病引发其他病菌的侵染而导致块茎腐烂。碱性土壤有利于病原菌增殖为害，放线菌在含石灰质土壤中特别多，酸性土壤发病较轻，低温、高湿和酸性土壤对病菌有抑制作用。品种退化，未成熟的块茎以及秋季播种早、土壤碱性、施未腐熟的有机肥料、结薯初期土壤干旱、高温多湿、肥力不足的情况下较易感病，特别是在高温干旱条件下在碱性土壤中种植不抗疮痂病的品种，如连年干旱、马铃薯连作、偏碱性土壤及栽培管理不当的情况下往往发病更为严重。

6.3.5.4 防治措施

①选用抗疮痂病的品种，并从田间严格挑选种薯。如布尔班克、希森5号、冀张薯14号、中薯4号、中薯13号、冀张薯15号、超荷、希森6号、早大白等。

②块茎生长期间，保持土壤湿度，防止干旱。特别是秋马铃薯薯块膨大期保持土壤湿润，遇干旱应及时浇水，避免田间忽干忽湿、长期干旱或积水。秋季适当晚播，使马铃薯结薯初期避过高温。秋季马铃薯块茎膨大初期，小水勤浇，保持土壤湿润，降低地温。

③由于疮痂病的发生与土壤较高的 pH 有关，因此在疮痂病发病较频繁的地区，应避免或减少施用碱性肥料，尽可能施用充分腐熟的有机肥料、绿肥和酸性肥料，提高土壤酸度。对于曾发生疫情的种植地块，应在秋季用 1.5~2.0 kg 硫黄粉撒施后翻地进行土壤消毒，播种开沟时每亩再用 1.5 kg 硫黄粉沟施消毒。

④实行轮作倒茬，避免重茬。不在易感疮痂病的甜菜等块根作物地块以及碱性地块上种植马铃薯。特别是在发病严重的地区，实行马铃薯与其他谷类作物以及葫芦科、豆科、百合科蔬菜 4 年以上轮作。

⑤药剂防治。可用 0.2%的福尔马林（甲醛）溶液在播种前浸种 2 h，或用 0.1%的对苯二酚溶液在播种前浸种 30 min，再用塑料膜盖严闷 2 h，晾干后播种。为保证药效，在浸种前需将块茎上的泥土去掉。田间发生病害时，可选用农用链霉素、代森铵、加瑞农等药剂喷淋，每隔 7~10 d 喷施 1 次，连续喷 2~3 次。

6.3.6　粉痂病

马铃薯粉痂病 19 世纪 40 年代首次在德国的一个学术会议上报道，随后，除非洲外，各国相继报道了马铃薯粉痂病的发生。随着马铃薯产业的迅猛发展，马铃薯粉痂病的影响亦呈上升的趋势，特别是大量带菌种薯的进口，导致该病害在我国很多马铃薯产区的发生加重，内蒙古、广东、贵州、甘肃、江西、浙江、云南等地均有报道，该病害已成为限制当地马铃薯生产的因子之一。马铃薯发生粉痂病后直接影响马铃薯的产量和质量，特别是进入超市的鲜食型马铃薯。马铃薯粉痂病能使马铃薯产量减少 10%~20%，重者可达到 50%，严重影响商品薯的生产。近年来，随着马铃薯产业的发展，马铃薯粉痂病发生日益严重，粉痂病的防治显得尤为重要。

6.3.6.1　症状

该病主要为害块茎及根部，有时茎也可染病。块茎染病初在表皮上出现针头大的褐色小斑，外围有半透明的晕环，而后形成浅褐色水泡状突起，用手指下压时，发硬而不易破裂，成为直径 3~5 mm 不等的疱斑，其表皮尚未破裂，疱斑内充满病菌孢子团，呈褐色粉状物，为粉痂的“封闭疱”阶段。后随病情的发展，疱斑连接成片，疱斑表皮破裂、皮卷，形成大片不规则的伤口，皮下组织出现橘红色，散出大量深褐色粉状物（孢子囊球），疱斑中部凹陷，形成疮疤，外围有晕环，为粉痂的“开放疱”阶段。如果侵染较严重，在土壤潮湿的条件下，可以发生深入薯内的不规则溃疡，甚至造成薯块畸形。根部染病，于根的一侧长出豆粒大小单生或聚生的瘤状物，严重的根部侵染，会引起弱小植物的枯萎和死亡。患粉痂病的植株生长势差，产量急剧下降。受害块茎后期和疮痂病相似，块茎外形受到严重影响，商品价值降低，而且患病块茎在贮藏期间可以形成干腐、更多的瘤或溃疡。

6.3.6.2 病原

马铃薯粉痂病是由马铃薯粉痂菌引起的一种真菌病害，属鞭毛菌亚门，根肿菌纲，粉痂菌属，是一种典型的土传病害。

6.3.6.3 发病条件

病菌以休眠孢子囊球在种薯内或随病残物遗落土壤中越冬，病薯和病土成为翌年的初侵染源，翌年休眠孢子萌发后产生游动孢子，侵染根、匍匐茎或根毛的表皮细胞，也可从皮孔或表皮侵入幼小块茎。感病的块茎和带菌的土壤、农具、厩肥等均可传病，病害的远距离传播靠种薯的调运，田间近距离的传播则靠病土、病肥、灌溉水等。土壤湿度 90%左右，土温 18~20℃适于病菌的发育，因而发病也重。一般雨量多、夏季较凉爽的年份易发病。特别是在马铃薯结薯期间阴雨连绵，土壤湿度大，较易发病。本病发生的轻重主要取决于初侵染及初侵染病原菌的数量。另外，马铃薯品种间抗病性差异较大，对马铃薯粉痂病的发生与流行也起着重要作用。

6.3.6.4 防治措施

①严格执行检疫制度，对病区种薯严加封锁，禁止从疫区调种。马铃

薯粉痂病是检疫病害，不病则已，一病难治。

②选用无病种薯，把好收获、贮藏、播种关，淘汰病薯，必要时可用50%烯酰吗啉可湿性粉剂、70%代森锌可湿性粉剂、40%福尔马林浸种5 min，或用40%福尔马林将种薯浸湿，再用塑料布盖严闷2 h，晾干播种。也可在播种穴中施用适量的豆饼，对粉痂病有较好的防治效果。

③根据土壤和气候条件，实行轮作，发生粉痂病的地块实行5年以上轮作，随后才能继续种植马铃薯。

④加强肥水管理，增施基肥或磷钾肥，多施石灰或草木灰，改变土壤pH。加强田间管理，采用高畦栽培，避免大水漫灌，防止病菌传播蔓延。

⑤药剂防治。发生粉痂病后很难进行防治，田间可喷施霜霉威、烯酰吗啉、百菌清等药剂，在施用3~4次有一定的效果。

6.3.7　软腐病

软腐病又称腐烂病，是一种细菌性病害，主要发生在贮藏期或收获后的运输过程中，在各个栽培区均有发生，不仅为害马铃薯块茎，而且还为害茎叶。在收获期间遇到阴雨潮湿天气或粗放操作，存放时不注意通风透气、散湿散热，可引起大量腐烂，造成严重损失。

6.3.7.1　症状

马铃薯软腐病主要发生在块茎上，其次是叶片和茎，通过皮孔、伤口侵染植株。叶片感病，靠近地面的老叶先发病，初期呈现暗绿色或暗褐色不规则病斑，湿度大时，很快腐烂。茎部发病多始于伤口，感病后初期呈现褐色条斑，随之向茎秆蔓延，后茎内髓部组织腐烂，形成中空而倒伏，感病块茎表皮呈淡褐色，随之软腐，具有恶臭味。病茎上部枝叶萎蔫下垂，叶片变黄，植株倒伏腐烂。块茎发病多从皮层伤口或脐部开始，病菌侵入后，初期在块茎上形成不规则水浸状小斑点，呈水渍状暗褐色凹陷，在温暖潮湿条件下病斑很快扩大，并向内部扩展，整个块茎很快呈多水的软腐状腐烂，心髓组织呈灰色或浅黄色腐烂，并有黏液流出，黏液带有很多病菌，组织内的菌丝体开始为白色，病薯表面逐步形成浓密、浅灰色的絮状菌丝体，后期变为暗褐色或灰黑色，间杂很多黑色小球状物。病、健组织界限明显，通常病区边缘呈褐色或黑色。腐烂块茎在早期通常无气味，后期由于二次侵染产生黏液或黏稠物质，具恶臭味。如接触健薯，容易感病。在干燥条件下，有时传染受到抑制，腐烂薯块干缩后，呈灰白色粉渣状，形成黑色坚硬的凹陷区。土壤湿度过大，温度过高，田间枝叶繁茂通风不良，收获过晚，易造成田间发生软腐病。收获运输时的机械损伤，薯块入库后堆积过厚，贮藏室温度高、湿度大、通风不良等，均易发病，造成大量烂薯。

6.3.7.2 病原

软腐病菌有 3 种，分别为胡萝卜软腐欧文菌胡萝卜致病变种，胡萝卜软腐欧文菌马铃薯黑胫病亚种、菊欧氏菌。

6.3.7.3 发病条件

带菌种薯是最主要的初侵染来源，病菌也可在病残体上或土壤中越冬，经伤口侵入，借雨水传播蔓延。温暖高湿和缺氧易于导致块茎腐烂，长期大水漫灌、淹水、积水，更易发病。贮藏室空气相对湿度达到 90%以上，特别是块茎表面形成水膜时，较易于导致软腐病的发生。在收获和运输过程中，块茎很容易受病菌侵染。在入库 1 个月内，如果库内温度高、湿度大，块茎表面的病菌迅速增殖，并从伤口和皮孔侵入内部组织而引起腐烂。收获前土壤湿度大、透气性差，造成块茎气孔凸出，易给病菌侵染创造条件。此外，带病菌肥、灌溉等也是重要侵染源。病原在病残体上或土壤中越冬，经伤口或自然裂缝侵入，借雨水飞溅或昆虫传播蔓延。病原细菌潜伏在薯块的皮孔内及表皮上，块茎未成熟、受伤、太阳照射及其他真菌侵害，温暖、高湿和缺氧、施用氮肥过多均易造成软腐病的侵染。在土壤、病残体及其他寄主上越冬的软腐细菌在种薯发芽及植株生长过程中可经伤口、幼根等处侵入薯块或植株。

6.3.7.4 防治措施

①加强田间管理。注意田间通风透光，降低田间湿度，增施钙肥和磷

肥。浇水应小水勤浇，避免大水漫灌，雨后及时排除田间积水。

②选用抗病品种。种植无病种薯，播种前进行选种晒种，清除有病块茎。无病小薯整播是最好的防治方法，如需切块，在切前和切后都将种薯在 12~15℃的通风环境中放置数天，然后播种。种植过程中及时消除病源，发现病株后及时拔除，并用石灰进行土壤消毒，减少田间初侵染和再侵染病源。

③适时收获贮藏。适当提前收获，避免受高温及雨季影响。收获前 7~10 d 停止浇水，保证土壤干燥。收获前加强中耕培土，注意田间排水，降低皮孔的侵染。收获时避免造成机械伤口，晾干薯皮后再运回，入库前剔除伤病薯，贮藏期用 0.05%硫酸铜液剂或 0.2%漂白粉液洗涤或浸泡薯块可以杀灭潜伏在皮孔及表皮的病菌，不宜用水冲洗块茎，贮藏中早期温度控制在 13~15℃，应注意贮藏场所干燥通风，避免块茎表面潮湿和库内缺氧。

④秋季催芽控制湿度。秋季种薯催芽，沙床湿度切勿过大，以湿润稍偏干为宜，即不超过沙的最大持水量的 60%为宜。

⑤轮作倒茬。软腐病菌在土壤中能存活 40 个月，在软腐病严重的地块实行 4 年以上的轮作倒茬。

⑥药剂防治。发病初期喷洒 50%琥胶肥酸铜可湿性粉剂 500 倍液，或 12%绿乳铜乳油 500 倍水溶液，或 14%络氨铜水剂 300 倍水溶液。

6.3.8　癌肿病

马铃薯癌肿病是西南山区 20 世纪 70 年代末发现的一种真菌性病害，病菌对生态条件的要求比较严格，在低温多湿、气候冷凉、昼夜温差大、土壤湿度高、温度在 12~24℃的条件下有利于病菌侵染，主要发生在高海拔冷凉多雨地区，在国内主要发生于四川省、云南省和贵州省，而且疫区一般为海拔 2 000 m 左右的冷凉山区。自 20 世纪 70 年代末传入中国后目前已在中国的 14 个省(区、市)有发生，病菌一旦传入便很难根除。

马铃薯癌肿病发生地区，发病率高，对马铃薯的产量、品质影响很大，发病后蔓延速度快，不抗病的品种感染癌肿病，可造成毁灭性的损失，发病轻的减产30%左右，发病重的减产90%，甚至绝收。此病不仅在田间影响产量，而且在晚收地块和贮藏期间也会引起腐烂，感病薯块品质变劣，不能食用，完全失去利用价值。

6.3.8.1 症状

癌肿病的症状主要表现在地下部分，通常为害块茎和匍匐茎，病重时，也可发展到地下茎和茎上的幼芽、匍匐茎，表现超强的生长活力，感病部位细胞迅速增殖，长出肿大畸形，导致癌肿的形成。患病的块茎和匍匐茎由于病菌刺激寄主细胞不断分裂，组织发生畸变，常形成大小不同甚至包围整个茎基部的癌瘤，形似花椰菜，薯块表面常龟裂，癌肿组织初期为白色，露出土表部分变绿色，后期变为黑褐色，组织松软易腐烂并产生恶臭。发展到地上茎的肿瘤，在光照下初期为绿色，后期呈暗棕色。薯块若在早期受侵染，则整个幼薯变成畸形，形成癌瘤。较大薯块多从芽眼外表皮开始侵染，发展成增生组织，逐渐扩大到整个块茎，最后类似肉质的瘤状物分散成烂泥状，黏液有恶臭味，可严重污染土壤。地上部，田间病株外观初期与健株无明显区别，后期病株较健株高，叶色浓绿、分枝多、结浆果多。高感品种的花、茎、叶均可受害形成癌肿病变或畸形。病薯在贮藏期仍能继续传染为害，病薯变黑，发出恶臭味，经长时间煮沸不易变软，难以食用。

6.3.8.2 病原

癌肿病是一种真菌性病害，为内生集壶菌，属鞭毛菌亚门真菌，壶菌纲，壶菌目，集壶菌科，集壶菌属。

6.3.8.3 发病条件

病原菌以休眠孢子囊在病组织内或随病残体在土壤中越冬，病害发生、流行与环境条件和品种关系十分密切，除马铃薯块茎可以带病传播外，农具和人、畜带的有菌土壤，都可能传播，一旦种植的马铃薯在田间发病，病菌孢子很难从土壤中消灭。休眠孢子在马铃薯的生长期间形成孢子囊梗，释放出许多游动孢子侵染块茎表皮，刺激表皮韧皮部细胞变大并进行不正常分裂，形成癌肿组织。低温高湿有利于病害发生。在干燥条件下，游动孢子囊处于休眠状态，在土壤中存活期很长。病原传播主要通过被土壤中病菌污染的块茎、农具、容器等附着的休眠孢子囊产生的游动孢子。条件适宜时萌发产生游动孢子，从寄主表皮细胞侵入，产生孢子囊并刺激寄主细胞分裂和增生。孢子囊萌发产生游动孢子或合子，进行重复侵染。据报道，癌肿病菌还是马铃薯 X 病毒的传播媒介。

6.3.8.4　防治措施

①选用抗病品种。品种间抗性差异大，种植抗病品种是防治癌肿病的最好办法。抗癌肿病的品种有威芋 3 号、米拉、疫不加、阿奎拉、卡它丁和费乌瑞它等，其中米拉抗性最好，可因地制宜选用。

②严格检疫，划定疫区和保护区。对疫区进行严格封锁，严禁病区马铃薯外运，病田的土壤及其生长的植物也严禁外移，以防病害蔓延。只能从无病区引种，并对引进种薯进行检验，严防带病的马铃薯扩大种植。

③利用脱毒茎尖苗，快繁高度抗病品种，尽快更替不抗病的品种。建立无病种薯繁育基地，经过茎尖脱毒、组织繁殖等方法生产的微型种薯并结合栽培抗病品种进行防治。大田栽种时一般提倡用小整薯播种，如果种薯过大，就要进行切薯播种，但在切薯时必须进行切刀消毒，切薯时间以播种前 1~2 d 为宜。

④加强栽培管理。海拔较低地区与玉米轮作，海拔较高地区与荞麦等轮作，以减轻发病，重病地不宜再种马铃薯，一般病地也应根据实际情况改种非茄科作物。做到勤中耕，施用腐熟有机肥，增施磷钾肥。在进行相关的农事操作前一定要做好自身的清洁工作，防止把病原菌带到健康的田块，新发病轻微的田块，见病株及时挖出并集中销毁，必要时对病地进行土壤消毒。

⑤发病重的地块必要时进行药物防治。种植前选用种薯量 0.3%~0.5%含量为 15%的三唑酮可湿性粉剂进行种薯处理，或用 15%三唑酮可

湿性粉剂 6.0~7.5 kg/hm² 进行灌根和制成毒土拌种可以取得较好的防效。坡度不大、水源方便的田块于 70%植株出苗至齐苗期，用 20%三唑酮乳油 1 500 倍液浇灌；在水源不方便的田块可于苗期、蕾期喷施 20%三唑酮乳油 2 000 倍液、69%锰锌·烯酰可湿性粉剂 1 000 倍液、72%霜脲·锰锌可湿性粉剂 600 倍液进行喷雾，能够起到一定的防治效果。

6.3.9 干腐病

马铃薯干腐病作为在田间和贮藏中发生的一种严重的腐烂病害，发生比较普遍，既能在马铃薯生长过程中发病直接造成大幅减产，严重影响种薯的质量及商品薯的商品性，也可以通过收获后块茎间感染造成损失。干腐病是造成马铃薯收获后及贮藏期间严重经济损失的最重要真菌病害，其常年发病率为 10%~30%，最高可达 60%，不仅危害马铃薯种薯特性，还会影响马铃薯出苗及随后的生长发育，降低马铃薯商品薯的品质，在马铃薯贮藏过程中，干腐病造成的损失可达总产量的 20%~30%，其中由镰刀菌引起的干腐病损失占到 80%以上，干腐病严重影响了马铃薯的加工和食用价值，给广大的加工企业及农户造成了巨大的经济损失，严重制约了马铃薯的产业化发展。

6.3.9.1 症状

马铃薯干腐病主要在贮藏期间为害，也可在播种块茎时侵染，病斑多发生于薯块脐部。最初症状会在收获后几周内显现出来，也有些干腐病症状出现的相对要晚些，发病初期仅局部出现褐色凹陷病斑，薯皮变暗，扩大形成较多轮纹状褶皱，其上有时长出灰白色的绒状颗粒，即病菌子实体。随后病部薯肉坏死变褐，并向四周扩展，较老的死亡组织由于菌种的不同而有不同颜色的菌丝体，呈现粉、红、蓝、褐等各种颜色，空腔内长满菌丝。最后薯肉变为灰褐色或深褐色，僵缩、干腐、变轻、变硬，湿度大时发病处变红呈糊状，剖开病薯可见空心，空腔内长满菌丝，薯肉则变为深褐色或灰褐色，终致整个块茎僵缩或干腐状，无法食用，这也是干腐名称的来由。如果干腐病大面积发生,则收获的块茎不能用作种薯或贮藏食用,用作种薯当苗期发病时,种苗生长势较弱,较严重时则会在田间萌发时发生腐烂,造成缺苗断垄,部分出土薯苗也会在苗期萎蔫枯死。病薯块在田间后期和贮藏期间易于受继发腐生物的侵染,刚收获的块茎抗侵染能力较强,随着贮藏期的延长抗病性下降。在贮藏期间,感病块茎又成为新的侵染源,其分泌物接触到相邻健康的种薯会导致大量烂薯出现。一般来说,早熟品种最易发病,中熟品种次之,晚熟品种抗性较强。薯皮薄、成熟度差的块茎易感病,皮层老化、成熟度好的抗性强。

6.3.9.2 病原

引起马铃薯干腐病的病原有茄病镰孢、茄病镰孢蓝色变种、串珠镰孢、串珠镰孢中间变种、串珠镰孢浙江变种和尖孢镰孢等多种半知菌亚门真菌。我国多数地区以茄病镰孢和串珠镰孢为致病力强的优势病原种群。

6.3.9.3 发病条件

茄病镰孢等马铃薯干腐病菌以菌丝体或孢子在病残组织或土壤中越冬,通常在土壤中可存活几年,在种薯表面繁殖存活的病菌可成为主要的侵染来源,通过空气、水流、机械设备从块茎皮孔、芽眼等自然孔口和运输过程或其他病害造成的伤口侵染薯块,被侵染的薯块发病腐烂,污染土壤,以分生孢子作为初侵与再侵接种体,进而再次附着在收获的块茎表面。如果在15~20℃的适宜温度,加上高的相对湿度,会使病害迅速发展,低于2℃时不发生侵染。播种时土壤过湿易于发病,而且生长在沙土和泥炭土的马铃薯易发该病,生长在腐殖质含量低的土壤比生长在有机质含量高的土壤中更易感病。早熟品种比晚熟品种易发病,在感病品种中,因品种不同,对病害的易感程度也有明显差别。收获期间造成的伤口会成为日后病原菌的侵染入口,伤口多、贮藏或贮运时通风条件差,也易发病。温度在18~22℃,并且相对湿度较高、通风状况良好的条件下,收获后的马铃薯伤口愈合时间需要3~4 d;温度在低于15℃或高于24℃时,或者相对湿度较低的条件下，伤口的愈合速度将会变慢，容易导致病菌侵入。通常块茎在收获时表现耐病，贮藏期间感病性提高。但在贮藏初期发病少，贮藏1个月后，块茎陆续发病，且在块茎休眠后，体内可溶性糖增多时蔓延速度加快。块茎贮存的时间越长，受感染的机会越大，切割块茎造成大量伤口而导致感染病菌的机会大大增加。该病在田间可染病，外观症状有时并不显现，贮藏期或贮运销售过程中通过接触传染陆续显现症状。特别是在贮藏期间，受污染的场所或工具会使传染机会增加，干腐病菌会借助于其他病害诸如粉痂病、晚疫病造成的斑点或线虫、其他害虫等造成的伤口侵入块茎。

6.3.9.4　防治措施

①因地制宜地挑选健康的抗病种薯整薯做种，种薯切块时用高锰酸钾溶液消毒切种刀，避免加大病原菌的侵染率，导致病害发生。在土壤湿度大、气温较低时，应适当延迟播种，增施磷、钾肥培育壮苗。播前用0.05 g/L的水杨酸、58%甲霜灵·锰锌400倍、50%多菌灵300倍液处理种薯，可起到较好的预防作用。

②生长期要做好田间的水肥管理工作，适量灌水，尤其是在雨后需及时清沟排水降湿，且防止露水凝结于叶面，使田间湿度保持在较低水平；合理施用肥料，不偏施氮肥，增施磷、钾肥，能够明显提高马铃薯自身的抗病力。及时拔除病株，避免病原菌大面积侵染。

③收获前先进行杀秧，促使薯皮老化，保护地下块茎避免病菌侵染，减少贮藏时马铃薯的烂薯率。收获后让薯块在田间摊晒数天，使薯皮变干、伤口愈合，剔除可疑块茎后再往回装运。为避免收获、运输过程中相互碰撞、挤压等对马铃薯造成伤口，减轻贮运过程中发病，应选择表皮韧性较强、皮层相对较厚而且较为干燥时适时收获，且要轻拿轻放，尽量避免或减少人为对种薯造成伤口，保证马铃薯的完整性，既能提高其商品价值，又能减轻病害发生。

④马铃薯入库前，要清除库内杂物，通风数日。将病薯、虫薯、伤薯清

除，严防碰伤破皮，于通风干燥的地方放置 3 d 左右，使其表面水分蒸发，产生木栓层，降低病原菌的侵染率。窖内块茎以小堆分开摆放为宜，高度 1~3 m，避免干腐病菌的大面积侵染。贮藏早期适当提高温度，保持较高的相对湿度条件（90%以上），以促使伤口尽快愈合，降低被侵染的机会，窖内温度维持在 12~15℃最佳，保持良好的通风条件，且贮藏量占窖内容积的 1/2~2/3 为宜，如发现病薯和带有伤口的薯块后及时剔除。随后保持窖内通风，温度控制在 1~4℃，减轻病害的发生。

⑤化学防治。播种时，采用 58%甲霜灵·锰锌可湿性粉剂、2.5%氟咯菌腈悬浮种衣剂和链霉素混合液拌种，可有效防止干腐病的发生。发病初期可选用 58%甲霜灵·锰锌可湿性粉剂 400 倍液，缓解马铃薯块茎干腐病的扩展蔓延。开花期和果实膨大期将奥力克霉止按 300~500 倍液稀释，在发病前或发病初期喷雾，具体喷药次数视病情而定。病情严重时，奥力克霉止按 300 倍液稀释，每 3 d 喷施 1 次。贮藏时，可用壳聚糖、多菌灵、甲霜灵·锰锌等药剂浸泡或用硫黄粉、高锰酸钾与甲醛的混合剂或百菌清等熏蒸方法对贮藏窖进行全面消毒。

6.3.10　黑胫病

黑胫病又称为黑脚病，受害的植株茎基部变黑，是危害马铃薯的一种重要病害。发病特点是发病早、发病快、死亡率高、防治困难，在种植马铃薯的地区均有发生。我国南至四川、北至黑龙江、西至青海等均有发生，其中北方和西北地区较为普遍，近年来，南方和西南栽培区有加重的趋势。据报道，马铃薯黑胫病在马铃薯产区均有不同程度的发生，一般造成田间损失率为 2%~5%，严重时可达 30%~50%，在田间经常造成缺苗断垄及块茎腐烂，贮藏时若窖温偏高则易引起烂薯。

6.3.10.1　症状

黑胫病整个生长发育期均可发生，其特点是病株从幼苗到成株期持续发病。主要侵染为害茎基部和薯块。病重的块茎腐烂呈黏团状，播种后未出苗即烂掉，有的幼苗出土后病害发展到茎部，幼苗很快死亡，所以常造成缺苗断垄。发病轻的薯块能正常发芽出苗，成为田间病株，当幼苗生长到 15~20 cm 时开始出现症状，表现为幼苗和植株比健壮植株矮小，茎秆变硬、节间缩短，分枝少，叶片上卷，叶色褪绿黄化，复叶与茎的角度变小，最终萎蔫或因茎基部变黑腐烂而死亡。由于植株茎基部和地下部受害，影响水分和养分的吸收和传导，造成不能结薯或结薯后停止生长并发生腐烂，且根系不发达，受害的病株很易拔起。田间块茎发病开始于脐部，随后开始逐渐向茎的上部扩展，纵切薯块，病部黑褐色，呈放射状向髓部扩展；黑胫病菌开始是沿维管束进入块茎，横切薯块可见 3 条主要维管束呈黄褐色或黑褐色，用手挤压病部，薯皮和薯肉不分离。湿度大时，薯块呈黑褐色腐烂，散发恶臭味，有别于青枯病。发病轻的薯块，只在脐部呈现很小的黑斑，有时能看到薯块切面维管束呈黑色小点或断线状，地下茎基部变黑易断；发病重的薯块播种后一般多腐烂，不能出苗，出苗后的植株一般在苗期至花期死亡。

6.3.10.2 病原

马铃薯黑胫病主要由黑腐果胶杆菌和胡萝卜软腐果胶杆菌两种病原菌引起。其中在我国主要是胡萝卜软腐果胶杆菌马铃薯黑胫病亚种。

6.3.10.3 发病条件

黑胫病的初侵染来源主要是带菌种薯和田间尚未完全腐烂的病薯块，黑胫病病菌在未完全腐烂的薯块上越冬，土壤一般不带菌，主要通过灌溉水、雨水或昆虫传播，经块茎的皮孔、生长裂缝、机械伤口及地下害虫造成的伤口侵入，引起更多的薯块发病，再经维管束髓部进入植株，引起地上部发病，随着植株生长逐渐侵入根、茎、匍匐茎和新结块茎，并从维管束向四周扩展，侵入附近薄壁组织的细胞间隙，分泌果胶酶溶解细胞壁的中胶层，使细胞离析，组织解体。带病种薯生长出的植株所带的病菌从匍匐茎进入块茎，首先在脐部组织发生腐烂，而后使整个块茎腐烂。发病后大量细菌释放到土壤中，可在根部和某些杂草的周围繁殖，再通过雨水、灌溉水从伤口或皮孔侵染健康植株的幼根、新生的块茎和其他部分。收获后细菌在土壤中的残株或贮藏期带病块茎上越冬，感病薯块收获后成为第二年初侵染源。温湿度是影响病害流行的主要因素，温暖潮湿条件易于导致病菌侵入块茎，土壤湿度大、温度高时，植株大量发病。在土壤湿度小时，发芽生长的植株不会马上发病，而在土壤湿度大时即出现病症。此外，在排水不良的地块里发病重，常致薯块腐烂；田间灌水次数增加，发病程度随之增加；冷湿土壤植株生长缓慢，伤口抗侵染能力降低，易于导致发病；中耕、收获、运输过程中使用的农机具都可能起传病的作用。收获后，贮藏窖内通风不好或湿度大、温度高，有利于病害发展。

6.3.10.4　防治措施

①严格执行检疫，防止病薯传入。选用抗病品种，建立无病留种田，生产无病种薯，采用单株优选，芽栽或整薯播种，避免损伤种薯。种薯播种前进行严格检查，并在催芽时淘汰病薯。切块时，种薯要经过严格挑选，拣除病薯及破伤薯块，对切刀进行严格消毒，等切面愈合后再下种。

②药剂浸种。用0.01%~0.05%的溴硝丙二醇溶液浸种15~20 min，或用0.05%~0.10%春雷霉素溶液浸种30 min，或用0.2%高锰酸钾溶液浸种20~30 min，然后取出晾干播种。

③建立合理轮作，加强栽培管理。选择地势高、排水良好的地块种植，防止土壤积水或湿度大，导致病害发展。播种、耕地和除草等都要避免损伤种薯，注意农具的清洁，必要时用次氯酸钠或福尔马林液消毒处理。适时早播，注意排水，降低土壤湿度，提高地温，促进早出苗。生长期间，发现病株要及时全株拔除，集中销毁，在病穴及周边施用石灰消毒，避免昆虫从侵染源传播病菌。注意农具和容器的清洁，必要时用次氯酸钠或甲醛消毒处理，降雨后及时疏松土壤，培土起垄，防止茎叶上的病菌随雨水渗入土壤侵染新结薯块。

④收获、运输、装卸过程中防止薯皮擦伤。生育后期发现病株时要连同薯块提前收获，不能与健壮植株同时收获，防止薯块之间病害传播，并

要清除干净田间废弃的薯块和植株残体。贮藏前使块茎表皮干燥，贮藏期注意通风，防止薯块表面沾有太多水滴。种薯入窖前要严格挑选，入窖后加强管理，窖温控制在1~4℃，防止窖温过高，湿度过大。

⑤药剂防治。发病初期可用100 mg/kg农用链霉素喷雾，也可选用40%可杀得600~800倍液防治，或用20%喹菌酮可湿性粉剂1 000~1 500倍液喷洒，也可用波尔多液灌根处理。

6.4 马铃薯虫害

中国地域辽阔，生态环境复杂，马铃薯虫害种类多样，分布广泛，主要有蚜虫、二十八星瓢虫、地老虎、蛴螬、蝼蛄、块茎蛾、潜叶蝇等，这些害虫通过不同形式危害马铃薯生产。例如蚜虫，主要分布于辽宁、甘肃、宁夏、云南、广西、福建等地，是传播马铃薯病毒病及卷叶病的主要寄主，这些病会导致种薯严重退化，产量锐减；二十八星瓢虫主要分布于华北、西北、内蒙古、东北等地，成虫、幼虫都能啃食马铃薯叶肉，仅残留半透明状表皮，严重情况下植株干枯死亡，全田焦枯；地老虎主要分布在长江下游沿岸、黄淮地区和西南地区，可以啃咬马铃薯幼苗，导致植株死亡；蛴螬全国各地均有分布，以马铃薯幼苗、块茎为食等。虫害不仅对马铃薯的品质和产量造成直接危害，而且间接造成了马铃薯病害的发展和流行，增加了马铃薯贮藏期的损失率。马铃薯虫害已经成为制约马铃薯增产、增效的重要因素之一，需要采取有效措施对其进行合理防治。

6.4.1 蚜虫

蚜虫在我国分布广泛，是马铃薯苗期和生长期的主要害虫，不仅吸取汁液为害植株，还是重要的病毒传播者。蚜虫是传播马铃薯病毒的主要媒介昆虫，蚜虫传播病毒的为害远远超过蚜虫直接吸食马铃薯植株汁液的为害。传播马铃薯病毒的蚜虫有多种，主要有桃蚜、棉蚜、鼠李蚜、茄无网长管蚜、大戟长管蚜等，其中以桃蚜为最主要害虫，桃蚜又名烟蚜、菠菜蚜、波斯蚜、桃赤蚜、桃绿芽，俗称腻虫、旱虫、油旱虫等。

6.4.1.1　为害症状和生活习性

蚜虫对马铃薯为害有两种情况。第一种是直接为害，在马铃薯生长期蚜虫常群集在嫩叶的背面和幼嫩的顶部直接刺伤叶片吸取汁液，可使薯叶水分减少，同时，排泄出一种黏稠物堵塞气孔，造成叶片卷曲、变形、皱缩；花蕾和花也是蚜虫密集的部位，蚜虫能够使花蕾、顶部幼芽和分枝生长受到严重影响，影响马铃薯的正常生长发育，气候干旱时常使植株和叶片提早衰亡干枯，导致减产。第二种是间接为害，蚜虫的探食性特性使其取食过程中在接触马铃薯（主要是幼嫩叶片）时，首先在着落点吐出唾液，随后将唾液连同刺吸的汁液一同吸回，也把病毒传给了健康无病植株，引发病毒病，造成退化现象，还会使病毒在田间迅速传播，对种薯生产造成严重威胁。另外，有时也为害贮藏期间块茎的幼芽，从而将病毒传给病薯。蚜虫属杂食性，寄主多，越冬寄主多为蔷薇科木本植物（如桃、李、梅、杏、樱桃等），夏寄主多为草本植物（包括豆科、茄科、葫芦科、十字花科等蔬菜外，还包括许多一、二年生草本观赏植物，特别是温室花卉）。蚜虫是孤雌生殖，繁殖速度快，从越冬寄主转移（迁飞）到第二寄主马铃薯等植株后，每年可发生 10~20 代，发生量主要受雨量、气温等气候因子所影响。降雨是蚜虫发生的限制因素，相对湿度在 80%以上时，田间蚜虫数下降，相对湿度小于 40%时，田间数量也表现下降，但相对湿度更低、天气过于干燥时蚜虫发生率也会增多。蚜虫靠有翅蚜迁飞扩散，有翅蚜一般在 4~5 月份向马铃薯迁飞，秋末时，有翅蚜又飞回越冬寄主上产卵，并以卵越冬。春季卵孵化后再以有翅蚜迁飞至第二寄主为害，温度 25℃左右时蚜虫发育最快，温度高于 30℃或低于 6℃时，蚜虫发育速度缓慢，繁殖能力下降或停止生育，数量都会减少。蚜虫对黄或绿等中波光有正趋性，对银灰色有负趋性，大都降落在黄或绿色物体上。在生活环境适合其生存时一般产生无翅蚜。当环境或营养条件变劣，如高温、光照延长或不足、相对湿度低、植物水分不够、植株衰老,或种群密度大、过分拥挤时,就容易产生有翅蚜。暴雨、大风天气和多雨季节不利于蚜虫繁殖和迁飞。蚜虫降落是主动逆风过程,风速大时很难落下来,因此在风速较小的背风处常聚集着大量蚜虫。

6.4.1.2 防治方法

①种薯地周围 200 m 以内不种植桃树、李树、杏树等,也不种植油菜、西瓜等开黄花的作物,避免黄花作物对蚜虫的吸引,以减少越冬寄主。及时清除田间、地边杂草,切断蚜虫中间寄主和栖息及越冬场所,消灭部分蚜虫。

②种薯生产。为了防止蚜虫传毒,采取高海拔冷凉地区作基地,或风大蚜虫不易降落的地点种植马铃薯。或根据有翅蚜迁飞规律,采取种薯早收,在蚜虫迁飞前收获,避开蚜虫为害,以保种薯质量。

③生物防治。利用蚜虫的天敌是进行生物防治的有效手段,瓢虫科的甲虫和黄蜂以蚜虫为食,也可利用蚜霉菌防治蚜虫。

④物理防治。利用蚜虫的驱黄性特点,将纤维板、木板或硬纸板涂成黄色,外涂 10 号机油或凡士林等黏着物诱杀有翅蚜虫。黄板高出马铃薯植株顶端 60 cm 以上,悬挂方向以板面向东西方向为宜,每亩 30 块左右即可,根据捕虫情况及时更换黄色板,避免诱集累积周围的虫源。在马铃薯大面积种植区域,可在地块边缘种植不同生育期的开黄花作物,以诱集蚜虫,集中喷药防治,减少蚜虫对马铃薯的伤害。银灰色对蚜虫有较强的驱避性,可在马铃薯田块插竿拉挂 10 cm 宽银灰色反光膜条驱避蚜虫,在温室、塑料棚通风处悬挂银灰条膜,该法对蚜虫迁飞传染病毒有较好的防治效果。

⑤药剂防治。提倡提早防控,争取将蚜虫消灭在第一代有翅蚜生成之前。一是播种时穴施内吸颗粒杀虫剂,用 70%灭蚜松可湿性粉剂,在播种时穴施于种薯周围,每亩用 90g,控蚜残效期可到 60 d;或用 3%乙拌磷颗粒剂,每亩用 2~2.7kg,控蚜残效期可达 70 d。二是喷雾杀蚜,一旦发现有蚜虫应立即施药防治,用 50%抗蚜威可湿性粉剂 2 000 倍液、70%灭蚜松

可湿性粉剂 2 500 倍液、20%速灭杀丁乳油 2 000 倍液、0.3%苦参素杀虫剂 1 000 倍液、5%烟碱楝素水剂 600 倍液、10%吡虫啉可湿性粉剂 2 000 倍液、2.5%溴氰菊酯乳油 2 000 ~ 3 000 倍液、20%氰戊菊酯乳油 2 000 倍液、10%氯氰菊酯乳油 2 000 倍液、3%啶虫脒乳油 800 倍液、20%甲氰菊酯乳油 3 000 倍液、乙酰甲胺磷 2 000 倍液、20%氯氰毒死蜱乳油 1 000 倍液、50%马拉硫磷乳油 1 000 倍液、2.5%扑虱蚜 2 000 倍液或 40%乐果乳剂 1 000 倍液等药剂交替喷雾，以免蚜虫产生抗性，喷雾间隔 7~10 d，共喷 2~3 次，均可收到良好效果。蚜虫多在心叶、叶背处为害，药剂难于全面喷到，喷药时应尽量将喷头朝上，将农药均匀地喷到叶片背面，全面细致地进行喷药。在保护地内种植时可采取熏烟措施，效果也比较好，每亩可用杀蚜烟剂 400~500 g 点燃，密闭 3 h 通过烟雾杀死蚜虫。

6.4.2　二十八星瓢虫

为害马铃薯的二十八星瓢虫属于鞘翅目，瓢虫科，主要有马铃薯瓢虫和酸浆瓢虫，前者又叫大二十八星瓢虫、花牛、花大姐，后者又叫小二十八星瓢虫或茄二十八星瓢虫。两种瓢虫形态相似，成虫为红褐色带 28 个黑点的甲虫，半球形，体长 7~8 mm，前胸背板前缘凹陷而前缘角突出，中央有一较大的剑状斑纹。酸浆瓢虫略小，两翅合缝处黑斑不相连，马铃薯瓢虫有 1~2 个黑斑相连。马铃薯瓢虫主要分布在北方，以东北、华北地区为主；酸浆瓢虫主要分布在东南地区。

6.4.2.1　为害症状及生活习性

马铃薯瓢虫以散居为主，酸浆瓢虫则群集越冬。4 月上旬越冬成虫开始出蛰活动，先在杂草上活动取食，后迁入马铃薯田为害。5 月中下旬是为害盛期。8 月上旬至 9 月上中旬亦为害秋马铃薯。成虫、幼虫都可为害马铃薯等的叶片、果实和嫩茎，剥食马铃薯叶肉后受害叶片仅留叶脉及上表皮，形成许多不规则透明条纹，后呈现褐色斑痕，叶片斑痕过多则导致枯萎，严重时全叶食尽。被害果实上则被啃食成许多凹纹，受害部位逐渐变硬，并有苦味，失去商品价值。幼虫为害重于成虫，发生期幼虫群集于马铃薯叶片背面，幼虫咬食叶背面叶肉，将马铃薯叶片咬成网状，使被害部位只剩叶脉，形成透明的网状细纹，叶子很快枯黄，光合作用受到严重影响，严重时将植株吃成只剩残茎，使植株逐渐枯死，造成严重减产。

二十八星瓢虫在西北、华北地区每年可繁殖2代，在南方地区每年可繁殖2~3代，马铃薯瓢虫和酸浆瓢虫均以成虫在背风向阳的树皮、树洞、墙缝、屋檐下、石块下、各种秸秆、杂草、土穴内及各种缝隙中越冬，也喜欢在背风向阳的山坡或半丘陵地群集越冬。成虫取食或产卵均在白天，飞翔、转移能力强，早晚蛰伏，白天活动，一般在10:00~14:00活动为害最盛。成虫一般在马铃薯叶背面产卵，卵长1.4 mm，纵立，鲜黄色，有纵纹，产卵积聚成块，每块卵有20~30粒，产卵期可延续1~2个月，每个雌虫可产卵300~400粒，多产在叶的背面。幼虫夜间孵化，共4龄，幼虫孵化后经6~7 h开始取食，3 d后才分散，绝大部分在叶背面。初孵化的幼虫群集于叶的背面为害，2龄后分散到其他叶片为害。孵化的幼虫4龄后食量增大，为害最重。幼虫为黄色或黄褐色，身上有黑色刺毛，躯体扁椭圆形，行动迅速。后期幼虫在茎叶上化蛹，1周后变为成虫。夏季高温对生长发育、繁殖后代极为不利，成虫在高温时多隐蔽，停止取食，新孵化的幼虫遇高温死亡率较高。成虫假死性强，受惊后跌落不动，并可分泌黄色黏液。

6.4.2.2　*防治方法*

①物理防治。利用成虫群集越冬习性，出蛰前查寻田边、地头，消灭越冬虫源，或在为害期间利用假死性进行人工捕杀。成虫卵集中成块状产在叶背上，颜色鲜艳，极易发现，产卵期间结合农事操作，摘除卵块，捏杀幼虫。当成虫大量向马铃薯地迁移时，于早晨有露水时可在田间捕捉，集中处理，减少害虫数量。

②处理残株。马铃薯收获后，及时清除并处理残株，消灭残株上的幼虫。

③生物防治。异色瓢虫、龟纹瓢虫等多种瓢虫，均能取食二十八星瓢

虫的卵,应注意保护利用。

④药剂防治。在成虫期至幼虫孵化高峰期,选用 90%敌百虫(美曲膦酯)1 000 倍液、25%亚胺硫酸乳剂 1 000 倍液、50%辛硫磷乳剂 1 000 倍液、80%敌敌畏 800 倍液、2.5%溴氰菊酯乳油 2 500 倍液、40%菊杀乳油 2 500 倍液、20%速灭杀丁乳油 1 000 倍液、2.5%高效氯氟氰菊酯乳油 3 000 倍液、10%赛波凯乳油 2 000 倍液或 40%菊马乳油 2 500 倍液进行喷洒,每 10 d 左右喷药 1 次,在植株生长期连续喷药 3 次,即可完全控制为害。卵和刚孵化的幼虫都在植株下部叶片的背面,注意喷药时喷嘴向上喷雾,从下部叶背到上部都要喷药,以便把隐蔽的幼虫及卵全部杀死。

6.4.3 地老虎

地老虎是几种夜蛾的幼虫的统称,俗称土蚕、黑土蚕、麻蛆、地蚕、切根虫、黑地蚕等,是鳞翅目夜蛾科昆虫,它种类多、分布广、数量大、为害重,是我国重要的地下害虫,也是世界性大害虫。地老虎有许多种,其中为害马铃薯的主要是小地老虎,且各地都有发现。

6.4.3.1 为害症状和生活习性

小地老虎为夜盗蛾的幼虫,主要为害幼苗,从茎基部把幼苗切断,使整株死亡。幼虫在夜间活动为害,结薯期为害茎块,将块茎咬食成大小、深浅不等的虫孔。有时幼虫钻入块茎内为害,将块茎食空,失去商品价值。也可咬断地面的茎部,使整株倒伏。第一代幼虫是为害的严重期,也是防治的重点期,幼虫共 6 龄,1~2 龄幼虫为害幼苗嫩叶,主要在叶背或心叶里昼夜啃食叶肉,残留表皮,形成小米粒大小的天窗或小洞;3 龄后转入地下为害根、茎,白天潜伏于土下 3 cm 处,夜间出来从茎基部咬断幼苗,将咬断的嫩茎拖到附近的土穴内, 上部叶片露在穴外。5~6 龄幼虫食量骤增,为害最重,可将幼苗茎从地面咬断,特别对于用种子繁殖的实生苗威胁最大,常造成缺株断垄,影响产量。

小地老虎每年发生代数，由北向南逐渐增多，东北地区每年发生2代，华北地区为3~4代，长江流域为4~5代，广东、广西、福建等地约6代，以老熟幼虫在土中越冬。小地老虎每头雌蛾可产卵800~1 000粒，产卵后7~13 d孵化为幼虫，幼虫6个龄期共30~40 d，健壮的灰色幼虫可长达5 cm。第一代幼虫是为害的严重期，也是防治的重点期。成虫白天栖息在杂草、土堆等隐蔽处，靠近地表的块茎偶尔也会被侵害，夜间活动和交配产卵，趋化性强，喜食甜酸味汁液，对黑光灯也有明显趋性，在叶背、土块、草棒上产卵，在温暖、潮湿、杂草丛生的地方，虫头基数多。小地老虎喜温暖潮湿条件，地势低湿、多雨潮湿地块虫害发生较大。幼虫夜间为害，白天栖在幼苗附近土表下面，受惊缩成环形，卷成一团，有假死性。在阴天或潮湿情况下，幼虫危害较为严重。幼虫灰褐色，取食嫩叶后变为灰绿色，3龄后钻入土中变成灰色，4月中旬至5月上旬是幼虫为害盛期。

6.4.3.2　防治方法

①早春清除田间及周围杂草，使虫卵远离大田，减少幼虫为害。

②利用成虫趋性，灯光或黑光灯诱杀越冬代成虫，生产中普遍应用太阳能杀虫灯，通过灯光吸引成虫靠近光源外配置的高压电击杀网，杀死害虫，使害虫落入专用的提虫袋内，达到杀灭害虫的目的。太阳能杀虫灯由于是利用太阳能电池板作为用电来源，无需布设专门电线，使用方便，近年来应用面积逐年扩大。

③晚秋翻晒土地及冬灌，可杀死部分越冬蛹和幼虫。

④人工捕杀。一般情况下，地老虎取食后躲在被害植株周围的土缝中，并将残叶拖至洞口，较易识别，可在幼虫为害时期，每天早晨到田间捕捉。浇水时，地老虎爬出地面，可随时捕杀。

⑤毒饵诱杀。以80%的敌百虫可湿性粉剂500 g加水溶化后和炒熟的棉籽饼或菜籽饼20 kg拌匀，或用灰菜（*Chenopodium album* L.）、白茅（*Imperata cylindrica* L.）、刺儿菜（*Cirsium arverse* var. *integrifolium*）、小旋

花(*Convolvulus ammannii* Dear.)、鹅儿草(*Pterocypsela indica*)等鲜草约 80 kg,切碎和药拌匀作毒饵,配成半干半湿的毒饵,于傍晚撒在幼苗根的附近地面上诱杀。泡桐叶对地老虎诱集力很强,用 90%晶体敌百虫 150 倍液浸湿后,傍晚撒到地里,诱杀效果良好。也可每亩用炒黄的麦麸或秕谷、豆饼、玉米碎粒等 5 kg 与敌百虫溶液 5 kg（敌百虫 100 g 加水 5 L 溶解开)充分搅拌均匀,傍晚撒入田间,可兼治蝼蛄。

⑥药剂防治。在地老虎 1~3 龄幼虫期，如发生点状或田间局部感染时，可以集中施用杀虫剂，采用 2.5%阿维菌素可湿性粉剂 1 500 倍液、70%吡虫啉可湿性粉剂 1 500 倍液、90%晶体敌百虫 1 000 倍液、48%毒死蜱乳油 2 000 倍液、10%高效灭百可乳油 1 500 倍液、2.5%溴氰菊酯乳油 1 500 倍液、40%辛硫磷乳油 800 倍液、20%氰戊菊酯乳油 1 500 倍液、5%来福灵乳油 2 000 倍液等交替在地表喷雾。3 龄后幼虫入土,用 50%辛硫磷乳油 1 000 倍液喷雾,或用 2.5%敌百虫粉剂 2 kg/亩加细土 10 kg/亩制成毒土或灌根防治,或用 48%毒死蜱乳油 1 000 倍液灌根防治。

6.4.4　金龟子(蛴螬)

蛴螬为金龟子幼虫的统称,属鞘翅目金龟子科,是重要的地下害虫。国内大部分地区均有分布,以气候较湿润且多果树、林木的地区发生较多。

6.4.4.1　为害症状及生活习性

金龟子卵长椭圆形,长约 2.5 mm,宽约 1.6 mm,初产乳白色。幼虫学名蛴螬,老熟幼虫体态肥胖,长约 20 mm,宽约 6 mm,体白色,头红褐色,静止时体形大多弯曲呈弧形,体背多横纹,尾部有刺毛。蛹长约 22 mm,宽约 10 mm,淡黄色或杏黄色。成虫长椭圆形,背翅坚硬,体长约 20 mm,宽约 10 mm。羽化初期为红棕色,后逐渐变深成红褐或黑色,全身披淡蓝灰色闪光薄层粉,前胸背板侧缘中间呈锐角状外突,前缘密生黄褐色体毛。腹部圆筒形,腹面微有光泽。

在马铃薯田间，主要是金龟子幼虫蛴螬进行为害，主要在地下为害马铃薯的根和块茎，可把马铃薯的根部咬食成乱麻状，把幼嫩块茎吃掉大半，在老块茎上咬食成孔洞，断口整齐，严重时使地上茎营养、水分供应不上而枯死，造成田间死苗。块茎被钻蛀后，导致品质丧失或引起腐烂。土壤湿度大，或小雨连绵天气为害严重。金龟子（成虫）种类不同，虫体也大小不等，5~7 月成虫大量出现，黄昏活动，咬食叶片，交配产卵。产卵土中，每次产卵 20~30 粒，多的 100 粒左右，9~30 d 孵化成幼虫。我国北方地区 1~2 年发生 1 代，以幼虫和成虫在土中越冬。蛴螬体态均为圆筒形，体白、头红褐色或黄褐色、尾灰色。对未腐熟的堆厩肥有强烈趋性，喜欢在有机质和在骡马粪中生活，初孵幼虫先取食土中腐殖质，之后取食植株地下部位，所以有机质含量高的土壤蛴螬发生严重。蛴螬具有假死性，有夜出性和日出性之分，夜出性种类多有不同程度的趋光性，白天多藏于土中，20:00~21:00 为取食、交配活动盛期；而日出性种类则白昼在植物上活动取食，夜晚藏于土中。蛴螬及其成虫均在土中越冬，幼虫冬季潜入深层土（地下 90 cm 以下）中越冬，成虫在地下 40 cm 以下越冬，春季再上升到 10 cm 左右深的耕作层进行活动，土温在 13~18℃时为蛴螬活动高峰期。土温高达 23℃时即向土层深处活动，低于 5℃时转入土下越冬。蛴螬的发生与土壤温度和湿度、食料、耕作栽培及农田附近的林木、果树等生态条件有密切的关系。土壤干燥不利于虫卵孵化，甚至干死，幼虫也容易死亡；反之，雨水较多时危害加重，保水能力强、有机质含量多的土壤，蛴螬发生严重。

6.4.4.2 防治方法

①播种、扦插及移栽前精细整地，随时捡出幼虫和成虫，并注意清理杂草、落叶。秋冬耕耙把害虫翻出地面，增加致死机会。播前每亩用 50%辛硫磷乳剂 400~500 g，或 3%辛硫磷颗粒 1.5~2.0 kg，拌细土 50 kg，施入犁沟内或播种覆土。或每亩用 80%的敌百虫可湿性粉剂 500 g 加水稀释，而后拌入 35 kg 细土配制成毒土，在播种时施入穴内或沟中。

②合理施肥。施用充分腐熟的有机肥，施用农家肥料时要经高温发

酵，使肥料充分腐熟，以便杀死幼虫和虫卵。合理使用化肥，如碳酸氢铵、腐殖酸铵、氨化过磷酸钙等化肥散出的氨气对蛴螬等地下害虫有一定的驱避作用。

③该虫有假死性，可震落杀死。幼虫期适时灌水，特别是 11 月份前后冬灌，或生长期浇灌大水，使幼虫窒息而死，均可减轻为害。

④利用其趋光性，成虫发生高峰期用黑光灯诱杀。

⑤毒饵诱杀。用 0.38%苦参碱乳油 500 倍液、50%辛硫磷乳油 1 000 倍液或 80%的敌百虫可湿性粉剂，用少量水溶化后和炒熟的棉籽饼或菜籽饼拌匀，于傍晚撒在幼苗根的附近地面上进行诱杀。

⑥化学防治。苗期如有为害，每亩用 50%辛硫磷乳油 2 000 倍液、48%毒死蜱乳油 1 000 倍液或 90%晶体敌百虫 800 倍液灌根。在成虫盛发期，对害虫集中的作物或树上，喷施 50%辛硫磷乳剂 1 000 倍液、2.5%溴氰菊酯乳油 3 000 倍液、90%晶体敌百虫 1 000 倍液、30%乙酰甲胺磷乳油 500 倍液或 20%氰戊菊酯乳油3 000 倍液交替防治。

6.4.5 蝼蛄

蝼蛄又称土狗子、小蝼蛄、勒勒蛄、地狗子、水狗，属直翅目蝼蛄科。成虫体长 30~35 mm，灰褐色，全身密布细毛。头圆锥形，触角丝状。前胸背板卵圆形，中间具一明显的暗红色长心脏形凹陷斑。前翅灰褐色，较短，仅达腹部中部。后翅扇形，较长，超过腹部末端。腹末具 1 对尾须。前足为开掘足，后足胫节背面内侧有 4 个距。蝼蛄在我国的分布很广，是各地普遍存在的地下害虫，发生为害的主要是华北蝼蛄，分布在北纬 32°以北地区，包括东北及内蒙古、新疆、河北、河南、山西、陕西、甘肃、宁夏、山东、苏北等地，其中盐碱地和砂壤地受害较重。

6.4.5.1 为害症状和生活习性

蝼蛄通常栖息于地下，夜间和清晨在地表下活动，以成虫、若虫在土中咬食种子和幼芽，或将幼苗咬断使之枯死，受害的根部呈乱麻状，对作物幼苗伤害极大。由于蝼蛄在土壤中穿行,形成一条条隧道,使作物幼根与土壤分离,幼苗失水干枯而死亡,造成缺苗断垄。在温室马铃薯栽培中,由于气温高致使蝼蛄活动早,加之若虫集中,受害更重。蝼蛄生活史长,一般在华北地区 3 年左右完成 1 代,在黄淮海地区 2 年完成一代,南方地区 1 年发生 1 代,以成虫或若虫在 70 cm 以下土层深处越冬。3 月下旬至 4 月上旬蝼蛄逐渐苏醒、活动,昼伏夜出,于表土下潜行,用口器和前足把马铃薯的地下茎或根撕成乱丝状,使地上部萎蔫或死亡,有时也咬食芽块,使芽不能生长,造成缺苗,清明后转向地表活动,并顶出虚土堆,4 月中下旬至 6 月中旬为害最重,常于表土下潜行咬食马铃薯的根,或把嫩茎咬断。6 月中旬至 8 月下旬气温升高,潜入土中越夏,成虫则进入产卵盛期,成虫在土中 10~15 cm 处产卵,每次产卵 120~160 粒,最多达 500 多粒,卵期 25 d 左右,初孵化出的若虫为白色,而后呈黑棕色。9 月上旬气温下降后,越夏蝼蛄又上升到地面为害秋季作物,或者咬食马铃薯块茎,形成孔洞,或使其易感染病菌出现腐烂。10 月中旬后陆续入土越冬,洞在土壤中游的深度可达到 1.6 m 以上。蝼蛄昼伏夜出,以 21:00~23:00 活动较盛,多在表土层或地面活动,特别在气温高、湿度大、闷热的夜晚大量出土活动。早春或晚秋,气候凉爽,蝼蛄多在表土层钻筑坑道,不再到地面上活动,在炎热的中午常躲在深土层。对马粪、半煮熟的谷子、炒香的豆饼、麦麸均有强烈的趋性。成虫有趋光性,但因虫体笨重,不善飞翔,所以灯下数量不多。蝼蛄喜欢砂壤或疏松壤土,多发生在盐碱地和疏松、潮湿的砂壤土中,黏重土壤不适于蝼蛄栖息活动,发生数量较少。

6.4.5.2 防治方法

①黑光灯诱杀。于 19:00~22:00 在没有作物的平地上以黑光灯诱杀,尤其在天气闷热的雨前夜晚进行诱杀效果最好。

②毒饵诱杀。可用菜籽饼、棉籽饼或麦麸、秕谷等炒熟后,以 5 kg 饵料拌入 90%晶体敌百虫 0.3 kg,适量加水以拌潮为度,每亩施用 1.5~2.5 kg,在害虫活动的地方于傍晚撒在地面上毒杀。也可用 40%乐果乳油 10 倍

液或其他杀虫剂拌制饵料。

③化学防治。整地前用 5%的辛硫磷颗粒均匀撒施地面，随即翻耙使药剂均匀分散于耕作层，既能触杀地下害虫，又能兼治其他潜伏在土中的害虫。对幼虫进行喷雾防治，药剂应选择高效、低毒、对环境友好的品种，同时避免单一药剂的长期使用，以延缓害虫的抗药性。成虫盛发期喷洒 50%辛硫磷乳油 400 倍液、25%敌杀死乳油 1 000 倍液或 48%乐斯本乳油 1 000 倍液，对蝼蛄均有明显的防治效果。

6.4.6　块茎蛾

马铃薯块茎蛾又称马铃薯麦蛾、烟草叶蛾、绣花虫、串皮虫等，属鳞翅目麦蛾科，寄主为马铃薯、茄子、番茄、青椒等茄科蔬菜及烟草等。成虫体长 5~6 mm，翅展 13~15 mm，灰褐色。前翅狭长，中央有 4~5 个褐斑，缘毛较长。卵约 0.5 mm，椭圆形，黄白色至黑褐色，带紫色光泽。末龄幼虫体长 11~15 mm，灰白色，老熟时背面呈粉红色或棕黄色。蛹长 5~7 mm，初期淡绿色，末期黑褐色。第 10 腹节腹面中央凹入，背面中央有一角刺，末端向上弯曲。茧灰白色，外面黏附泥土或黄色排泄物。马铃薯块茎蛾是世界性重要害虫，也是重要的检疫性害虫之一，在云南、贵州、四川等长江以南的省份为害比较严重，在我国北方地区相对较轻。

6.4.6.1　为害症状和生活习性

块茎蛾最嗜寄主为烟草，其次为马铃薯和茄子，也为害番茄、辣椒、曼陀罗、枸杞、龙葵、酸浆等茄科植物。为害马铃薯的是块茎蛾的幼虫，幼虫为潜叶虫，为害叶片，大多沿叶脉蛀食叶肉，因虫体很小，进入叶中专食叶肉，仅留下叶片的上下表皮，食损的叶片呈半透明状，严重时嫩茎、叶芽也被害枯死，幼苗可全株死亡。幼虫为害块茎时，从块茎芽眼附近打洞钻入肉内，粪便排在洞外。幼虫在进入块茎后咬食成弯曲的隧道，呈蜂窝状甚至全部蛀空，外表皱缩，严重影响食用品质，甚至造成烂薯和产量损失。块茎贮藏期间为害最重，严重时会吃空薯块，受害轻的产量损失 10%~

20%,重的可达70%左右。该虫抗寒性较差,冬季严寒年份发生较轻,涝年发生也较轻,干旱年份发生较重。马铃薯播种较浅、培土较薄时发生较重。种植马铃薯和烟草的地区,两种作物互为寄生,为害比较严重。

块茎蛾成虫白天潜伏于植株丛间、杂草间或土缝里,晚间出来活动,有趋光性,但飞翔力很弱。以幼虫或蛹在贮藏的薯块内,或在田间残留母薯内,或在茄子、烟草等茎茬内及枯枝落叶上越冬。在田间植株茎上、叶背和块茎上产卵,窖藏期间,卵多产在薯块芽眼、破损皮部、裂缝处,一般芽眼处卵最多。成虫成活期20 d左右,每个雌蛾可产卵80粒。幼虫孵化后四处爬散,吐丝下垂,随风飘落在邻近植株叶片上潜入为害,在叶片上形成线性隧道。刚孵化出的幼虫为白色或浅黄色,幼虫共4龄,老熟时虫体为粉红色,头部为棕褐色,体长6~13 mm。为害植株时,幼虫可吐丝下坠,借风转移到邻近植株上。老熟幼虫在干燥的表土或叶背吐丝作茧化蛹,7~8 d变成块茎蛾,块茎蛾翅长13 mm左右。夏季约30 d、冬季约50 d可繁殖1代,每年可繁殖5~6代。块茎蛾可通过卵、幼虫、蛹随马铃薯块茎及交通工具、包装物、运载工具等远距离传播,尤其是种薯调运传播的可能性更大。幼虫可随薯块带入仓库,成虫可周年借风力飞翔于仓库和田间产卵。

6.4.6.2 防治方法

①选用无虫种薯,避免马铃薯与烟草等作物长期连作。块茎蛾是检疫对象,认真执行检疫制度,不从已发生块茎蛾地区调运种薯,防止扩大传播。

②药剂处理种薯。对有虫的种薯,用溴甲烷、二硫化碳或磷化铝熏蒸,也可用90%晶体敌百虫、80%敌敌畏乳油 1 000倍液或25%喹硫磷乳油1 000倍液对种薯喷雾处理,晾干后再贮存。

③块茎在收获后马上运回,不使块茎在田间过夜,防止成虫在夜间或早晨产卵于块茎。入窖后薯堆覆盖3 cm厚细沙或在薯堆上覆盖麻袋,严防成虫产卵于薯块上。

④加强田间管理。及时培土,在田间勿让薯块露出表土,以免被成虫产卵。清洁田园,集中清理田间植株和地边杂草,防止潜入的虫害继续存活。避免马铃薯和茄子、番茄、青椒等茄科蔬菜及枸杞、烟草相邻种植。

⑤清理贮藏窖、库,并用敌敌畏、磷化铝等熏蒸灭虫,按照 1 mL/m^3 库容积的敌敌畏使用量进行密闭熏蒸,保证窖、库不带虫。也可用二硫化碳按 27 g/m^3 库容密闭熏蒸马铃薯贮藏库 4 h,用药量可根据库容大小而增减。

⑥药剂防治。用苏云金杆菌粉剂 1 kg 拌种 1 000 kg 块茎。在幼虫初孵期选用 20%康福多 2 000 倍液或 1.8%阿维虫清 3 500~4 000 倍液喷雾防治;在成虫盛发期喷药,用 4.5%绿福乳油 1 000~1 500 倍液、24%万灵水剂 800 倍液、0.12%阿维菌素可湿性粉剂 1 000 倍液、10%赛波凯乳油 2 000 倍液、10%氯氰菊酯乳油 2 000 倍液或克蛾宝乳油 1 500 倍液喷雾交替防治。

6.4.7　潜叶蝇

潜叶蝇属双翅目潜蝇科,是一种严重的马铃薯害虫,能为害许多作物,特别是在因过度使用杀虫剂、使潜叶蝇的天敌遭到毁灭的地区。潜叶蝇体长 4~6 mm,灰褐色。雄蝇前缘下面有毛,腿、胫节呈灰黄色,跗节呈黑色,后足胫节后鬃 3 根。卵呈白色,椭圆形,大小为 0.9 mm×0.3 mm,成熟幼虫长约 7.5 mm,有皱纹,呈乌黄色。蛹长约 5 mm,呈椭圆形,开始为浅黄褐色,后变为红褐色,羽化前变为暗褐色。

6.4.7.1　为害症状及生活习性

潜叶蝇体形很小,为害马铃薯的主要是幼虫,其具有舐吸式口器类型,以幼虫潜入叶片表皮下组织中,曲折穿行,取食绿色组织,造成不规则的灰白色线状隧道,破坏了大量叶片,形成的线状或弯曲盘绕的不规则虫道,造成叶片内叶绿素分解,叶片中糖分降低,影响植物光合作用,从而造成经济损失。危害严重时,叶片组织几乎全部受害,叶片上布满蛀道,尤以植株基部叶片受害较重，甚至枯萎死亡，造成大幅度减产。成虫还可吸食植物汁液使被吸处成小白点。

常见的主要为豌豆潜叶蝇，为多发性害虫，1 年发生代数随地区而不同。宁夏每年发生 3~4 代；河北、东北 1 年发生 5 代；而福建福州 1 年可发生 13~15 代；广东可发生 18 代。温度对豌豆潜叶蝇发育有明显的影响，豌豆潜叶蝇成虫耐低温，幼虫和蛹发育适温都比较低，一般成虫发生的适宜温度为 16~18℃，幼虫 20℃左右。当气温在 22℃时发育最快，高温对其不利，超过 35℃不能生存，因此夏季气温升高，是幼虫、蛹自然死亡率迅速升高的原因之一。豌豆潜叶蝇成虫活跃，白天活动，吸食糖蜜和叶片汁液作补充营养，夜间静伏隐蔽处，但在气温 15~20℃的晴天夜晚或微雨之夜仍可爬行飞翔。卵产在嫩叶上，位置多在叶背边缘，产卵时先以产卵器刺破叶背边缘下表皮，然后再产 1 粒卵于刺伤处，产卵处叶面呈灰白色小斑点。成虫寿命 7~20 d，气温高时 4~10 d，成虫产卵前期 1~3 d，每雌虫一生可产卵 50~100 粒。幼虫孵化后，即由叶缘向内取食，穿过柔膜组织，到达栅栏组织，取食叶肉留下上下表皮，造成灰白色弯曲隧道，并随幼虫长大，隧道盘旋伸展，逐渐加宽。

6.4.7.2 防治方法

①加强植物检疫。潜叶蝇（美洲斑潜蝇）为检疫性害虫，要加强植物检疫，防止随马铃薯调运传入或传出。对已发生为害的地区，应采取果断防治措施予以肃清或控制为害。

②重视田间管理。适时灌溉，清除杂草，消灭越冬、越夏虫源，降低虫口基数。

③农业防治。由于潜叶蝇对黄色具有趋性，因此可采用黏性的黄色诱捕纸板等物诱杀。马铃薯收获后要深耕翻土，清洁田园，清除残株败叶和田边杂草，以压低虫源基数，减少下一代发生数量，要施用充分腐熟的粪肥，避免使用未经发酵腐熟的粪肥，特别是厩肥。

④药剂防治。应加强测报，掌握成虫盛发期，及时喷药防治成虫，防止

成虫产卵，或在刚出现为害时，喷药防治幼虫，每间隔 5~7 d 喷 1 次，防治幼虫要连续喷 2~3 次，农药选可用 1%灭虫灵乳油 2 000 倍液、40%乐果乳油 1 000 倍液、40%氧化乐果乳油 1 000 倍液、1.8%虫螨克乳油 3 000 倍液、20%氰戊菊酯乳油 3 000 倍液、20%阿维·毒死蜱乳剂 1 000 倍液、50%二溴磷乳油 1 500 倍液、40%二嗪农乳油 1 000 倍液、48%乐斯本乳油 1 000 倍液等，傍晚喷施交替防治。成虫主要在叶背面产卵，应喷药于叶背面，喷药时力求均匀、周到，并注意轮换、交替用药，以延缓害虫抗药性的产生。

6.5　马铃薯草害

随着我国城镇化进程的加快，很多农村地区劳动力缺乏，导致土地管理能力难以跟上，杂草无法及时进行清理，使种植变得更加困难。这一现象在经济发达的地区更加突出，特别是南方地区，由于雨水充沛，气候条件适宜，缺少劳动力等因素导致杂草疯长，部分地区以至于失控，造成马铃薯减产乃至绝收。马铃薯出苗初期，植株生长较为缓慢，而杂草生长速度快，迅速蔓延，占据空间、光照优势，吸收大量水、肥、CO_2，侵占地上和地下空间，容易造成马铃薯弱苗、瘦苗，影响植株的光合作用和生长发育，严重影响马铃薯的产量和品质。杂草是马铃薯病害、虫害的中间寄主。杂草生长对马铃薯商品薯率产生不利影响，也会对马铃薯产量造成严重影响。

6.5.1　杂草种类

危害马铃薯的杂草种类繁多，例如马唐、狗尾草、灰条菜、刺儿菜等，田间杂草生长与马铃薯争肥、争水、争空间，且抗逆性较强，发生普遍且危害严重的杂草主要有以下几类。

6.5.1.1　马唐

马唐[*Digitaria sanguinalis*（L.）Scop.]产于西藏、四川、新疆、陕西、甘

肃、山西、河北、河南及安徽等地，是单子叶植物纲、禾本科，马唐属一年生草本植物。在野生条件下，马唐一般于5~6月出苗，7~9月抽穗、开花，8~10月结实并成熟。人工种植生育期约150 d。马唐的分蘖力较强。一株生长良好的植株可以分生出8~18个茎枝，个别可达32枝之多，故在放牧或刈割的情况下，其再生力是相当强的。马唐是一种生态幅相当宽的广布中生植物。从温带到热带的气候条件均能适应。它喜湿、好肥、嗜光照，对土壤要求不严格，在弱酸、弱碱性的土壤上均能良好地生长。它的种子传播快，繁殖力强，植株生长快，分枝多，广泛生长在田边、路旁、沟边、河滩、山坡等各类草本群落中。

6.5.1.2 狗尾草

狗尾草[*Setaria viridis*（L.）Beauv.]产于中国各地，生于海拔4 000 m以下的荒野、道旁，为旱地作物常见的一种杂草。狗尾草喜长于温暖湿润气候区，以疏松肥沃、富含腐殖质的沙质壤土及黏壤土为宜。狗尾草为一年生晚春性杂草。以种子繁殖，一般4月中旬至5月份种子发芽出苗，发芽适温为15~30℃，5月上中旬为发生高峰期，8~10月份为结实期。种子可借风、流水与粪肥传播，经越冬休眠后萌发。根为须状，高大植株具支持根。秆直立或基部膝曲，高10~100 cm，基部直径达3~7 mm。叶鞘松弛，边缘具较长的密棉毛状纤毛；叶舌极短，缘有长1~2 mm的纤毛；叶片扁平，长三角状狭披针形或线状披针形，先端长渐尖或渐尖，基部钝圆形，长4~30 cm，宽2~18 mm，通常无毛或疏具柔毛或疣毛，边缘粗糙。

6.5.1.3 灰条菜

灰条菜（*Chenopodium album* L.）分布于华中、华东、西北、华北、东北等地区，高10~35 cm，为藜科一年生草本。茎自基部分枝，分枝平卧或上升，有绿色或紫红色条纹。单叶互生，叶缘分为全缘型与锯齿缘型，叶矩圆状卵形至披针形，长2~4 cm，宽6~20 mm，先端急尖或钝，基部渐狭，边缘有波状牙齿，上面深绿色，下面灰白色或淡紫色。花序穗状或复穗状，顶生或腋生；花两性或雌性；花被片3或4枚，肥厚，基部合生；雄蕊1~2枚。胞果伸出花被外，果皮薄，黄白色。穗部可呈红、紫、黄，成熟后穗部类似高粱穗。植株大小受环境及遗传因素影响较大，茎部质地较硬。根系庞大但分布较浅，根上的须根多，吸水能力强。花两性，花絮呈伞状、穗状、圆锥状，种子较小，呈小圆药片状，直径 1.5~2.0 mm，千粒重 1.4~3 g。适应性较强、繁殖量大，由于争夺肥、水、光照，造成覆盖荫蔽，常引起马铃薯早期生长不良。

6.5.1.4　田旋花

田旋花（*Convolvulus arvensis* L.）分布于我国东北、华北、西北及山东、江苏、河南、四川、西藏等地，为旋花属双子叶植物。多年生草质藤本，近无毛。根状茎横走，茎平卧或缠绕，有棱。叶柄长 1~2 cm；叶片戟形或箭形，长 2.5~6.0 cm，宽 1.0~3.5 cm，全缘或 3 裂，先端近圆或微尖，有小突尖头；中裂片卵状椭圆形、狭三角形、披针状椭圆形或线性；侧裂片开展或呈耳形。花 1~3 朵腋生，花梗细弱，苞片线性，与萼远离，萼片倒卵状圆形，无毛或被疏毛；缘膜质，花冠漏斗形，粉红色、白色，长约 2 cm，外面有柔毛，褶上无毛，有不明显的 5 浅裂；雄蕊的花丝基部肿大，有小鳞毛；子房 2 室，有毛，柱头 2 裂，狭长。蒴果球形或圆锥状，无毛；种子椭圆形，无毛。花期 5~8 月，果期 7~9 月。可通过根茎和种子繁殖、传播，种子可由鸟类和哺乳动物取食进行远距离传播。在大发生时，常成片生长，密被地面，缠绕向上，强烈抑制马铃薯生长，它还是小地老虎第一代幼虫的寄主。

6.5.1.5　刺儿菜

刺儿菜（*Cirsium arverse* var. *integrifolium*）除西藏、云南、广东、广西外，全国各地均有分布，为中生植物，适应性很强，任何气候条件下均能生长，普遍群生于撂荒地、耕地、路边、村庄附近，为常见的一种优质野菜。刺儿菜为多年生草本，地下部分常大于地上部分，有长根茎。基生叶和中部茎叶椭圆形、长椭圆形或椭圆状倒披针形，顶端钝或圆形，基部楔形，有时有极短的叶柄，通常无叶柄，上部茎叶渐小，椭圆形或披针形或线状披针形，叶缘有细密的针刺，针刺紧贴叶缘。大部分茎叶羽状浅裂或半裂或边缘粗大圆锯齿,裂片或锯齿斜三角形,顶端钝,齿顶及裂片顶端有较长的针刺,齿缘及裂片边缘的针刺较短且贴伏。全部茎叶两面同色,绿色或下面色淡,两面无毛,极少两面异色,上面绿色,无毛,下面被稀疏或稠密的绒毛而呈现灰色的,亦极少两面同色,灰绿色,两面被薄绒毛。头状花序单生茎端,或植株含少数或多数头状花序在茎枝顶端排成伞房花序。总苞卵形、长卵形或卵圆形,直径 1.5~2.0 cm。瘦果淡黄色,椭圆形或偏斜椭圆形,压扁,长 3.0 mm,宽 1.5 mm,顶端斜截形。冠毛污白色,多层,整体脱落;冠毛刚毛长羽毛状,长 3.5 cm,顶端渐细。花果期 5~9 月。由于其匍匐根状茎很发达,耐药性强,防治难度较大。

6.5.1.6 问荆

问荆(*Equisetum arvense* L.)木贼科问荆属中小型蕨类植物,分布于我国绝大部分省区。根茎斜升,直立和横走,黑棕色,节和根密生黄棕色长毛或光滑无毛;地上枝当年枯萎;枝二型。能育枝春季先萌发,高 5~35 cm,中部直径 3~5 mm,节间长 2~6 cm,黄棕色,无轮茎分枝,脊不明显;鞘筒栗棕色或淡黄色,长约 0.8 cm,鞘齿 9~12 枚,栗棕色,长 4~7 mm,狭三角形,鞘背仅上部有一浅纵沟,孢子散后能育枝枯萎。不育枝后萌发,高达 40 cm,主枝中部直径 1.5~3.0 mm,节间长 2~3 cm,绿色,轮生分枝多,主枝中部以下有分枝。脊的背部弧形,无棱,有横纹,无小瘤;鞘筒狭长,绿色,鞘齿三角形,5~6 枚,中间黑棕色,边缘膜质淡棕色,宿存。侧枝柔软纤细,扁平状,有 3~4 条狭而高的脊,脊的背部有横纹;鞘齿 3~5 个,披针形,绿色,边缘膜质,宿存。孢子囊穗圆柱形,长 1.8~4.0 cm,直径 0.9~1.0 cm,顶端钝,成熟时柄伸长,柄长 3~6 cm。问荆表面蜡质层厚,地下根茎长达数米,是多年生为害农作物的杂草,侵入农田不易清除,可成为为害作物生长的重要草害。

6.5.1.7 马齿苋

马齿苋(*Portulaca oleracea* L.)为石竹目、马齿苋科一年生草本,中国南北各地均产。全株无毛。茎平卧或斜倚,伏地铺散,多分枝 ,圆柱形,长

10~15 cm,淡绿色或带暗红色。茎紫红色,叶互生,有时近对生,叶片扁平,肥厚,倒卵形,似马齿状,长 1~3 cm,宽 0.6~1.5 cm,顶端圆钝或平截,有时微凹,基部楔形,全缘,上面暗绿色,下面淡绿色或带暗红色,中脉微隆起;叶柄粗短。花无梗,直径 4~5 mm,常 3~5 朵簇生枝端,午时盛开;苞片 2~6 层,叶状,膜质,近轮生;萼片 2 片,对生,绿色,盔形,左右压扁,长约 4 mm,顶端急尖,背部具龙骨状凸起,基部合生;花瓣 5 片,黄色,倒卵形,长 3~5 mm,顶端微凹,基部合生;雄蕊通常 8 层,或更多,长约 12 mm,花药黄色;子房无毛,花柱比雄蕊稍长,柱头 4~6 裂,线形。蒴果卵球形,长约 5 mm,盖裂;种子细小,多数偏斜球形,黑褐色,有光泽,直径不及 1 mm,具小疣状凸起。花期 5~8 月,果期 6~9 月。生于菜园、农田、路旁,为田间常见杂草。

6.5.1.8　铁苋菜

铁苋菜(*Acalypha australis* L.)大戟科、铁苋菜属,一年生草本,中国除西部高原或干燥地区外,大部分省区均产。生于海拔 20~1 200 m 平原或山坡、较湿润耕地和空旷草地,有时石灰岩山疏林下。高 20~50 cm,小枝细长,被贴柔毛,毛逐渐稀疏。叶膜质,长卵形、近菱状卵形或阔披针形,长 3~9 cm,宽 1~5 cm,顶端短渐尖,基部楔形,稀圆钝,边缘具圆锯,上面无毛,下面沿中脉具柔毛;基出脉 3 条,侧脉 3 对;叶柄长 2~6 cm,具短柔毛;托叶披针形,长 1.5~2.0 mm,具短柔毛。雌雄花同序,花序腋生,稀顶生,长 1.5~5.0 cm,花序梗长 0.5~3.0 cm,花序轴具短毛,苞腋具雌花 1~3 朵;花梗无;雄花生于花序上部,排列呈穗状或头状,雄花苞片卵形,长约 0.5 mm,苞腋具雄花 5~7 朵,簇生;花梗长 0.5 mm;花蕾时近球形,无毛,花萼裂片 4 枚,卵形,长约 0.5 mm;雄蕊 7~8 枚;萼片 3 枚,长卵形,长 0.5~1.0 mm,具疏毛;子房具疏毛,花柱 3 枚,长约 2 mm。蒴果直径 4 mm,果皮具疏生毛和毛基变厚的小瘤体;种子近卵状,长 1.5~2.0 mm,种皮平滑,假种阜细长;花果期 4~12 月。

6.5.1.9 苍耳

苍耳(*Xanthium sibiricum patrin* ex *Widder*)是菊科苍耳属一年生草本植物,分布于中国东北、华北、华东、华南、西北及西南各省区,常生长于平原、丘陵、低山、荒野路边、田边,为一种常见的田间杂草。苍耳高 20~90 cm。根纺锤状,分枝或不分枝。茎直立不分枝或少有分枝,下部圆柱形,直径 4~10 mm,上部有纵沟,被灰白色糙伏毛。叶三角状卵形或心形,长 4~9 cm,宽 5~10 cm,近全缘,或有 3~5 片不明显浅裂,顶端尖或钝,基部稍心形或截形,与叶柄连接处成相等的楔形,边缘有不规则的粗锯齿,有三基出脉,侧脉弧形,直达叶缘,脉上密被糙伏毛,上面绿色,下面苍白色;叶柄长 3~11 cm。雄性的头状花序球形,直径 4~6 mm,有或无花序梗,总苞片长圆状披针形,长 1.0~1.5 mm,被短柔毛,花托柱状,托片倒披针形,长约 2 mm,顶端尖,有微毛,花冠钟形;花药长圆状线形;雌性的头状花序椭圆形,外层总苞片小,披针形,长约 3 mm,被短柔毛,内层总苞片结合成囊状,宽卵形或椭圆形,绿色,淡黄绿色或有时带红褐色。在瘦果成熟时变坚硬,连同喙部长 12~15 mm,宽 4~7 mm,外面有疏生的具钩状的刺,刺极细且直,基部微增粗或不增粗,长 1.0~1.5 mm,基部被柔毛,常有腺点,或全部无毛;喙坚硬,锥形,上端略呈镰刀状,长 2.5 mm,常不等长,少有结合而成 1 个喙。花期 7~8 月,果期 9~10 月。此植物的总苞具钩状的硬刺,常贴附于家畜和人体上,故易于散布。

6.5.1.10 芦苇

芦苇(*Phragmites communis* (cav.) Trin ex Steud.)多年水生或湿生的高大禾草,属禾本科。根状茎十分发达。秆直立,高 1~3 m,具 20 多节。叶鞘下部者短于其上部者,长于其节间;叶舌边缘密生 1 圈长约 1 mm 的短纤毛,易脱落;叶片披针状线形,无毛,顶端渐尖成丝形。圆锥花序大型,分枝多数;小穗无毛;花药黄色;颖果长约 1.5 mm。芦苇具有横走的根状茎,在自然生境中,以根状茎繁殖为主,根状茎纵横交错形成网状,具有很强的生命力,能较长时间埋在地下,根状茎长达 1 m 左右,一旦条件适宜,可发育成新枝。芦苇也能以种子繁殖，种子可随风传播。对水分的适应幅度很宽，从土壤湿润到长年积水，从水深几厘米至一米以上，都能形成芦苇群落。芦苇为全球广泛分布的多型种。生于江河湖泽、池塘沟渠沿岸和低湿地。除森林生境不生长外，各种有水源的空旷地带，常以其迅速扩展的繁殖能力，形成连片的芦苇群落。由于芦苇的生长特点，一旦马铃薯田发生芦苇草害，极易形成生长优势，争夺水肥条件，造成马铃薯严重减产。

6.5.1.11　野艾蒿

野艾蒿（*Artemisia lavandulifolia* DC.）属桔梗目菊科多年生草本。在我国绝大部分省区均有分布。主根稍明显，侧根多；根状茎稍粗，直径 4~6 mm，常匍地，有细而短的营养枝。茎少数，成小丛状，稀少单生，高 50~120 cm，具纵棱，分枝多，长 5~10 cm，斜向上伸展；茎、枝被灰白色蛛丝状短柔毛。叶纸质，上面绿色，具密集白色腺点及小凹点，初时疏被灰白色蛛丝状柔毛，后毛稀疏或近无毛，背面除中脉外密被灰白色密短毛；上部叶羽状全裂，具短柄或近无柄；苞片叶全裂或不分裂，为线状披针形或披针形，先端尖，边反卷。头状花序极多数，椭圆形或长圆形，有短梗或近无梗，具小苞叶，在分枝的上半部排成密穗状或复穗状花序，并在茎上组成狭长或中等开展，稀为开展的圆锥花序，花后头状花序多下倾；总苞片 3~4 层，外层总苞片略小，卵形或狭卵形，背面密被灰白色或灰黄色蛛丝状柔毛，边缘狭膜质，中层总苞片长卵形，背面疏被蛛丝状柔毛，边缘宽膜质，内层总苞片长圆形或椭圆形，半膜质，背面近无毛；雌花 4~9 朵，两性花 10~20 朵。瘦果长卵形或倒卵形。多生于低或中海拔地区的路旁、林缘、山坡、草地、山谷、灌丛及河湖滨草地等。

6.5.2　防除方法

防除马铃薯田间杂草要坚持早、小、净三个原则，由于马铃薯对除草剂有一定的敏感性，对于苗前使用除草剂时要注意除草剂的残留有效期。马铃薯田除草方法如下。

6.5.2.1　农业防除

合理轮作是马铃薯高产稳产的重要措施，也是控制马铃薯田草害的有效途径。马铃薯田轮作应结合本地区作物结构调整计划的实施进行，做好马铃薯与小麦、水稻、玉米、大豆等作物的换茬轮作。做好土壤耕作，可直接或间接消灭杂草。大力提倡深耕、中耕除草。深耕可以把杂草种子埋入深土层，减少其萌发基数，即使萌发也会造成弱苗、迟苗，减轻危害程度。深耕并结合人工捡除草根等措施则除草效果更佳。中耕培土这项措施不仅除草，还有深松、贮水保墒等作用。对露地马铃薯一般在苗高 10 cm 左右进行第一次中耕，第二次在封垄前完成，能有效地防除杂草。利用有色地膜（如黑色膜、绿色膜等）覆盖也具有一定的抑草作用。

6.5.2.2　化学除草

马铃薯生产因地区、气候条件、种植制度不同，田间杂草发生的种类也不同，因此，针对不同杂草的发生情况，采取相应的化学除草剂。一般来讲，以禾本科杂草为主的马铃薯田，可使用氟乐灵、施田补（除草通）、敌草胺、大惠利、地乐胺等药剂进行土壤处理；用高效盖草能、精稳杀得、精喹禾灵、炔草酯等药剂进行茎叶处理；以阔叶杂草为主的马铃薯田，可使用赛克津进行土壤处理；以禾本科杂草和阔叶杂草混生的马铃薯田，可使用绿麦隆、果尔、利谷隆、伏草隆等药剂进行土壤处理。

在杂草防控策略制订时可以考虑在低海拔优先防治禾本科杂草，在亚高山和高山地区可以选择防治阔叶类杂草的除草剂，由于不同作物对农药的敏感度不同，往往前茬作物残留土壤中的农药会给后茬作物生长造成巨大影响，因此要格外注意施药后的间隔时间。若前茬用过普施特（咪草烟、咪唑乙烟酸），需间隔 36 个月才能种马铃薯；若前茬用过氯嘧磺隆（豆草隆、豆磺隆），需间隔 40 个月才能种马铃薯；若前茬使用玉农乐（烟嘧磺隆），每公顷用量超过有效成分 60 g，即 4%玉农乐（烟嘧磺隆）每亩超过 100 mL，需间隔 18 个月才能种马铃薯；若前茬使用阔草清（唑嘧磺草胺），每公顷用量有效成分 48~60 g，即 80%阔草清（唑嘧磺草胺）每亩 3.2~4.0 g，需间隔 12 个月才能种马铃薯；若前茬使用氟磺胺草醚（虎威），每公顷用量有效成分 375 g，即 25%氟磺胺草醚每亩 100 mL，需间隔24 个月才能种马铃薯；若前茬使用甲磺隆，每公顷使用有效成分超过 7.5 g，需间隔 34 个月才能种马铃薯；若前茬使用西玛津，每公顷使用有效成分超过 2 240 g，即 50%西玛津每亩超过 300 g，需间隔 24 个月才能种马铃薯；若前茬使用莠去津，每公顷使用有效成分超过 2 000 g，即 38%莠去津每亩超过 350 mL，需间隔24 个月才能种马铃薯；若前茬使用绿磺隆，每公顷使用有效成分 15 g，需间隔 24 个月才能种马铃薯；若前茬使用二氯喹啉酸，每公顷使用有效成分 106~177 g，需间隔 24 个月才能种马铃薯。

露地马铃薯田，二甲戊灵和精异丙甲草胺均能施用，正常施药一般不会对马铃薯造成太大的不良影响。地膜覆盖栽培条件下，膜内空气中的药物浓度过高，或者膜下高温高湿环境使某些除草剂的活性大幅度提高，更容易对作物产生药害。如乙草胺、精异丙甲草胺，在高温高湿条件下活性强，不宜在地膜马铃薯田播后苗前使用。乙氧氟草醚在地膜马铃薯田应减量使用，大棚栽培条件下施药后应注意通风，马铃薯出苗后不能使用。嗪草酮在土壤湿度大、用药量较大的情况下对作物的安全性下降，将其减量与乙草胺等药混用、避免湿度过大，有利于提高对作物的安全性。二甲戊灵挥发性较弱，与土壤结合力强，在马铃薯田施用安全性较高。如果担心产生药害，可以适当减少用量，施药后过几天再覆地膜。

第 7 章　马铃薯贮藏保鲜技术

马铃薯收获后块茎一般含有 75%~80%的水分，贮藏过程中极易遭受病菌的侵染而腐烂，对温度等环境条件的要求比小麦、水稻、玉米等粮食作物要严格很多，温度高了容易发芽，温度低了块茎容易发生冻害，湿度过大，增加块茎腐烂率；湿度过小，则增加块茎水分损耗。经过生产栽培最后收获的块茎，既是有机营养物质的贮存器官，又是延续后代的繁殖器官，要达到安全贮藏，需要通过调节、控制环境中适宜的温湿度，做好通风换气，防止块茎的腐烂、发芽和病害的发生、蔓延，防止贮藏块茎非正常失水。

7.1　马铃薯贮藏的特点及条件

马铃薯按照贮藏方式可以分为种薯、商品薯、加工原料薯的贮藏。不同目的的贮藏都很重要。种用马铃薯是为了下季的马铃薯生产，贮藏过程中可见散射光，但不能见直射光，保持良好的出芽繁殖能力是贮藏的主要目标。商品薯的安全贮藏是为了保证马铃薯市场的均衡供应，贮藏中应尽量减少水分损失和营养物质的消耗，避免见光使薯皮变绿，食味变劣，应尽可能使块茎始终保持新鲜状态。工业淀粉加工用的原料薯的安全贮藏是为了延长企业的加工时间，提高企业效益，贮藏中应防止淀粉糖化。只有采用科学的方法进行管理，才能避免块茎腐烂、发芽和病害蔓延，保持其商品、加工和种用品质，降低贮藏期间的自然损耗。

7.1.1　马铃薯贮藏期的几个生理阶段

马铃薯的安全贮藏主要有两项指标：一是贮藏时间长；二是商品质量好，达到不烂薯、不发芽、不失水、不变软。马铃薯收获以后，仍然是一个活的有机体，在贮藏、运输、销售过程中，仍进行着新陈代谢，贮藏期间要经过后熟期、休眠期和萌发期三个生理阶段。

7.1.1.1　后熟期

收获后的马铃薯块茎，还未充分成熟，因为地下所结块茎的生理年龄不完全相同，有的已经成熟，有的接近成熟，有的则还需一定时间才能达到成熟。新收获的块茎整体而言，表皮尚未充分木栓化，含水量高，薯块内的水分迅速向外蒸发，呼吸作用非常旺盛，放出大量水分、热量和二氧化碳，很容易积聚水汽而引发腐烂，不能稳定贮藏，一般要 15~30 d 的生理活动过程才能使块茎表皮充分木栓化，不太成熟的块茎逐渐达到成熟，呼吸转为微弱而平稳，这一过程称为后熟期或后熟阶段。

7.1.1.2　休眠期

薯块经后熟期后呼吸作用已经减缓，新陈代谢显著下降，薯块养分消耗也降到最低程度，外层保护组织完全形成，保护层能够防止水分过度散失、阻碍氧气和各种病原菌侵入，此时在适宜的条件下，薯块芽眼中幼芽处于稳定不萌发状态，转入休眠期。这一阶段块茎内的生理生化活动极弱，给予适宜的低温条件，可使这种休眠状态保持较长的时间，有利于贮藏。

马铃薯休眠有两种状态，即自然休眠和被迫休眠，马铃薯块茎中的芽眼，在环境条件适合发芽的情况下，由于生理上的原因而不萌发，称之为自然休眠，它所处的这个阶段叫作自然休眠期；被迫休眠是指马铃薯块茎的休眠期已经通过，具备了发芽的可能性，但由于外界条件不利于芽的萌动和生长，仍继续处于休眠的状态，所处的这个阶段叫作被迫休眠期。

7.1.1.3　萌发期

块茎在休眠期芽眼分生组织细胞停止分裂，伴随着休眠状态的终止，芽眼分生组织细胞开始分裂且分裂速度越来越快，芽原基最终形成一个完整的芽，薯块开始萌芽，新陈代谢逐步恢复到生长期间的状态，呼吸作用加强，酶系统也发生变化，进入萌发期。进入萌发期的块茎，只要有适宜的发芽条件，块茎内的酶即开始活动，淀粉、蛋白质等大分子贮藏物质分解成糖、氨基酸等，并通过输导系统源源不断运送至芽眼，幼芽开始萌发，呼吸作用转旺，产生的热量积聚而使贮藏场所温度升高，加快了薯块发芽速度，萌芽程度与块茎重量的减轻程度成正比。

7.1.2　马铃薯块茎贮藏期间的生理生化变化

马铃薯块茎属活体组织，在贮藏过程中，马铃薯块茎继续进行其生命活动，受温度、湿度、光线和空气成分的影响，块茎内的化学成分也在不断变化，将发生一系列由高活性向低活性再向高活性的生理生化变化，主要为组织结构的变化、伤口的愈合、块茎的失水、块茎的呼吸作用、块茎贮藏物质和内源激素的变化等，这些生理活动变化过程直接影响贮藏薯块的品质，并决定薯块在贮藏期间的损失程度。

7.1.2.1　块茎组织结构的变化

表皮不断木栓化，通过休眠后，在芽眼处形成一个明显的幼芽，在贮藏期结束后幼芽开始萌动生长。

7.1.2.2　伤口愈合

块茎在收获、运输和分级选种等过程中易被擦伤和碰伤，伤口在环境条件适宜时就会愈合，从而可以减少水分的蒸发和病菌的入侵。伤口愈合时，在伤口表面形成木栓质，产生木栓化的周皮细胞，把伤口填平。

7.1.2.3　块茎失水

薯块的含水量平均约占其鲜重的75%，干物质约占其鲜重的25%。薯块组织蒸发水分是它在贮藏期间损耗营养物质的主要原因，薯块在贮藏期间损耗的有机物质有2/3是水分蒸发的结果，有1/3消耗于呼吸作用。在贮藏期间，薯块蒸发的水分多，损耗的有机物质相对较少，因此，在贮藏后期，薯块的干物质含量相对增多，其中的灰分含量则比较稳定。

7.1.2.4 块茎的呼吸作用

块茎在呼吸的过程中吸收氧气，消耗营养物质，同时放出水汽、二氧化碳和热量，块茎贮藏环境的温度、湿度及空气成分随之发生改变，从而影响贮藏块茎的质量。呼吸强度因块茎的生理状况、贮藏环境以及品种等不同而有所区别。刚收获的块茎呼吸强度相对较高，随着休眠的深入，呼吸强度逐渐减弱，块茎休眠结束后，呼吸强度又开始升高，芽萌动时的呼吸强度急剧增强，随着芽的生长，呼吸进一步加强。未成熟块茎比成熟块茎的呼吸强，块茎的机械损伤和病菌的感染都会导致呼吸的迅速加强。温度是影响块茎呼吸最主要的环境因素。贮藏温度在 4~5℃时呼吸强度最弱，5℃以上则随温度的升高而增强。氧气不足会导致呼吸降低，高温下缺氧会导致窒息而造成块茎黑心。

7.1.2.5 块茎化学成分的变化

在块茎贮藏过程中，营养成分在不断发生变化，正常的贮藏条件下，变化是缓慢的而且有一定的规律。碳水化合物中 95%以上是淀粉，另外还含有蔗糖、葡萄糖、果糖等。在整个贮藏期间，块茎中的这些成分不停地相互转化。刚收获的块茎糖的含量较低，随着贮藏期的延长，块茎的糖含量不断增加，淀粉含量逐渐减少。还原糖的增加使块茎容易发生褐变从而降低加工品质。块茎糖分增加的速度和程度主要取决于贮藏温度和贮藏时间。在贮藏过程中，不同温度会使马铃薯块茎中的糖和淀粉相互转化。低温下，薯块中积累糖分较多，接近 0℃时，它会有一种所特有的甜味，如果把这些薯块放置在温暖条件下，糖转化为淀粉的过程明显加强，淀粉的形成大约增加 20 倍；7 d 后，薯块的甜味消失，马铃薯块茎的口感已明显地变差。

7.1.2.6 其他成分的变化

块茎中的蛋白质随着贮藏期的延长而减少，但在收获后至休眠期的变化很小，发芽后，蛋白质含量明显减少。维生素 C 的损失主要在贮藏期，随着贮藏期的延长，维生素 C 的含量直线下降，一般在 3℃下损失最多，而在 5℃下损失最少。

7.1.3 马铃薯贮藏期间对环境条件的要求

影响马铃薯贮藏效果的因素包括内因和外因。内因主要是指马铃薯品种自身的抗病性和耐贮性，外因则是指贮藏时的环境条件，如热、光、温度、湿度、通风等因素，外因是影响贮藏效果的关键因素，对贮藏效果影响较大，贮藏技术的研究主要是围绕改善贮藏条件来进行。

7.1.3.1 块茎完整程度

完整的没有损伤的马铃薯易于贮藏，损伤严重、愈伤组织没有形成的马铃薯在贮藏期间易受病菌的侵染，而不易于贮藏。马铃薯收获后，在 10~15℃堆放几天，一方面可以使机械损伤的伤口愈合，一方面便于判断和挑出感病薯块。在栽培管理和收获运输中，应尽可能避免马铃薯的机械损伤和人为造成的碰撞，严格淘汰病、烂、破损薯块，去除依附泥土之后再分开放入贮藏窖。

7.1.3.2 温度条件

温度影响马铃薯的呼吸和新陈代谢作用，不仅对休眠期的长短有一定影响，而且对休眠结束后的薯芽生长速度也有明显影响。马铃薯的最佳贮藏温度范围为 2~5℃，在适宜的温度条件下，薯块呼吸很弱，皮孔关闭，病害不发展，重量损失较小，块茎不发芽。贮藏温度过高，块茎代谢旺盛，水分易损失，衰老加快，马铃薯块茎的休眠期也会缩短，品质不易保持；在 7℃以上时薯块呼吸强烈，菌类繁衍增长速度较快，薯块易腐烂；温度越高，块茎水分蒸发越严重，当水分损失达到 10%以上时，马铃薯块茎表现为皱缩。贮藏温度过低，薯块内部结构会受到损坏，代谢缓慢，水分损失少，当温度在-2℃持续 4~5 h，马铃薯块茎内部结冰，内部组织就会坏死，解冻后马铃薯块茎会变得软弱潮湿，并渗出液体，易引起烂薯现象；当温度维持在 0~1℃时，薯块容易感染干烧病、薯皮斑点病等真菌病，造成贮藏损失。一般来说，贮藏目的不同，贮藏温度会有所不同。温度不仅对马铃薯休眠期长短有一定的影响，而且对芽的生长速度有较大的影响，贮藏温度越高，通过休眠后的马铃薯发芽越快。贮藏期间的温度在 4℃以下时马铃薯通过休眠后芽生长较慢，但容易感染低温病害而导致损失，也因低温下还原糖升高而影响加工品质，种薯和商品薯一般贮藏在 4℃以下，加工薯在加工前需进行回暖处理，在 15~18℃的温度条件下保持 1~2 周。

7.1.3.3　湿度条件

贮藏过程中为了使块茎保持较好的外观品质、延长贮期，应保持库内有适宜的湿度，以减少自然损耗和有利于块茎维持新鲜度。马铃薯贮藏的最适相对湿度在 85%~90%，湿度过高时使库内顶棚上形成水滴并引起薯堆上层的马铃薯块茎"发汗"，促使马铃薯块茎过早发芽和形成须根，降低商品薯商用品质，种薯则会降低种用品质。薯堆出汗时由于湿度过高容易遭受病原微生物的侵染，导致病害的发生而造成薯块严重腐烂和损失。如果湿度过低，块茎中的水分就要向外蒸发，会引起马铃薯块茎表皮变软和皱缩，马铃薯失去原有的饱满度，重量减少，影响外观品质。马铃薯在贮藏期间应保持表面干燥，避免马铃薯表皮损伤，因为通过伤口失去的水分比通过成熟表皮失去的水分多。当贮藏环境中空气湿度过高时，应在地面撒碱石灰吸收水分；空气湿度过低时，应及时采取洒水、喷雾等措施，以保证贮藏环境空气湿度的稳定性。

7.1.3.4　通风条件

马铃薯在贮藏期间会不断进行呼吸，吸收氧气后经过一系列生理生化作用，释放二氧化碳、水分和热量等，在贮藏期间的通风能够把外面清洁而新鲜的空气通入库内。通风不但可以调节贮藏窖内的温度和湿度，避免因窖内局部温度过高湿度过大导致块茎腐烂，还可以将外界的空气与窖内的二氧化碳进行交换，使得薯块保持在最佳的贮藏条件之中。如果通风换气不及时，窖内就无法保证进入足够的氧气，薯块的生理活动就会受到阻碍，引起块茎黑心并且可能会引起病菌的萌发、感染，使薯块发病甚至腐烂。马铃薯贮藏时要求空气循环流动,流速均匀。贮藏库内往往因通风不良而积聚较多的二氧化碳，二氧化碳主要是通过影响薯块的呼吸作用来影响马铃薯贮藏的,空气流通情况与二氧化碳浓度关系很大。当二氧化碳浓度过低时,薯块的呼吸作用会加强,营养物质消耗加快,薯块的贮藏损失也会加快;当二氧化碳浓度高时,块茎的呼吸作用缓慢,营养物质保持较好,贮藏损失少;但当二氧化碳浓度过高时,贮藏块茎的呼吸作用完全抑制,会导致块茎活力降低。种薯长期贮藏在二氧化碳较多的库内,会降低发芽率,导致生长时期植株发育不良,使产量降低。所以马铃薯种薯贮藏,要注意二氧化碳的浓度,防止缺氧时间过长而使活力降低。

7.1.3.5 光照条件

在马铃薯贮藏中,光照有着双重作用。一方面光照可以刺激块茎的呼吸和酶的活性,食用块茎在直射光、散射光或长期照射的灯光下表皮变绿而降低品质,并形成对人畜有害的龙葵素,尤其是鲜食型品种鲁引1号和荷兰7号、荷兰15等;鲜食用马铃薯块茎的贮藏主要是确保抑制发芽、防止薯皮变绿、保证品质基本不变,因此必须保持黑暗无光的环境。另一方面,种薯的贮藏则与食用商品薯的贮藏相反,散射光照射对于种薯的长期贮藏有帮助。散射光能抑制马铃薯块茎发芽,并减慢薯芽的生长速度,而且能使种薯产生对病菌具有抑制作用的龙葵素,也能抑制幼芽的徒长而形成短壮芽,有利于产量的提高,因此种薯出库前通过5~7 d散射光照处理,能够提高种薯的抗病力和耐贮性,特别对小薯和微型薯尤为重要。

7.1.4 马铃薯块茎贮藏期间损耗的原因

马铃薯块茎在贮藏期间的损耗是不可避免的，引起块茎损耗的因素主要有块茎本身的生理因素,如呼吸、蒸发、发芽等;另一方面是病虫害引起的损耗,其中呼吸作用和水分蒸发是引起重量损耗的最主要因素。

7.1.4.1　蒸发作用

马铃薯块茎含 75%~85%水分，而贮藏期间主要的重量损失是失水。薯块、薯皮受伤未愈或薯块发芽,都会引起严重的蒸发损耗。由于必须保持贮藏薯堆空气流通或通风以保持块茎表面干燥、除去呼吸作用产生的热量并给薯块供应足够的氧气,因此失水是无法避免的。块茎受伤会引起大量失水,贮藏库中的湿度低于 85%,也会加速块茎中水分的蒸发。一般情况下，贮藏的第一个月块茎失水量约为鲜重的 1.5%，以后每个月为 0.5%~1.0%。

7.1.4.2　呼吸作用

块茎是鲜活的生命体,通过皮孔吸收贮藏库中的氧气进行呼吸,转化块茎中的碳水化合物,放出二氧化碳,并释放热量。影响呼吸作用的主要因素是温度,温度增高,则呼吸增强,块茎损耗增加。其他影响因素为薯块的成熟度、损伤、含糖量等因素。受损伤、未成熟和已开始发芽的薯块具有较强的呼吸作用,不成熟薯块的呼吸一般在 2 周后转为正常。通过通风可以有效除去薯堆呼吸作用产生的热量，当产热多于散热时，就会发生过热,这种情况一般发生在周围环境的温度相对较高时。实践证明,贮藏温度在 4~8℃时的呼吸消耗是最小的。

7.1.4.3　发芽损耗

发芽引起的巨大损失是由于蒸发、呼吸增强及碳水化合物从薯块向芽的转移。随着贮藏温度、湿度的增加,芽生长的速度加快,呼吸增强,块茎中的碳水化合物大量转化成能量而消耗。发芽的马铃薯一昼夜内重量要损失 0.05%~0.07%,严重时块茎大量失水而皱缩,重量损失是巨大的。当温度在 2~4℃时很少发芽,因此在不用抑芽剂的情况下要长时间贮藏,贮藏温度应控制在此温度范围内。当温度超过 18℃时,使用目前的抑芽剂也很难达到效果。光照能减慢芽的生长,甚至抑制芽的生长,贮藏种薯时常用的方法是散射光照射。

7.1.4.4 病虫害引起的损耗

块茎贮藏期间由于病虫害引起的烂薯是特别大的损耗，尤其是贮藏薯块已经部分受侵染、被机械损伤或表皮幼嫩时。马铃薯由于品种、生长条件、感病性、病虫害的发展以及扩散程度不同,因而引起的损失也不同。只有干净、健康、皮老化的薯块才能成功地贮藏。贮藏期间湿度较大时,容易引起块茎软腐,主要病原有青枯病、环腐病、晚疫病和黑胫病等。湿度较小时,容易引起干腐的病原主要有镰刀菌干腐病、粉痂病等。在大多数情况下,为减少病害导致的烂薯,应创造良好的通风条件,保持薯皮干爽以及 3~4℃的低温条件,这些措施能够有效降低病害的发生与扩展蔓延。贮藏期间的主要虫害是块茎蛾，由于块茎蛾在低于 10℃条件下其活动困难,一般通过低温贮藏来减少其危害和造成的损失。

7.2 马铃薯贮藏的方式

无论用哪种方法贮藏,马铃薯块茎都不可避免地发生损耗,合理有效的贮藏可以调节鲜薯的供应期,延长加工原料薯的加工利用时间,使自然损耗降至最低限度,实现效益提升;还可以通过调整马铃薯种薯的生理特性,提高马铃薯种薯的播种质量。在贮藏期间如能选择较好的贮藏条件和贮藏方式,通过温度、湿度、通风等环节的有效控制,延长马铃薯的保鲜贮藏期,对于减少马铃薯贮藏损失具有十分重要的意义。常见的贮藏方式主要有简易贮藏、机械冷藏、化学处理、辐射处理等,其中简易贮藏、机械冷藏属于低温贮藏类型,是马铃薯贮藏保鲜的主要方式。

7.2.1 贮前处理

无论是夏收或秋收后进行贮藏的薯块，都应该在贮藏前对薯块进行预处理。新收获的马铃薯,大小不一,或者由于品种及用途有所区别,在贮藏时也要区分对待,新收获的马铃薯块茎呼吸强度非常旺盛,散发出大量热量,不进行处理而立即入库进行贮藏,薯堆内温度会快速升高,容易造成烂薯,增加损耗。预贮的目的是为了促进薯块伤口愈合,加速木栓层的形成,提高薯块的耐贮性和抗病菌能力,进行针对性地选择,避免不合理的贮藏方式。

7.2.1.1　田间初步晾晒

马铃薯薯块收获后，可在田间就地稍加晾晒，散发部分水分及呼吸热,以便贮运。一般晾晒 4 h 就能明显降低贮藏发病率。晾晒时间过长,薯块将失水萎蔫,不利于贮藏。

7.2.1.2　挑选分级

为了保证贮存质量必须精选薯块。把病薯、烂薯、虫蛀薯、畸形薯和伤皮薯全部挑出,防止入库后传染其他无病的薯块。商品薯收获时要轻拿轻放,稍加晾晒后去掉泥土,按照不同用途、不同的销售渠道,将薯块进行挑选分级。

7.2.1.3　预贮

因品种差异,收获待贮的马铃薯生理年龄不一定完全相同,成熟度有差异，表皮木栓化程度也不相同，而且新收获的马铃薯呼吸强度非常旺盛,若不经预贮处理,容易导致烂薯。因而,把经过田间初步晾晒后的薯块置于阴凉而通风良好的场所摊开,薯堆不易太厚,上面应用苇草或草帘遮光。

7.2.1.4　药物处理

虽然低温贮藏是一种较好的贮藏方式，但长期的低温会造成马铃薯块茎糖化,严重影响其加工品质,还会使丙烯酰胺等潜在致癌物质增加,不利于马铃薯深加工产业的发展。相比之下,化学药剂处理可有效地抑制薯块发芽，起到杀菌防腐的作用。一般常用于处理马铃薯的药剂有青鲜素、萘乙酸甲酯及氯苯胺灵。应用化学药剂应注要掌握好药液的配制浓度,使用浓度太低,效果不显著,浓度过高,往往会造成药害。要根据块茎贮藏情况确定适宜的喷药时间和方法。切记,留作种用的块茎不能用抑芽素之类的药剂。

7.2.2 简易贮藏方式

简易贮藏是一种规模较小的马铃薯贮藏方式，由于缺乏科学的库房设计、必要的控温和控湿设备及制冷通风设备，只能满足粗放的生产和消费需求。简易贮藏设施通常根据外界温度变化来调节或维持一定的贮藏温度，在这种环境下贮藏的马铃薯易出现发芽、绿变、腐烂现象，影响马铃薯的品质。简易贮藏由于结构简单，简便易行，成本低，一般不需要特殊的建筑材料和设备，可以利用当地气候条件、因地制宜建造的优势。目前这种贮藏方式仍然是我国农村普遍采用的主要贮藏方法。

7.2.2.1 室内堆藏

选择通风良好、场地干燥的仓库或房屋，先用 8~12 g/m^3 硫黄粉或 4 g/m^3 高锰酸钾+6 g/m^3 甲醛混合后进行密闭熏蒸消毒，经 2~4 h 待烟雾消散后，即可将经过挑选和预冷的马铃薯进仓堆桩贮藏。每平方米可着地散堆 750 kg，堆好后四周用板条箱、箩筐或木板围好，高约 1.5 m，中间放置一定数量的竹制通气筒，以利于通风散热。为提高空间利用率，也可在室内架藏、码箱等，此法适用于短期贮藏和气温较低时秋马铃薯的贮藏。这种方法简单易行，但难以控制发芽，如配合药物处理或辐射处理可提高贮藏效果。生产中应用较多的是以板条箱或塑料周转筐放马铃薯，采用“品”字形堆码在库内，板条箱的大小以每箱 20 kg 为宜，装至离箱口 5 cm 即可，以防压伤，并便于通风，对气候比较寒冷的地区如东北，用堆藏法贮藏马铃薯也比较成功。

7.2.2.2 地沟埋藏

马铃薯怕热、怕冻、怕碰，挖出的马铃薯应放在阴凉处停放 20 d 左右，待表皮干燥后再进行埋藏。埋藏所用的地沟东西走向，深 1.5~2.0 m，宽 1.2 m，底部稍窄，横断面呈倒梯形，长度可视贮量而定，两侧各挖一排水沟后，让其充分干燥，底部垫层干沙，再放入马铃薯薯块。下层薯块堆码厚度在 40 cm 左右，中间填 15~20 mm 厚的干沙土，上层薯块厚 30 cm 左右，用细沙土稍加覆盖。沟内每隔 1 m 左右放置一个通气筒通风透气，通气筒高出地面 40~50 cm。在距地面约 20 cm 处设立测温筒，插入 1 支温度计。当气温下降到 0℃以下时，分次加厚覆土成屋脊形，以不被冻透为度，并用草帘等将通气筒封闭堵塞，防雨雪侵入，保持沟温在 4℃左右。春季气温上升时，可用稻草、麦秆等不易传热的材料覆盖地面，以防埋藏沟内温度急剧上升。

7.2.2.3　窖藏

随着马铃薯种植面积的不断扩大，需贮量的增加，鲜薯外销量的增大和反季节销售附加值的提高，马铃薯窖藏数量也增加了很多。窖藏作为一种传统的马铃薯贮藏方式，结构简单，造价低、保温性好，被广大农户普遍采用。但是传统窖藏有很多缺点，如窖内通风较差，不能充分利用自然冷源，温湿度的可控性也较差，不利于薯堆内部热量散发，致使马铃薯腐烂和发芽较重，贮藏损失较大，达不到理想的贮藏效果等，目前广泛应用的主要有棚窖、井窖、土窖等形式。

7.2.3　大型贮藏库

近年来，随着市场的不断扩大以及国家对农产品产地初加工补助政策的实施，一些农户、合作社和企业新建了大量的马铃薯大型贮藏设施，有效缓解了当地马铃薯贮藏能力不足的问题，为规范化建设马铃薯贮藏设施，提高马铃薯贮藏技术水平起到了较好的示范带动作用。大型贮藏库一般是在有良好隔热效能的库房中安装冷冻、排风等现代化机械设备，通过机械的作用，控制库内的温度、湿度和通风换气来保存马铃薯原料，它不受地区和季节的影响，可终年使用，一座完整的大型贮藏库一般由库体结构、制冷、加湿等系统构成。

7.2.3.1　贮藏库类型

大型贮藏库选址应临近村庄主要道路，根据贮藏设施规模及运输方式,合理确定贮藏设施出入口位置及装卸场地尺寸,并应远离有害物质、污染源和不良工程地质条件。贮藏库的类型视当地气候和立地条件而定,一般有地上式、半地下式和地下式三种。库的大小按贮藏量的多少而定,贮藏量一般在 100~1 000 t 或 1 000 t 以上。库体一般采用砖混+PU 板或喷涂及 EPS 外保温、混凝土浇筑结构+XPS 内保温及 EPS 外保温、钢构+PU 板、钢构+PU 喷涂,库顶有平顶、拱形顶或“人”字形顶。这种贮藏库可以由多个小库组成贮藏库群,库群分布呈“非”字形或半“非”字形,库长依据每个小库的贮藏量而定,总贮藏量一般在 1 000 t 以上。这种库的优点是坚固耐用,容量大,出入方便,便于检查,适于大量贮藏。

设施较为齐全的大型贮藏库,一般借助机械制冷系统将库内的热吸收传送到库外,可以人工控制和调节库温,不受气候条件和生产季节所限,一年四季均可用于马铃薯贮藏。库内设有温湿度传感器,可以检测温湿度。库内地面设有通风系统和气体分散装置,采用大功率风机自动送风,保证库内具有良好的通风效果。大型贮藏库的建筑结构科学合理,贮藏容量可大可小,装运方便。贮藏马铃薯时间较长,而且可以一库多用,既可贮藏马铃薯,也可贮藏蔬菜、水果等农产品,是较理想的一种贮藏方法。

7.2.3.2 贮藏库尺寸

贮藏库的尺寸取决于所需存贮的马铃薯的量。在计算时,马铃薯散堆时可取 650 kg/m^3,袋堆时可取 500 kg/m^3 来计算,贮藏高度一般选 4~5 m,贮藏的库间数取决于品种的多少,进库、出库的速度。库间容积取决于装仓、出仓的时间,品种的多少。库间的宽度,在散装方式下,要考虑装仓机的摆幅,库间太宽,则装仓机一次摆动很难达到侧墙,这样就需要更多的移动设备的辅助,所以,设计时要加以考虑。

7.2.3.3 贮藏库基础

由于马铃薯的压力问题,贮藏库的基础非常重要,马铃薯库内地板很容易出现裂缝。当马铃薯堆方高度达 4.5~5.0 m 时,地板的压力可以达到 3 t 以上。贮藏库的基础应有良好的抗潮湿、防冻性能,应有足够的强度。

冷库地基还受低温的影响，因土壤冻结后体积膨胀，会引起地面破裂或整个建筑结构变形，严重时会导致冷库不能使用。为此，冷库地基还需要考虑有效的隔热层及对于隔热层下进行处理，以防止土壤冻结。

7.2.3.4　墙

隔热、保温是冷库外墙和隔热内墙的主要功能，应根据当地气候条件和冷库温湿度要求以及其他相关因素适当选择保温热材料，合理确定隔热层厚度。为了防止隔热墙体内外表面及内部产生凝结水、设计时须妥善考虑隔汽问题，同时也要考虑防止外部雨水潮气侵入墙体的问题。结构坚固是冷库墙体安全使用的必要条件，冷库主墙层（即结构承重层）坚固与否取决于墙体的强度和稳定性，墙的强度必须能经得起马铃薯的侧压力，为了保证墙体的稳定性，一般对墙高与墙厚之比（即高厚比）有具体的规定。冷库墙体长期处于潮湿和低温环境下工作，必须保证冷库墙体材料具有与使用条件相适应的防水性、抗冻性和耐久性。

7.2.3.5　隔热材料

常用的隔热材料有聚氨酯夹心板（PU）、发泡聚苯乙烯夹心板（EPS）、挤塑聚苯乙烯板（XPS）。聚氨酯由于其优异的隔热性能，较低的吸水率，良好的板体强度而自然成为最佳的库体保温材料，目前大型的低温冷库绝大多数采用聚氨酯夹芯板作为冷库墙体及吊顶保温材料。板体的厚度在 100~250 mm，长度主要取决于运输和板体的自身强度，目前国内所安装的最长的单张聚氨酯墙板有 20 m 左右。发泡聚苯乙烯夹心板（EPS）以其相对较低的价格和良好的隔热性能在小型装配式冷库中也有着广泛的应用。挤塑聚苯乙烯板（XPS）由于其良好的隔热及抗压性能及尺寸大小的灵活性，多用于基础、地面保温和防冷桥处理，在外保温库中，XPS 也比较多的用于屋面保温，与柔性防水结合使用。通常来讲，保温层越厚，围护结构的热损失越小，但投资也相应增大，因此保温厚度的选取要综合考虑，在满足使用功能的前提下节省投资。

7.2.3.6　穿堂

穿堂的目的是防止内外或不同温度贮藏库在开门进出货物时，减少外界温度对库内环境温度的冲击，并可作为各贮藏间进出的通道，便于马铃薯装卸及周转，便于接收料斗、装仓机及输送带的移动的作用。对于低温穿堂，开放式穿堂一般为6~9 m宽，马铃薯整理工作都在穿堂内完成，同时穿堂内还要设计一些货架放置托板或包装材料，对于大型贮藏库，要求穿堂的宽度较大，一般不小于12 m，15 m为最普遍的宽度，在美国有些穿堂的宽度甚至达到21 m。

7.2.3.7　大门

在满足使用要求的前提下，贮藏库的大门应当尽可能的小，以减少冷量损失。因此在设计贮藏库大门时，在满足使用要求的前提下，尽可能减少门的尺寸以起到降低冷量损失的效果。对于采用高位叉车的贮藏库，一般建议高度设置为4.5~5.0 m。考虑到叉车的通行，2.2 m的宽度是比较合适的。目前应用于贮藏库的大门主要有普通电动冷藏门、快速对开电动冷藏门、快速卷帘门等，普通电动冷藏门是应用最为广泛的贮藏库门形式，一般库内设计门斗或者PVC门帘；快速对开电动冷藏门门体带保温，可自动感应快速开启关闭，目前主要依赖进口，价格比较高；快速卷帘（保温或不带保温）门可以通过地磁、雷达、遥控或拉绳开启，内侧安装普通手动冷藏门，进出货运行过程中，冷藏门一直开启，靠快速卷帘隔断库内外，不运行时再将库内侧冷藏门关闭，这种方式很适合于进出货频繁的贮藏库。

7.2.3.8　机房

机房最好放在贮藏库的中间位置，如放在中间走廊，可以把主配电柜装在机房，一旦库内的各项制冷设备发生异常情况的话，可以及时关闭安装在主配电柜内的总开关，避免引发火灾等一系列安全事故。机房也可以作为仓储经理的办公室，配置办公桌、中心控制电脑及质量控制设备，具备管理功能。

7.2.3.9　通风系统

贮藏库通风设计宜采用自然通风，当自然通风不能满足贮藏要求时，宜采用机械通风或自然通风与机械通风相结合的通风方式。通风系统设计应根据不同地域、不同季节的外界环境特征、贮藏库的结构类型、马铃薯贮藏方式确定设计通风量及通风口类型、尺寸和位置以及通风机类型、数量和布局。通风系统的最大设计能力应保证贮藏库在拟使用期中最不利的外界条件下，库内温度、相对湿度及二氧化碳浓度满足贮藏要求。

①自然通风。通风口面积应根据自然通风计算设置，设计通风量应满足最大必要通风量要求。进风口宜置于迎风面，出风口宜置于背风面，且出风口应高于进风口。出风口应高于马铃薯堆或位于贮藏库顶部附近位置。应尽量加大进风口与出风口之间的高差，进风口和出风口上应设置可启闭调节的风阀或窗扇，并具有安全可靠的防虫防鼠等功能。

②机械通风。机械通风包括正压通风和负压通风，正压通风系统进风口位置应低于出风口位置，以保证新鲜空气穿过薯堆。机械通风系统的进风口与出风口之间的水平距离不应小于 20 m，当水平距离不足 20 m 时，出风口高出进风口的垂直距离不宜小于 6 m，以避免通风短路。负压通风系统出风量分配是当马铃薯散发的显热能形成稳定上升的气流时，宜从房间上部区域排出；当马铃薯放散的二氧化碳较多，散发的显热不足以形成稳定上升的气流而沉积在下部区域时，宜从下部区域排出总出风量的 2/3，上部区域排出总出风量的 1/3。

7.2.3.10　地面防冻

相比较其他建筑的地面，贮藏库地面所面临的最大问题就是地坪冻鼓。地坪冻鼓是指贮藏库地坪下的土层受冻胀鼓。贮藏库地坪虽然铺设了一定厚度的隔热层，但并不能够完全隔绝热量的传递。当贮藏库降温后，库房与地坪下土层之间产生较大的温差。长时间累积，冰点等温线就会深入到地坪下的土层，并导致结冰。水在结冰过程中体积膨胀，如果地质条件等因素不能吸收这部分膨胀，就会出现冻鼓。冻鼓轻者可以造成保温失效，能耗增加，降温效果变差，重者会影响到贮藏库的安全。因此在设计贮藏库地面时必须采取措施防止冻鼓的发生。

7.2.4 现代化气调库

气调贮藏是同时利用低温和调节气体介质成分对马铃薯块茎生理活动（主要是呼吸作用）抑制作用的一种先进的保鲜方法。气调库用于商业贮藏在国外已有近70年的发展史，在一些发达国家已基本普及，如美国气调贮藏的果品高达75%，法国约占40%，英国约占30%，气调贮藏保鲜技术已成为世界各国所公认的一种先进的贮藏方法。我国气调贮藏技术起步较晚，在商业上应用仅是近几年的事情，随着全球经济一体化和我国国民经济的发展，人们对果蔬保鲜的质量要求将会越来越高，气调贮藏必然会在我国有更快的发展。气调库一般由气密库体、制冷系统、气调系统、加湿系统、压力平衡系统以及气体自动监测控制系统构成。

7.2.4.1 气密结构

气调库按构筑方式可分成土建式与装配式。土建式气调库的建筑结构基本上与冷藏库一样，用传统的建筑、保温材料砌筑而成，土建式气调库存在施工周期长、施工难度高、围护结构气密性难以达到要求等多方面的问题。与土建式气调库相比，装配式气调库施工周期短、气密性高、贮藏时间长，是目前最常见的建筑方式。装配式气调库常用的保温材料有硬质聚氨酯、苯乙烯泡沫塑料板及膨胀珍珠岩，其中硬质聚氨酯和苯乙烯短期内的保温性接近，但从长期的稳定性看聚氨酯板保温性能优势明显，能耗更低，同时占用的空间更小。

7.2.4.2 制冷系统

制冷系统是机械气调所必须具备的系统。气调库保鲜环境的制冷设备大多采用活塞式单级压缩制冷系统，以氨或氟利昂作制冷剂，库内的冷却方式可以采用中间制冷剂的间接冷却，这样便于控制供给冷风机的液体温度。冷却设备的选型应根据马铃薯贮藏的要求和价格确定，原则上要有利于贮藏间的温度均匀，尽可能使传热系数大，因气调库属于高温库宜采用冷风机作为冷却设备，冷风机可以采用落地式和吊顶式。

7.2.4.3　气调系统

库内气体成分的控制主要依靠气调系统，主要包含制氮机、二氧化碳脱除机等。

①制氮机。要实现所控制环境的低氧效果，主要通过增加氮气浓度来实现降低氧浓度的目的。制氮机在气调设备中，是相对使用率较高、耗能较多、投资较高的设备，也是各国气调保鲜行业重点研发内容之一，所以设备类型较多，更新换代较快。依据制氮设备的工作原理，可以将其分为三种类型，即吸附分离式、膜分离式和燃烧降氧型。

②二氧化碳脱除机。二氧化碳脱除的方法较多，主要有水洗、各种碱液或盐液吸收、消石灰（熟石灰）吸收、活性炭吸附等。目前现代化气调设备中，国内外广泛使用的主要方法是活性炭吸附式，二氧化碳脱除装置分间断式（单罐机）和连续式（双罐机）两种。二氧化碳浓度较高时，气体被抽到吸附装置中，经活性炭吸附后，再将含低浓度二氧化碳的气体送回库房，达到脱除二氧化碳的目的。目前在气调库建设中，二氧化碳脱除机以国产为主。

7.2.4.4　加湿系统

与普通冷库贮藏相比较，马铃薯块茎在气调库的贮藏期明显更长。除了贮藏环境气体成分的影响，气调库内的湿度控制也是主要因素之一。常用的加湿方法包括地面洒水加湿、冷风机底盘注水、喷雾加湿、离心雾化加湿、超声雾化加湿、高压微雾加湿、等温加湿等。

7.2.4.5　压力平衡系统

气调库是一种密闭式冷库，当库内温度升降时，其气体压力也随之变化，常使库内外形成气压差，若不采取方法将压力差及时消除或控制在一定范围内，库体围护结构将有可能遭到破坏。此外，在气调设备运行、加湿及气调库气密性试验过程中，都会在围护结构的两侧形成气压差。既要保证库体的气密性，又要保证安全性，并为运行管理方便，通常在气调库上设置压力平衡系统，防止库内产生过大的正压或负压，围护结构的气密性不遭到破坏。

7.2.4.6 自动监测控制系统

以上设备对于贮藏环境的调节起到至关重要的作用。但完备的气调库还需要一套灵敏的控制系统，需在不同位置的果蔬处安装多个传感器探头，实时监测气调环境的温度、湿度、二氧化碳浓度、氧气浓度、氮气浓度及乙烯浓度，并把监测到的数据传输到自动控制台。当某个参数超出设定范围时，自动控制系统（相应的软件系统）会立即调整相应设备，在最短时间内使参数达标。

7.2.5 化学贮藏

化学贮藏是利用化学物质脱氧、杀菌、防腐的功能，防止马铃薯块茎受到病菌的侵害产生变质的一种贮藏方式。化学保鲜剂一般由多菌灵和甲基托布津等内吸性物质组成，化学保鲜剂的价格低廉，使用方便，对于马铃薯块茎消毒灭菌的效果非常好，所以在马铃薯经常使用，但缺点是在马铃薯块茎的内部残留量较大，有其他的副作用，因此，人们逐渐减少化学保鲜剂的使用。

化学贮藏保鲜技术中有一项涂膜保鲜技术，是近年兴起的保鲜贮藏技术之一，这种方法是利用涂膜覆盖在马铃薯块茎的表面，阻隔外界环境，既可以增强果实表皮的防护作用，又可以抑制马铃薯块茎的呼吸作用和微生物在马铃薯块茎表面的生长。这种涂膜主要成分是糖类、蛋白质等。如壳聚糖、蜂胶提取物等天然保鲜剂，合适的壳聚糖复合涂膜能够有效抑制果实的呼吸作用和乙烯气体的产生，防止微生物在马铃薯块茎表面的繁殖，具有延缓果实衰老的作用。目前涂膜保鲜技术因其生态环保功能逐渐受到人们的重视，对于推动保鲜技术的进一步发展具有积极作用。但涂膜保鲜剂目前总体还处于基础理论探索和应用试验阶段，存在涂膜效果不稳定、抑菌性受阻等诸多问题。

化学保鲜剂能够有效抑制马铃薯块茎的衰老，降低呼吸频率的作用及减少乙烯气体的产生，是马铃薯块茎收获后、贮藏前、贮藏中的重要处理手段，在贮藏保鲜技术中占有重要的地位。但化学保鲜剂的使用不能替代低温保鲜的贮藏环境，只能对其他贮藏保鲜技术起到重要辅助作用，化学保鲜剂要和低温保鲜贮藏技术相结合，才能最大限度地延长马铃薯块茎的贮藏时间。

7.3 马铃薯贮藏保鲜综合管理技术

如果贮藏管理技术不当，容易引起晚疫病、环腐病、软腐病及干腐病等病害的发生，造成严重的经济损失。要想减少病害的发生，延长马铃薯的贮藏时间，达到较好的保鲜效果，就要采取合理的综合管理技术。

7.3.1 贮前准备

贮藏前做好准备工作，提前进行冷库消毒，并按照要求对薯块进行入库，有助于减少贮藏过程中病虫害的发生，延长贮藏期限，对贮藏效果有很好的作用。

7.3.1.1 贮前冷库消毒

冷库在使用后会造成污染，所残留的病菌会导致新入库贮藏的马铃薯感染，导致其出现腐烂等现象。所以在薯块入库前，一定要进行冷库消毒。首先要将库内打扫干净，然后用 50%的多菌灵可湿性粉剂 800 倍液喷洒墙壁和地面，施药后密闭冷库 48 h，然后打开库门通风，2 d 后薯块才可入库。也可用 1%~3%来苏水喷洒贮藏场所，还可以用生石灰对贮藏场所进行消毒。

7.3.1.2 薯块入库

将经过分级挑选、预冷的马铃薯进行入库，入库时要轻拿轻放，防止碰伤。为了便于通风透气，存放薯块的网袋要摆放整齐，要一袋一袋的错开码放，堆高在 1.3~1.5 m，太高了下层的薯块容易被压烂。薯堆的宽度在 2~3 m 之间，每堆 2~3 m 就要留出 20~30 cm 的通风道。另外，在薯堆与墙壁之间也要留出 20~30 cm 的通风道。这些措施可以保证薯堆的通风透气，以免堆内热量的散发受阻，使堆内温度过高造成块茎腐烂。

7.3.2 北方地区窖藏管理方式

在马铃薯越冬贮藏期间，要加强管理，严格控制窖内的温度、湿度和通风条件。定期检查，发现问题及时处理，确保马铃薯品质。通常根据马铃薯贮藏期间生理反应和气候环境变化，薯块入窖后应分 3 个阶段进行管理。

7.3.2.1 贮藏初期（入窖至 11 月底）

收获后的马铃薯正处在后熟期，块茎呼吸旺盛，放热多，分解出较多的二氧化碳、水分和热量，块茎易出现高温高湿现象，此阶段的管理以降温散热排湿、通风换气为主，窖口和通气孔要经常打开，尽量通风散热，利用自然通风和强制通风换气，随着外部温度逐渐降低，窖口和通风孔应改为白天大开，夜间小开或关闭。当外界温度较低时，应注意调节通风口大小角度。如窖温和堆温过高时也可以倒堆散热并剔除病烂薯块。此阶段适宜温度为 4℃左右。

7.3.2.2 贮藏中期（12 月至翌年 2 月）

马铃薯已进入越冬时间段，气温正处于严寒低温季节，薯块已进入完全休眠状态，易受冻害。此阶段的管理主要是防寒保温，当气温降到–6℃以下时，要密封窖门和通气孔，外覆棉门帘、草垫等保暖材料，必要时可在薯堆上盖稻草等农作物秸秆以吸湿防冻，在窖顶部覆盖棉毡或柴草，增加保温防寒措施。当外界阳光充足的时候，适当打开通风孔进行通风换气。此阶段适宜的温度控制在 1~3℃。

7.3.2.3　贮藏后期(3至4月)

马铃薯进入防热时期，随着天气转暖，外界温度上升，块茎已通过休眠期，窖温升高易造成块茎发芽。此阶段重点是保持窖内低温，要加大通风，以降温换气为主，勿使逐渐升高的外部温度影响窖温。中午气温高的时候，避免打开窖门和通风孔，应在早晨和傍晚温度低的时候适当进行通风换气。若窖温过高时可在夜间打开窖口通风降温，也可倒堆散热。此阶段适宜温度为4℃左右。

7.3.3　贮藏库及气调库管理方式

入库后，随着数量的增加，贮藏库温度升高，需要开始做降温处理，速度为每天降0.2℃为宜，将库区内温度降到10~13℃，使受机械损伤的薯皮完成木栓化，伤口愈合以防止病菌侵入造成腐烂。最终把贮藏库温度稳定在10℃左右，注意此期降温速度要缓慢，快速降温会导致薯块脆性增加，易碰伤。

马铃薯块茎入库预冷后，在贮藏期间要严格按照两头防热，中间防冻的原则来管理。不同阶段严格控制好不同的库温，以达到贮藏时间长，保鲜度好的目的。在成熟和愈伤结束后的2~3周内应使贮藏库降到适宜的温度，降低温度可以抑制微生物的繁殖，延缓马铃薯块茎的氧化速度。在低温下，块茎水分蒸发减少，呼吸作用和各种代谢活动降低。经分级预冷的马铃薯块茎可直接入库贮藏，种用马铃薯温度应控制在2~4℃，菜用的马铃薯温度应控制在4~6℃，加工用马铃薯温度应控制在6~10℃。库内温度不可频繁波动，否则会刺激酶的活性，使块茎呼吸强度增大，还能导致表皮结露，给微生物的侵染制造机会。每个库应设置几个测温点，高低交叉布置，经常检查，需保持较恒定的低温，库内温度变化幅度不超过±0.5℃。

马铃薯块茎含水量75%以上，只有含水充足，才能进行生命活动并保持新鲜饱满的外观。正常贮藏阶段库温趋于稳定，空气循环会使薯块失水，若水分得不到及时补充，失水过多时块茎会逐渐萎蔫，表皮皱缩，组织中水解酶的活性加强，加速衰老，重量减轻，失去商品价值，所以贮藏时设定送风湿度可以高一些，保持在93%~95%，使得环境相对湿度控制在85%~95%。贮藏时应根据库区内的情况，使风机间断运转，即减少薯块失水，又节约电能，但应合理安排，防止库内温度波动过大。当外界气温低于库区内设定温度时，关闭制冷机，合理利用自然风对库内温度进行调控，降低成本费用。当相对湿度小于80%时开启加湿器30~40 min，进行补湿。也可以通过向冷库的地面和墙壁上喷水来提高库内湿度，在喷水增湿时，一定不能把水喷到薯块上，以免发生腐烂。当冷库内的湿度过高时可以将生石灰均匀地撒到地面上来吸水降湿。

马铃薯块茎入库初期，呼吸强度大，注意薯堆内部温度，及时通风散热，每隔10~15 d换气1次，贮藏中后期每隔20 d换气1次。换掉库内浑浊空气，保证有流通的新鲜空气，防止二氧化碳等气体浓度过高，导致块茎生理失调和品质变劣，影响发芽和发育。而且通风换气也可以调节冷库内的温度和湿度，保证贮藏的安全环境。通风换气于清晨或夜晚无雾、无雨天进行，根据冷库内环境和外界气候情况适时开关通气孔或风机进行通风换气，一般每次开机换气30~40 min。库内温度、湿度、换气等应有详细记载。为确保温度、湿度稳定，应经常与机房制冷人员联系，并定期校正库内温、湿度与机房显示器之间的误差，发现问题，及时解决。

每隔20 d抽样检查各库马铃薯块茎，发现腐烂、生理病害，及时剔除，防止扩散。对不同时间入库的块茎应定期测定分析块茎果肉硬度、可溶性固形物变化，发现不能继续贮藏时，应提早销售。

马铃薯贮存结束后，可以进行出库前的准备工作，根据马铃薯最终的用途不同，出库前马铃薯应保持以下的条件：种用马铃薯相对湿度应控制在75%~80%，最小照明75 lx，升温到10~15℃，维持3周以上以刺激发芽；菜用马铃薯升温到12℃，维持2周以上；加工用马铃薯，如马铃薯的糖分太高或颜色太暗，升温到15~18℃，维持2~4周。

7.3.4　贮藏期间病害管理

马铃薯贮藏期病害病原不同，发病的症状特点也不一致。普遍发生的病害主要有 5 种，包括真菌性病害（干腐病、晚疫病、湿腐病）和细菌性病害（环腐病、软腐病）。其中晚疫病大部分发生在贮藏中前期，而干腐病则在贮藏中后期表现比较明显，适宜贮藏期晚疫病和干腐病防治的药剂可选用 58%瑞毒霉·锰锌和 25%甲霜灵·锰锌。贮藏期间需要定期进行消毒，贮存后每月杀菌 1 次，以防止薯块腐烂和病菌的蔓延。同时隔 15~20 d 用百菌清或多菌灵等杀菌剂，将门、墙、穿堂、月台等消毒 1 次，防止人员操作走动交叉感染。

7.3.5　贮藏过程中需要避免的问题

马铃薯贮藏过程中，必须注重管理，特别是做到忌强光、忌厚堆、忌潮湿、忌混放，贮藏过程中应分品种分别贮藏，注意通风换气，控制温度和湿度，及时排除库内湿气。常见问题主要如下。

7.3.5.1　入库方式粗放，入库薯块质量差异大

在入窖贮藏时，有些农户为省事省工，不按级别、大小、品种进行分别贮藏，特别是不经过晾晒和挑选，将潮湿、淋雨的薯块和冻、病、伤、烂的薯块一起入窖（库）；不注意轻拿、轻放，并常采用倾倒的方式，加之堆放操作时在薯堆上踏踩，很多薯块在贮存前就受到损伤，严重影响了马铃薯入库的质量。部分薯块在田间已轻度感染晚疫病，收获时块茎症状不明显，没有引起农户的足够重视，加上所携带的田间泥土过多，不仅导致薯堆通气不畅、湿度增大、温度易升高等问题，还由于所携带的病原菌感染了破损薯的伤口，促进各类病害的发生蔓延，使得薯块贮藏期间大量腐烂。

7.3.5.2　入库品种混杂，不同用途品种混放

入库时不区分品种、用途，将食用薯、商品薯、种薯、加工薯等多种用途的薯块集中堆放在一起，不仅造成品种混杂、病害相互传播，影响品种

特性，同时也对食用的品质、加工价值有影响，进而直接影响薯块的经济价值。为了防止混杂，一是根据马铃薯的不同用途进行贮藏。使用不同药剂处理，同时避免对种薯传播病害，主要有商品薯贮藏、加工薯贮藏、种薯贮藏。二是按薯块大小分开贮藏。薯块大小不同，其间隙不同，通气性也不同，而且休眠期也不相同，所以应分开贮藏。如果袋装贮藏，则薯块大的袋子可适当堆码高一些，薯块小的袋子适当堆码低一些。三是按品种不同分开贮藏。品种不同，休眠期也不同；同一品种，成熟度不同，休眠期也不同；休眠期较长的马铃薯与休眠期较短的马铃薯贮藏在一起，其休眠期会缩短。四是按贮藏时间长短分类分组贮藏，对短期贮藏的可放置于靠近出口处，便于随时出库。

7.3.5.3 贮藏条件不完善，影响贮藏效果

部分贮藏室选址不当，没有按照选址要求科学设计和建造，有的贮藏室建成后由于地下水位偏高，导致贮藏室地面潮湿，室内湿度过大，无法有效排出；或贮藏室背阴，阳光难以照射，温度得不到有效提升，薯块上部接近冻层，容易造成冻窖；有的贮藏室设施落后，贮藏窖通风孔道设置不合理，或没有设计通风孔道，不具备强制通风控温条件，无法调节窖内温、湿度，无法通进新鲜空气等。这些因素都会降低窖藏薯块的品质。

7.3.5.4 贮藏管理不当，降低薯块的品质

许多农户有“自然管理”的习惯，将马铃薯入库视为贮藏工作结束，在贮藏期间不及时或按照特定间隔时间进行仔细检查，不调整温、湿度，极少通风换气，防病意识薄弱、对病害不进行防治，以至在春季块茎出库时，出现冻窖、烂窖、伤热、发芽及薯块黑心等现象，造成重大经济损失。

第 8 章　马铃薯主食加工技术

马铃薯营养全面，产业链长，具备作为主食的条件，同时也顺应目前中国老百姓的营养需求。在不断追求膳食多元化和营养健康的今天，让马铃薯由副食向主食转变，有利于改善食物中膳食纤维、钾等微量元素的摄入，是优化膳食结构的较优方案。马铃薯在绝大多数地区被当作蔬菜食用，一般情况下人们会将其切丝或切块，通过炒、炖等方式进行烹调加工，然后配合米饭、馒头等传统主食食用，即使是在宁夏、陕西、山西、云南等习惯吃蒸、煮马铃薯的地区，人们仍然习惯配合馒头、面条、米饭食用，这就意味着在大多数人心目中，马铃薯的蔬菜属性远远大于主食属性，但实际上，马铃薯和大米、面粉这些传统意义上的主食原料一样，都是碳水化合物，特别是淀粉的主要摄入源，完全具备主食特性，本质上就可以当作主食，进食米饭及马铃薯实际上都是在进食主食。

8.1　马铃薯主食原料加工技术

马铃薯主食化离不开马铃薯淀粉、全粉、薯泥产品的开发。马铃薯淀粉糊晶莹剔透、光泽好、味温和，能保持菜肴的原有风味而深受欢迎，可广泛用于原料上浆、挂糊、黏裹、定型等方面，也适用于食品、膨化食品、肉类制品、冷冻食品、汤类食品、饮料、浆料、烹饪、制糖、水产品加工等。马铃薯全粉易贮藏、营养全面、运输便利，可加工性远远优于鲜马铃薯原料，以马铃薯全粉为原料开发的各类深加工食品已经成为目前我国马铃薯主食化的发展方向，也是解决目前贮藏加工损耗的最好办法。马铃薯薯泥直接食用口感滑顺细腻、入口绵软，作为马铃薯主食制品加工的主要原料可以制作马铃薯年糕、马铃薯面包、马铃薯馒头、马铃薯面条、马铃薯米线、马铃薯脆饼等主食产品，营养全面均衡，易于消化吸收，是老少皆宜的理想食品。

8.1.1 马铃薯淀粉加工技术

供生产马铃薯淀粉的原料，应选择单位产量高、抗病性强、薯大、淀粉含量高、淀粉粒大小均匀(沉降快)、可溶性蛋白质少(磨时泡沫少)、皮薄、凹凸少(容易洗涤)、纤维含量低、新鲜未发芽的马铃薯的粉用种，不允许有烂、坏、枯萎、冻伤、冻透的块茎存在。

8.1.1.1 马铃薯淀粉加工工艺流程

淀粉密度大于水且不溶于水，在水的参与下，借助淀粉不溶于冷水及相对密度上的差异进行物理分离，通过一定的机械手段使淀粉与纤维、薯渣、蛋白及其他可溶性物质相互分开，并进行有效干燥，从而得到细腻干净的马铃薯淀粉。

(1)小型马铃薯淀粉加工工艺

1)工艺流程：马铃薯→清洗→粉碎磨浆→除渣→沉淀→干燥→粗淀粉

2)工艺过程：此方法为传统的人工或非连续小型机械加工法，主要工艺过程如下。

①粉碎磨浆：选择淀粉含量高的马铃薯，拣出烂薯和病薯，放入洗涤槽或洗涤机内，加清水用棒搅拌，将薯块清洗干净，清除夹杂的泥、石块、茎叶和黏附在马铃薯表面的泥沙等杂质，清洗除去物料块茎的表皮，用水量大约为原料的5倍。洗涤后的薯块放入磨碎机中，边加入边磨碎，磨成淀粉浆，流入接收槽中。

②除渣：分两次分别用粗、细平筛将淀粉浆中薯渣筛出，获得淀粉乳。

③沉淀：将淀粉乳放入沉淀槽内，充分搅拌，静置5 h以上，则淀粉沉淀于底层。除去上层澄清液，即分离出淀粉。一次分离的淀粉杂质较多，可

在洗涤槽中，加水搅拌，静置数小时，再除去上面的澄清液。如此反复洗涤 3~4 次，最后静置，上层为外皮，中层为淀粉，下层为泥沙。刮去上层不纯物，将中间淀粉取出，即为湿淀粉。

④干燥：将淀粉块切成小片，然后摊在竹筛或小木盘中，在阳光下晒到淀粉块一触即破为止。也可以采用机械烘干的方法。

（2）工业化马铃薯淀粉加工工艺

工业上生产马铃薯淀粉，一般采用连续性的机械作业。

1）工艺流程：原料→清洗→磨碎→筛分→分离淀粉→洗涤淀粉→干燥包装

2）工艺过程

①原料选择：选择皮肉色浅，皮光而薄，芽眼不深且少，糖和蛋白质含量低的马铃薯。一般需要根据加工淀粉的要求，对原料马铃薯进行质量检验，包括测定化学成分和感官检验各种外观指标，如是否有病害、虫害、腐烂变质、生芽、冻伤或机械损伤等。最主要的质量检验指标是测定马铃薯淀粉的含量，生产实践中常采用相对密度法来粗略地估测马铃薯淀粉含量的多少。

②清洗：马铃薯的清洗工序主要是清除物料外表皮层沾带的泥沙及马铃薯间混合的一些硬质杂物。对作为生产淀粉的原料进行清洗，是保证淀粉质量的基础，清洗的越干净，淀粉的质量就越好。输送是将物料传递至下一工序，往往输送的同时也有清洗功能。常用的输送、清洗、去石设备有：水力流槽、螺旋清洗机、斜鼠笼式清洗机、桨叶式清洗机、去石上料清洗机、（平）鼠笼式清洗机、转筒式清洗机、刮板输送机等。根据土壤和物料特性可选择其中的一些进行组合，达到清洗净度高，输送方便的要求。

③磨碎：经过清洗后，将薯块放入大型磨碎机中喷水以利磨碎，使用的磨碎机有齿板型和锤击型两种，用水量约为原料重的两倍。马铃薯一般要求破碎度在 90%以上，为彻底破坏细胞组织，一般分一次磨碎和两次磨碎，两次磨碎是第一次磨碎后提取游离淀粉，对提取游离淀粉后的纤

维、未磨碎的组织和杂质等粗渣进行第二次磨碎。磨碎的目的就是尽可能破坏物料的组织结构，使微小的淀粉颗粒能够顺利地从块茎中解体分离出来。磨碎的要求是尽可能地使物料的细胞破裂，淀粉颗粒得到尽可能多的释放，并同薯渣、蛋白质等物质一起输送至筛分单元进行纤维分离。在磨碎操作中，破碎程度越大则出粉率越高，如果薯块磨碎不充分，细胞组织破坏彻底，淀粉不易取净，淀粉的分离也不能迅速进行，如果皮渣磨的过细，不利于淀粉与其他成分分离，增加了分离细渣的难度。

④筛分：目的是分离薯渣，提取淀粉，也称为浆渣分离，这是淀粉加工中的关键环节，直接影响到淀粉提取率和淀粉质量。磨碎后的物料是细小的纤维，体积大于淀粉颗粒，膨胀系数也大于淀粉颗粒，比重又轻于淀粉颗粒，将粉碎后的物料，以水为介质，使淀粉和纤维分离开来。这一工序是由一系列不同构造的筛子来实现的。传统的方法是使用平摇筛，现代马铃薯淀粉厂都采用离心筛。先使淀粉浆料通过 80~120 目的筛除去大量粗纤维，再用 120~150 目的筛除去细纤维渣。在筛分过程中要加水洗涤，用水量约为原料重的 4 倍，筛下物为淀粉乳，浓度为 4~7 波美度，筛上渣子进行第二次筛分回收部分淀粉，清洗后的淀粉渣子可作为饲料。

⑤分离淀粉：由筛分所得的淀粉乳是含有淀粉粒、粗纤维、蛋白质的乳状胶溶液，并含有多种可溶性的糖类、有机酸等物质，还有微生物和酶，影响薯类淀粉沉淀的因子有淀粉乳的浓度、淀粉粒大小和比重及 pH。在淀粉粒较大、比重较大、淀粉粒浓度较小和适宜的 pH 下，淀粉粒沉淀较快。沉淀时间要求在 8 h 内完成，否则会引起微生物的繁殖而影响淀粉的质量和产量，马铃薯淀粉粒较大，在淀粉乳较稀薄时（4~7 波美度）用斜槽即能取得预期的效果。但在原料品质较差时，如薯块生长不充实，部分腐烂，经长期贮藏，加工季节气温过高而引起发酵时，则沉淀缓慢，致使淀粉产量和品质下降，为加速沉淀须调节淀粉乳的 pH，马铃薯汁液的 pH 在 4.2~4.4，马铃薯蛋白质的等电点的 pH 在 5.4 左右，若淀粉乳 pH 低于 5.4 时，可略加碱液调整，使蛋白质微粒尽快脱水凝固，破坏蛋白质胶溶液而

使淀粉粒沉淀。分离淀粉的方法通常有静置沉淀法、流动沉淀法和离心分离法等。

⑥淀粉洗涤：先将待洗的淀粉送入洗涤槽内，同时加入清水并用搅拌器搅拌，然后进行静置沉淀，最后放去澄清水，除去蛋白质等杂质，从流槽中分出带有淀粉的黄浆水送入流槽回收淀粉，再经清洗槽用水洗涤 2~3 次，排去废液，得到淀粉。现代淀粉生产中，多是依靠淀粉旋流器来完成的，旋流器分为浓缩旋流器和洗涤精制旋流器，使用旋流器洗涤淀粉可大大提高生产效率和产品质量。通过筛分以后的淀粉浆先经过浓缩旋流器，纤维、蛋白等其他杂质悬浮在水中由溢流排出，底流进入洗涤精制旋流器，最后达到产品质量要求。对于原料差，粉色较暗的淀粉，则在最后一道洗涤后进行脱色漂白。

⑦脱水：淀粉清洗后，含水分很高，一般含水量在 60%左右，这样的湿淀粉在干燥之前，通常需使用离心分离机进行脱水处理。将待脱水的淀粉乳注入离心机的转鼓中，在离心力的作用下，使其含水量下降到 45%左右。也可采用能够实现自动给料、自动脱水、自动清洗的真空吸滤脱水机。淀粉乳也可用布包裹并以机械方式脱水，脱水后为湿淀粉，湿淀粉外观洁白，结成块，不发酸，切面光滑。

⑧干燥及包装：经脱水的淀粉可利用日光晒干，干燥时先将淀粉团块破碎，自然干燥需 3~6 d。也可送入干燥机或干燥室中进行人工干燥，温度控制在 40~58℃，干燥到平衡水分为 20%的干淀粉。简易的干燥室是在下部设暗火道和烟道，加热室内的空气，将淀粉置于室内的木架或地坪上进行干燥。干燥机主要有真空干燥机和热风干燥机两类。真空干燥机能快速干燥，又不会因温度过高使淀粉糊化。热风干燥机有滚筒式和带式两类，都是先借蒸汽或火力加热空气，利用高速流动的热空气气流使湿淀粉悬浮在其中，在气流流动过程中进行干燥，具有传热系数大、传热面积大、干燥时间短等特点。使用热风干燥机时干燥初期温度不宜超过 40℃，干燥后期温度可适当提高，但最高不宜超过 70℃，干燥时间 25~50 min。淀

粉经干燥后，温度较高，为保证淀粉的黏度，需要在干燥后将淀粉迅速降温。冷却后的淀粉进入成品筛，用粉碎机粉碎，最后通过 80~90 目的振动筛除去小粉块、大颗粒和凝结物，经筛分、品质检验后即可进入最后一道包装工序。

8.1.2 马铃薯全粉加工技术

以干物质含量高的新鲜马铃薯为原料，经清洗、去皮、挑选、切片、漂洗、预煮、冷却、蒸煮、混合、调质、干燥、筛分等工艺过程，经脱水干燥而得的细颗粒状、片屑状或粉末状产品统称之为马铃薯全粉。马铃薯品种薯块干物质含量、薯肉颜色、芽眼深浅、还原糖含量以及龙葵素含量、多酚氧化酶含量等差异明显，都会影响全粉的加工质量。干物质含量高的出粉率高，薯肉白的全粉色泽浅，芽眼多又深的出品率低，还原糖含量和多酚氧化酶含量高的全粉色泽深，龙葵素含量高的去毒素难度大、工艺复杂。因此，生产马铃薯全粉须选用芽眼浅、薯形好、薯肉色白、还原糖含量低和龙葵素含量少的品种，不仅可以生产出合格的产品，而且对于节能降耗、提高成品率都具有直接的价值，目前生产全粉所种植的品种主要是“大西洋”。马铃薯全粉极大程度地保证了细胞结构的完整性和马铃薯的各种营养成分，同时还保持了其天然口感和风味，按采用的加工工艺和产品的外形不同可以分为马铃薯雪花全粉和马铃薯颗粒全粉两类，雪花全粉细胞完整性不如颗粒全粉，保持养分及风味物质大约在 60%，生产成本相对较低，特别适用于制作马铃薯泥、片、条等食品；颗粒全粉主要以单个细胞或数个细胞聚集形态存在的粉末状，细胞结构破坏少，细胞的完整率一般在 90%以上，但生产设备价格贵，出品率低，生产成本高，所以专用于高品质马铃薯食品的加工。

8.1.2.1 马铃薯雪花全粉

（1）基本生产工艺

马铃薯经清洗、去皮、切片、蒸煮、挤压制泥后上滚筒干燥机进行干燥,再按使用要求粉碎成不同粒度的片状粉料,即得到雪花全粉。该工艺基本保持了马铃薯细胞组织的完整性和马铃薯原有的风味及营养价值。工艺流程:

马铃薯→去石除杂→清洗→去皮→分离→冲洗→拣选→切片→漂洗→预煮→冷却→蒸煮→制泥→输送→滚筒干燥→粉碎→过筛→计量包装→成品

加工雪花全粉用到的主要设备:蒸汽去皮机、漂烫机、蒸煮机、制泥机、滚筒干燥机。

(2)关键环节操作要点

①原料清理:马铃薯从田里收获被运送到生产车间,薯块上往往带有泥沙,不洁净的薯块会影响下一个工序流程的完成,严重的会影响产品的质量。清理的目的是要去除马铃薯表面的泥土和杂质,这是保障产品灰分指标的重要工序,在生产实践中,可通过转动筛的振动,将大的泥块、沙石脱落,之后再用高压水喷淋,对薯块上的泥沙进行清洗;也可通过流送槽、立式去石提升机、圆筒式清洗机或去石清洗机,通过对马铃薯水流冲洗、自身和相互摩擦、与圆筒体摩擦及比重分离,将原料表面的泥沙清洗干净。

②去皮:在马铃薯全粉加工中去皮是否彻底会直接影响全粉的质量。薯块的外皮主要由不能食用的纤维组成,带进产品中会影响产品的外观和口感。输送机和计量装置将清洗过的物料定时、定量的送进蒸煮罐,在中压蒸汽中闪蒸后,排出罐外,此时,熟化后的薯皮快速膨胀,脱离母体,或脱落,或呈粘连状态。将蒸煮过的物料用螺旋输送机运进干式刷皮机,薯块与转轴上的若干个刷子,经不同转动方向与薯块表面接触摩擦去皮,去皮的同时由喷头喷出的水冲洗脱下的皮和破损薯肉的淀粉,已脱皮的物料经清洗水流喷淋清洗后,掉落在缓慢移动的挑拣台上,接受人工检查和修整,剔除芽眼、发绿、发黑及病变腐烂的部分和残留的薯皮。

③切片:马铃薯切片的目的在于提高蒸煮的效率,或者说降低蒸煮的

强度，以满足在蒸煮过程中熟化效果均匀的要求。经过人工拣选、修整后，切片机将去皮后的物料切成厚度为 8~15 mm 的片块状。切片不能过薄，否则风味物质和干物质会损失很多。在切片过程中，受机械作用而被破坏的细胞将游离出淀粉，为了防止切片间的淀粉粘连及氧化，应将切片送入淋洗机冲洗，除净附着在切片上的淀粉。通常采用卧式转盘切片机，马铃薯由料斗进入转盘被离心力甩到转盘外沿，并在转盘带动下与刀片相切，完成切片作业。

④预煮和冷却：预煮的目的不仅是破坏马铃薯中的过氧化酶，防止薯片的褐变，有利于淀粉糊化，保护细胞膜。而且，还改变了细胞间力，使蒸煮后的马铃薯细胞之间更易分离，在混合制泥中得到不发黏的马铃薯泥。薯片在热水中预煮，水温必须保证使淀粉在物料细胞内形成凝胶。预煮后薯片用冷水清洗进行冷却处理，使预煮阶段膨胀的淀粉缓慢地收缩，适当增加马铃薯细胞壁的弹性，在马铃薯细胞内形成网状结构，进一步把游离淀粉除去，降低马铃薯泥的黏度。通常采用螺旋式预煮机和冷却机，预煮机介质水加热采用蒸汽与水混合，冷却机采用逆流换水，即料流、冷却水流向相反，提高冷却效率。

通常预煮的工艺参数：水温必须保证使淀粉在马铃薯细胞内糊化，一般温度 75~80℃，时间 15~25 min。冷却的工艺参数：温度 15~23℃，时间 15~25 min。

⑤蒸煮：蒸煮是马铃薯全粉生产中的关键工序，马铃薯的蒸煮程度直接影响产品的质量和产量。为使薯片充分熟化，当用两指夹压切片时，以不出现硬块且呈粉碎状态为宜，通常薯片蒸熟度达到 80%~85%即可。

采用带式蒸煮机的工艺参数是温度 98~102℃，时间 15 min；采用螺旋蒸煮机以 98~100℃的温度蒸煮 35~60 min 为宜。

⑥混合、制泥：混合、制泥是制粉的主要工序，设备选用是否合适，直接影响成品的游离淀粉率，进而影响产品的风味和口感。一般选用锤式粉碎机和打浆机将蒸煮后的马铃薯条或片进行破碎，并依靠筛板挤压成泥，

也可采用螺旋制泥机通过变螺距使其挤碎成泥。在马铃薯全粉的生产过程中,要尽可能使游离淀粉率低(1.5%~2.0%),以保持产品原有的风味和口感。

⑦干燥和筛分:干燥是马铃薯全粉生产过程中的关键工艺之一,干燥过程中要注意减少对物料的热损伤,并注意防止淀粉游离。雪花全粉生产中薯泥的干燥,一般利用滚筒干燥机进行,物料干燥后再由螺旋输送机输送至粉碎机,通过破碎过筛制成 2~8 mm 的全粉。粉碎粒度不宜太细,否则会使碎片周围的细胞破裂,游离出的自由淀粉增多,使产品复水后黏度增加。

⑧防褐处理和贮藏:全粉在贮藏期间有两种变化,一种是非酶褐变,另一种是氧化变质。A. 防非酶褐变的主要措施有:选择还原糖含量低的马铃薯原料、降低全粉的贮藏温度、全粉中加入适量硫酸盐(约 0.2 g/kg)、降低全粉的含水量等。B. 防止全粉贮藏期间氧化变质的措施有:添加适量抗氧化剂,如叔丁基–4–羟基茴香醚、2,6 –二叔丁基对甲酚等,与部分成品薯泥混合,制成 5 g/kg 抗氧化混合物,然后再添加进成品全粉中,使之达到合适的标准浓度,全粉可存放 1 年以上。

8.1.2.2　马铃薯颗粒全粉

马铃薯颗粒全粉是一种颗粒状、外观呈淡黄色的特殊细粉产品,它是脱水的单细胞或马铃薯细胞的聚合体。由于特殊的加工工艺和要求,马铃薯颗粒全粉细胞的完整率高,吸水强、黏度低,分散性好,在正常环境条件下保存时间长达 2 年。

(1)基本生产工艺

颗粒全粉的生产通常采用国际先进的回填工艺,具体流程如下:

原料→去石除杂→清洗→去泥除沙→蒸汽去皮→分离→冲洗→拣选→切片→漂烫→冷却→蒸煮→制泥→回填→混合→调质→干燥→筛分→二次干燥→冷却→筛分→计量包装→成品

该工艺是将去皮、切片、蒸煮、捣碎后的马铃薯泥中回填足量预先干燥的马铃薯颗粒全粉，充分混合后使其成为一种“潮湿的混合物”，再经过调质、干燥等工序，最终制成粉体成粒性良好的颗粒全粉。回填工艺的特点是能够最大限度地保持马铃薯细胞组织的完整性，使细胞破碎率最小，游离淀粉释放量最少，保持了马铃薯原有的风味和营养价值，产品风味和营养更接近新鲜马铃薯，因此生产中要尽量少使细胞破坏，因为细胞破坏后会增加很多游离淀粉，使产品发黏或呈面糊状，降低产品质量。

加工颗粒全粉用到的主要设备：清洗机、去皮机、皮薯分离器、切片机、漂烫机、螺旋蒸煮机、调质机、气流提升干燥机、流化床干燥机、称重包装机等，其中前处理设备与加工雪花粉相同，不相同的设备主要是干燥机。

（2）关键环节操作要点

马铃薯颗粒全粉与马铃薯雪花粉生产工艺在蒸煮制泥工序之前基本相同。制泥工序之后的各工序操作要点如下。

①搅拌混合：用捣碎机将蒸煮后的薯片捣碎为泥糊状后，与回填的颗粒粉充分混合，使之均匀一致。在混合过程中需添加必要的添加剂，以保证产品的色泽、流散性和保质期。回填的目的是降低物料的水分，并使马铃薯细胞的破碎率最小，成粒性最好。该工序要避免马铃薯细胞粒的破碎，使成品中大部分是完整的单细胞颗粒。回填的颗粒粉也应含有一定量的单细胞颗粒，以保证回填颗粒能够吸收更多的水分和回填质量，回填干粉的粒度应小于 1 mm，以保证其迅速吸收更多的水分。回填量的多少根据蒸煮后物料的水分含量而定，一般回填量是蒸煮后物料量的 3 倍。捣碎回填的混合物，通常采用保温静置方法，改进其成粒性，同时使混合物的含水量由 45%降低到 35%。

②调质：通过回填和搅拌，再采用恒温、恒湿静止的方法，可以明显改进湿混合物的成粒性，使物料水分均匀一致。混合后的物料经冷却，至 30℃左右保温静置，静置一段时间，使其内部水分均衡，混合调质后的物料含水量标准值约为 30%。通过静置以利薯粉颗粒表里干燥均匀，可以减少其可溶性淀粉，降低淀粉的膨胀力，并为干燥工艺做好准备。调质后

的物料可通过筛分机分离出去大于 4 mm 的颗粒，避免其干燥不彻底，影响产品质量。

③干燥：调质以后的混合物料在类型不同的干燥机中进行干燥，干燥的原理是气流带动热能形成热空气，将已经降低黏度的薯泥，在热气流中流动，相互碰撞，形成分散状态，增大物料的表面积，加快水分的蒸发，达到干燥的目的，避免物料结块，保证细胞的完整性。气流干燥机的气流速度不易过高，以免损伤细胞颗粒，增加游离淀粉含量。干燥后物料的水分含量在 15%以下，过 60~80 目筛子分级。过大的颗粒粉或筛下细粒均可作回填物料，另一部分筛下物，需进一步用流化床干燥机继续干燥，此时温度不能过高，避免破坏全粉的风味和营养物质，加热时间与布料厚度有关，干燥后物料的水分含量在 10%以下。

④筛分：干燥后的产品通过筛分装置，将其分成以下 3 种组分和 3 个流向。粗大颗粒组分（≥0.64 mm）将脱离生产线，做饲料的添加剂用；中粒径和一部分小粒径组分（0.25~0.64 mm）送至搅拌工序全部回填；另一部分小粒径组分（≤0.25 mm）将作为成品被输送至二次干燥（灭菌）工序。

⑤第二次干燥：第二次干燥过程中采用的设备为流化床，使产品进一步干燥。空气经过热交换器加热后，由进气支管分别送入流化床的底部，通过多孔筛板进入干燥室，将多孔板上的物料进行流化干燥；废气由干燥室顶部出来，由引风机产生的负压气流经旋风分离器收集粉尘，送至粉尘收集中心后排向大气。物料在床上的厚度可在 20~30 mm 范围内进行调整。干燥后产品的含水量在 7%~9%，要尽可能使游离淀粉降至 1.5%~2.0%。

⑥贮藏：经包装的马铃薯颗粒全粉成品，在仓储过程中，由于非酶褐变和氧化作用会引起变质。非酶褐变与产品中还原糖含量、水分含量及贮藏温度关系密切。贮藏温度每增加 7~8℃，褐变速率根据其含水量可增加 5~7 倍，因此应降低贮存温度和产品的含水量。

8.1.3 马铃薯薯泥加工技术

薯泥的传统做法是，将马铃薯洗净后带皮蒸煮，煮到中心部熟化为止，将煮熟的马铃薯沥水、去皮，然后压制或捣碎成泥状，添加调味品（或原味）即可食用。这种做法适合家庭或餐饮店的小批量生产，即做即食，薯泥质量依赖于操作人员的经验，难以保证产品质量的标准统一，无法满足大批量或工业化生产的需求。薯泥的工业做法与生产全粉的部分工序相似，具体如下。

8.1.3.1 基本生产工艺

工业化薯泥生产线可以根据不同的马铃薯原料品种调整各工序的加工工艺参数，实现连续化、标准化的薯泥生产。工艺流程设计为：

鲜薯→清洗→去皮→修检→切片→漂洗→漂烫→冷却→脱水→蒸煮→制泥

8.1.3.2 关键环节操作要点

（1）切片。采用离心切片原理，将去皮后的马铃薯均匀切片，确保后续加工品质均匀一致，片厚 10~15 mm，要求切面光滑。

（2）漂烫。可以破坏马铃薯中酶的活性，防止薯片氧化褐变，同时改善内部组织，有利于保留马铃薯营养及风味，漂烫温度 70~90℃、漂烫时间 10~15 min（根据不同的马铃薯品种、切片厚度及仓储条件进行调整）。

（3）冷却。用清水冷却热烫过的马铃薯片，除去薯片表面游离的马铃薯淀粉，避免其在后续加热期间发黏或烤焦现象，得到黏度适当的马铃薯泥。一般采用常温水，冷却 10~20 min。

（4）蒸煮。熟化薯肉，固化细胞，使淀粉、蛋白质等充分糊化或变性，以不生细腻为宜，蒸汽压力 0.3~0.4 MPa、蒸煮时间 20~40 min（根据不同的马铃薯品种及切片厚度进行调整）。

（5）制泥。将熟化的马铃薯挤压成泥状，尽可能保证细胞完整性，保持马铃薯的独特风味、口感和营养。根据薯泥用途的不同要求，调节挤压的细腻程度。

8.2　马铃薯主食产品加工技术

马铃薯主食化,进一步丰富了马铃薯的产品应用范围,促进了马铃薯加工多样化,有利于实现粮食生产和消费的协调发展,优化居民的主食结构,平衡食物和营养结构,拓宽马铃薯精深加工渠道。2015 年 8 月,农业部在北京、河北、内蒙古、宁夏等 9 个省(区、市)开展马铃薯主食产品开发试点工作。自马铃薯主食化战略提出以来,相关研究迅速开展,产品研发速度加快、加工工艺不断改进、加工企业不断壮大、市场不断拓展、机制不断健全。马铃薯主食产品中马铃薯粉的比例由最初的 25%左右,提高到 50%左右,部分企业生产的马铃薯米粉中的马铃薯含量已经达到了 60%,馒头中马铃薯全粉占比甚至已经提升至 70%。位于宁夏回族自治区的宁夏兴唐米业集团有限公司、银川麦清香食品有限公司、银川麦尔乐食品股份有限公司、辛普劳(中国)有限公司生产的多个马铃薯主食产品在国内多个展会取得奖项,马铃薯主食文化不断深入人心,马铃薯主食产品正在走进千家万户。

8.2.1　马铃薯馒头

馒头是我国北方地区及黄河流域人民的传统主食，属于中国传统发酵蒸制谷物类食品。由于馒头口感松软,并且容易被人体消化吸收,在我国居民膳食结构中占有十分重要的地位。馒头在我国的地位可以与西方的面包媲美,其消费量在北方主食结构中约占 2/3,在全国面食中的比例接近一半。随着经济的发展,物质生活水平的提高,人们对馒头的要求已不满足于最初的温饱,拥有良好的口感、风味,令人满意的外观,进而提升到了对品质更高的要求,对营养更全面的需求,对功能性更多的期待。

马铃薯馒头与普通小麦馒头相比,除了部分营养素外,蛋白质、纤维、维生素还有矿物质均都有不同程度的提高。从限制营养素来看，脂肪含量有所降低，钠有所增加，但与人体所需数量相比，影响不大。一个以馒头为主食消费的居民，假设用马铃薯馒头替换普通小麦馒头，居民将从主食中摄取更多有益健康的营养成分，特别是维生素 C 和钾增加最为显著。

通常情况下馒头是以小麦粉、水及发酵剂为原料制成的面制品，口感的优劣主要取决于面团发酵形成二氧化碳的数量和保持二氧化碳的能力，前者取决于酵母，而后者则取决于面筋的数量和质量。马铃薯馒头是一种典型的蒸煮食品，馒头中适量添加马铃薯粉可改善馒头色泽、口感、营养性，进而提高馒头品质。由于马铃薯全粉中淀粉含量较高，不能形成面筋网络，马铃薯馒头在制作过程中，除以小麦粉为主要原料外，还添加马铃薯全粉，全粉加入量过多会使得面粉中的面筋蛋白被稀释，抑制馒头醒发，导致馒头硬度变大、比容降低，出现发酵难、成型难、整形难、易开裂、口感差的问题。随着马铃薯主食化地位的日益提升，我国不少学者展开对马铃薯深加工产品的研究，一些科研机构和主食生产企业通过采用新技术，已生产出口感与普通馒头相似的马铃薯馒头，其中第一代马铃薯馒头于 2015 年 6 月 1 日在北京上市，2017 年宁夏银川麦清香食品有限公司、宁夏昊鑫现代农业开发有限公司已开始大量生产，主要采用了降黏技术、优化搅拌、由外及里再由里及外的醒发工艺和多项专利技术，所生产出的马铃薯馒头具有马铃薯特有的风味，同时保存了小麦原有的麦香风味，从外表上看，和普通的馒头有着一定的区别，色泽略微发黄，仔细观察会发现一些由粗纤维构成的纹路，吃起来并不像白面馒头或者是小麦馒头那样松软，而是口感略显干燥，硬度上也稍微硬一些。

20%马铃薯馒头工业化生产的工艺条件为：干粉 75%左右，酵母 0.4%，碱 0.8%，加水量 46%，改良剂 400 mg/kg，谷朊粉添加量为 1%、维生素 C 添加量为 80 mg/kg，搅拌时间为 16 min，醒发时间为 37 min，熟制时间为 25 min，在此生产条件下制得的马铃薯馒头形状完整、表面光滑无褶皱，柔软有弹性，松软适口、馒头咀嚼感好。相比较于普通馒头，20%马铃薯馒头膳食纤维提高 14.3%，烟酸含量增加 69%，钙含量增加 11.5%，镁含量增加 32.9%，铁含量增加 1.37 倍。

8.2.2　马铃薯面条

面条是我国的传统主食，深受消费者的喜爱。全小麦面条的制作主要是通过小麦面粉加水及其他辅料，经搅拌或挤压成团，再经醒面、复合压延后切条包装而成的。采用马铃薯全粉及小麦粉混合制作的面条，不仅可以提高面条的营养价值，更是实现马铃薯主食化的重要途径。马铃薯蛋白主要由球蛋白和白蛋白组成，其中球蛋白约占 2/3，马铃薯球蛋白易溶于盐，不是醇溶蛋白。马铃薯全粉不含面筋蛋白，不具有黏弹性，加水形成面絮后结构松散，无法赋予马铃薯面团类似于小麦面团的黏弹性，加工特性较差，制得的面条成形难、易断条、不耐煮、易浑汤、没有咬劲，因而在主食产品的研制中受到限制。

食品改良剂可以改善面团的加工特性。比如食盐，食盐是面条常用的改良剂，其可使面筋紧密，增强面团的黏弹性，降低面条的断条率。随着食盐的不断加入，面条的最佳蒸煮时间缩短，质构特性得到改善。黄原胶可以增加面团的黏弹性，而且能够提高面条光洁度，改善面条的口感，黄原胶强化了面筋结构，使面团的拉伸特性降低，使面条的干物质损失降低，质构特性有所改善。黄原胶能够增加面筋网络结构与淀粉颗粒间的结合，提高面条的紧密程度，从而改善面条的品质。谷朊粉的添加使马铃薯淀粉面条的硬度、回复性、胶黏性和咀嚼性增加，可以提高马铃薯淀粉面粉的面筋特性，改善马铃薯淀粉面粉的粉质和拉伸特性，并能够改善马铃薯淀粉面条的硬度和口感。谷氨酰胺转氨酶（TG 酶）可以催化蛋白分子内和分子间的交联，增大面筋蛋白中的大分子数量，从而使面团筋力增强，面制品品质提高。食盐、黄原胶、TG 酶、谷朊粉对马铃薯面条的质构特性、蒸煮特性、感官评价的改良作用明显。

30%马铃薯面条工业化生产的工艺条件为：30 g 马铃薯全粉，70 g 小麦粉混合粉为基重，食盐 2.45%，黄原胶 0.58%，TG 酶 0.3 %，谷朊粉 7.92%，和面温度 45℃、熟化时间 30 min，之后或压或擀制成片再切，或者使用揉、拉、捏、挤等手法，制成条状或小片状，最后经煮、炒、烩、炸而成，此条件生产出的面条表面光滑、食味好、品质优，营养丰富、口感爽弹，既具有马铃薯全粉的高蛋白质、高膳食纤维、高矿物质、高维生素以及低脂肪特点，品质和口感可以接受，又具有商品化潜力。

8.2.3 马铃薯复配米

马铃薯复配米是以马铃薯全粉和米粉为主要原料，采用挤压蒸煮技术，经过混料、挤压、成型、造粒、干燥等工序制作而成，其营养非常全面，富含多种营养素，具有天然的马铃薯香味，外形光滑美观，食用方便，口感细腻富有弹性，具有易煮和耐煮的特性，可以用来蒸米饭、包粽子、煮粥等，人们经常食用马铃薯复配米，可以均衡营养、促进身体健康，适合不同人群（如高血压、糖尿病等）。

经过几十年的发展，挤压蒸煮技术在食品领域的应用已非常广泛。挤压蒸煮是一种短时高温的加工技术，是指将物料经过粉碎、混合等预处理后，通过螺杆与挤压机腔体及物料之间的摩擦作用使其不断向前输送，最终从具有特定形状的模具中挤出，从而形成具有特定形状及结构的产品。可以把输送、压缩、混合、蒸煮、脱水、杀菌、膨化、成型等多种操作工序在同一时间段内完成，其适用性较强，而且具有效率高、成本低、所制产品易消化、营养素损失少、有利于长期贮存等特点。

马铃薯全粉和米粉的组成成分不同会发生相互作用，影响复配米的质构特性，特别是在挤压蒸煮过程中会发生一系列复杂的物理、化学反应和生物变化，比如淀粉的糊化、直链淀粉、脂肪复合物的形成、美拉德反应、蛋白质变性、维生素降解等，使产品的色泽、质构、营养等理化特性和感官性质发生变化。马铃薯全粉中支链淀粉含量高，米粉中直链淀粉含量较高，而且马铃薯全粉中膳食纤维、矿物质等含量也较高，所以两者按不同的比例混合会对品质造成很大的改变。马铃薯全粉已经熟化过，所以自身的糊化度较高，从而对质构特性影响较大。马铃薯全粉含量低时复配米的内聚性不足，含量过高又会使米饭黏性增大，表现为软烂、塌陷，硬度、黏力、弹性和咀嚼性下降；马铃薯全粉含量越高蒸煮损失也越大。一般来讲，马铃薯全粉含量为 40%时既能保证含有较多的马铃薯全粉，又能兼顾马铃薯复配米的食味品质，较为适宜。

马铃薯复配米虽然具有和普通大米相近的外观，但是造粒过程中米粒之间会有粘连，蒸煮后米饭的黏性较大，米粒不能保持原有的粒型，咀嚼性不好，口感仍需改进。作为食品添加剂的可溶性大豆多糖可以有效提高马铃薯复配米的硬度，降低黏度，使米粒之间不粘连，且可溶性大豆多糖自身也具有一定保健作用，生产上可选择可溶性大豆多糖为品质改良剂添加到马铃薯复配米中，添加量为 0.5%。

据国内有关报道，生产马铃薯复配米可使用双螺杆挤压设备挤压技术，配方为：马铃薯全粉:米粉:可溶性大豆多糖=40:595:0.5，喂料转速 40 rpm，螺杆转速 100 rpm，6 段机筒温度依次为 60℃→70℃→80℃→100℃→80℃→60℃，水泵转速 50 rpm。

8.2.4　马铃薯全粉面包

马铃薯全粉面包是用小麦粉和马铃薯全粉为主要原料，添加酵母、糖、盐、鸡蛋、油脂等辅料，加水调制成面团，经过发酵、焙烤得到的产品，相比于小麦面包，马铃薯面包由于含有更多的还原糖而易于发生美拉德反应，从而产生令消费者喜爱的焦黄色泽，比小麦面包的色泽更富有食欲，经过添加马铃薯粉后的面包，口感更有嚼劲和弹性。

马铃薯全粉含有较多膳食纤维，添加马铃薯全粉可以有效改善面包的烘焙品质。与面粉相比，马铃薯全粉含有丰富的钾、镁、氯等元素，能刺激酵母生长，加速酵母发酵产生气体。同时，马铃薯全粉具有糊化温度低的特性，结合有磷酸基团的支链淀粉含量非常高，有利于淀粉酶的水解作用，使酵母发酵速度加快。但是，马铃薯全粉中不含有对面包结构的形成具有重要作用的面筋蛋白，因此马铃薯全粉的过量添加会影响面筋网络结构的形成，干扰小麦面粉的强度，造成面包烘烤后感官较差。适量添加马铃薯全粉制作的面包，风味和口感较好，面包松软、爽口、有弹性、不黏牙，并且具有马铃薯特有的香味。

加工品质优良的马铃薯全粉面包除了考虑面粉和全粉的添加比例外，辅料也起着很重要的作用。制作20%的全粉面包时酵母用量4%左右，酵母菌对面包的膨胀度、适口性起重要作用，其在有氧和无氧呼吸的过程中，利用淀粉、糖类制造二氧化碳气体和一系列芳香性物质，使面团体积膨大、组织疏松，有助于面筋的进一步扩展，提高面团的保气性能。酵母添加量过多时，面团二次发酵效果会变差，直接导致面包体积小或者表面塌陷；而酵母添加量过少时，面团发力不够，面团膨胀体积较小，面包发硬、口感差。白砂糖用量10%左右，糖添加量过多时，面团二次醒发效果差，组织结构不细密、发硬，面包成品表皮颜色较深且味道偏甜；而糖添加量过少时，面团发酵没有足够的原料供应，发酵力减弱。食盐用量1%左右，食盐可使面筋质地变密，增加面筋的弹性和筋力，还可改善面包的口感。不同的食盐用量对面包品质的影响差别较大，食盐用量少时面包的口感不好、弹柔性较差，用量过大时面包稍带咸味，质地较硬。

制作马铃薯面包除了原辅料的比例外，还需要注意加工工艺：在马铃薯全粉面包的加工过程中，如果面团的发酵时间过短，其内部难以形成均匀的蜂窝状空洞，从而导致面包膨松度较差；发酵时间过长则会导致面团内孔洞过大而保存气体的能力下降，导致烤制过程中气体释放而造成面包塌陷。烘烤温度是面包成品表面感官及成熟度的决定性因素，如果烘烤温度过低，易导致面包不同部位烤熟速度不均匀，进而造成面包色泽不均或颜色较差，甚至出现没有烤熟的情况；如果烘烤温度过高则不容易控制烘烤时间，容易出现烤煳的问题，影响面包的色泽以及组织结构。烘烤时间对面包质量的影响与烘烤温度较为接近，当烘烤时间过短会出现面包表皮颜色较浅，口感黏牙；烘烤时间过长则容易烤煳或者导致面包颜色加深、表皮变硬。

据相关资料，马铃薯面包制作中的最佳原料配方和工艺条件是：马铃薯全粉用量 20%（增加马铃薯全粉比例时，可添加一定量的谷朊粉使品质达到要求），白砂糖用量 10%，酵母用量 4%，食盐用量 1%，醒发时间 60 min，上火烘烤温度 170℃，下火烘烤温度为 180℃，烘烤时间 10 min。工艺流程为：

原辅料称量→过筛→混合均匀→加入水、鸡蛋、植物油、食盐调制面团→静置→成型→醒发→焙烤→冷却→包装→检验→成品

在此条件下制作的马铃薯面包口感松软，内部气孔均匀，具有马铃薯的特殊香味。操作要点如下。

8.2.4.1　干酵母活化

称量好各配方原料后，在活性干酵母中倒入 25~30℃温水进行活化，另取一容器将食盐、植物油、白砂糖用温水溶解。

8.2.4.2　混合

酵母活化 10~20 min 后加入马铃薯全粉、小麦粉，然后加入鸡蛋及白糖、盐、植物油等配料并混合均匀，加入温水进行调制，搅拌、和面。

8.2.4.3　发酵

面团揉制好后，放置在温度 27~28℃，相对湿度 75%~80%的醒发箱中发酵 60 min。

8.2.4.4　成型、醒发

结束后进行分坯，切成小面团或特定形状，揉光、搓圆、定型，放置在温度 35~40℃，相对湿度 90%~95%的醒发箱中醒发 60 min。

8.2.4.5　焙烤

醒发结束后放到烤箱中焙烤，温度控制在 170℃，焙烤 10 min。

8.2.4.6　冷却、包装

自然冷却后立即包装，避免长时间暴露在空气中。

8.2.5 马铃薯米线

米线是我国南方地区的传统主食之一，是以淀粉凝胶网络为支撑的面条化食品，口感爽滑、韧性好，深受消费者喜爱。

马铃薯中淀粉含量较高，淀粉颗粒大，含有天然磷酸基团，具有优良的糊化特性，低温稳定性好，能形成品质优良的淀粉凝胶。将马铃薯全粉应用于米线产品的制作，不但可以充分利用其淀粉的优良品质，还能够保持马铃薯的营养和保健成分，满足人们对饮食营养健康的追求。然而，研究发现，以马铃薯全粉为主要原料制作的米线，其品质一般随着马铃薯全粉比例的增加而变差，这主要是由于马铃薯全粉极易吸水膨胀，加工性能具有一定的局限性，米线产品加工难度较高，使制备出的马铃薯米线硬度和韧性过大。此外，马铃薯全粉在水中的溶解度也较大，以马铃薯全粉为原料制作的米线表面黏性也较大，口感黏牙。

在马铃薯米线的实际生产中，一般使用品质改良剂来解决硬度、韧性等问题，常用的品质改良剂主要有乳化剂、增稠剂和小分子盐、糖等，主要作用是提高米线的韧性、弹性和拉伸强度，减少米线蒸煮后的糊汤和并条，提高贮藏期稳定性。此外，适当添加合适的辅料也可以改善米线品质，目前应用较多的主要有玉米、薯类、豆类淀粉及变性淀粉等。

黄原胶能增加马铃薯淀粉与体系内部分子链段间的缠结点，加强凝胶体的三维网络状结构，进而增强米线凝胶的弹性特征；但当黄原胶添加量过高时，会与直链淀粉竞争自由水，使淀粉凝胶结构有所弱化，影响米线凝胶的弹性。蔗糖酯的添加使原料体系内分子链间的缠结点增多，米线凝胶网络强度增加，品质优良的马铃薯米线应当具有较低的黏聚性和相对较高的硬度、弹性和咀嚼性，为减少添加蔗糖酯对马铃薯米线质构品质的不利影响，实际使用时应当控制其添加量。添加玉米淀粉对马铃薯米线质构品质各个指标均有较好的改善作用，玉米淀粉吸水能力很强，且糊化后粉浆的黏度很高，冷却后形成凝胶速度快、品质好，玉米淀粉的添加可以使马铃薯米线表面更加光滑有光泽，并能提高马铃薯米线的弹性、咬劲和筋力。但当添加量过高时，体系内淀粉含量的增多使蛋白质含量相对减少，进而弱化了马铃薯米线致密的网络结构，使其硬度和咀嚼性降低。

据相关研究，马铃薯米线最佳配比为马铃薯粉:米粉=6:4，混合后搅拌均匀，按照黄原胶 0.4%、蔗糖酯 0.3%、玉米淀粉 6%加入品质改良剂，此时制作出的马铃薯米线质构品质能得到明显改善。马铃薯米线的制作工艺流程：

大米→清洗浸泡→沥干→粉碎→加入马铃薯全粉→混合搅拌→挤压糊化→成型→冷却→老化→散丝→干燥→包装→成品

操作时，挤压糊化和成型是在一定的挤压条件下于双螺杆挤压机内完成，成型模头磨口直径为 2.2 mm。老化条件为：老化温度 25℃，老化时间 10 h。干燥条件为：干燥温度 80℃，干燥时间 12 h。

8.2.6　马铃薯速冻薯条

马铃薯速冻薯条是指新鲜马铃薯经去皮、切条、漂烫、调理、干燥、油炸后迅速冷冻而制成的一种马铃薯加工产品，需在冷冻条件下保存，食用前需从冰箱里拿出经油炸熟化后方可食用。马铃薯速冻薯条由于薯条松脆酥香，鲜美可口，营养丰富，受到人们的喜爱，目前速冻薯条是麦当劳、肯德基等快餐店中销售的主要食品之一。

马铃薯速冻薯条对于原料要求较高，品种的选择及贮藏对薯条品质起着决定性作用，优质的鲜薯品种是生产速冻薯条的基础。根据速冻薯条在加工过程中的物料特性和产品品质要求，用于加工的马铃薯要求还原糖含量低于 0.25%，干物质含量高于 20%，淀粉含量 14%~17%，密度 1.08~1.12，其中还原糖及干物质含量是选择原料需考查的主要因素。目前国际生产速冻薯条普遍应用的加工品种以夏波蒂、布尔班克居多，国产品种克新 1 号可作替代原料。

马铃薯原料在加工成速冻薯条的过程中要经历切制成型、漂烫调制、脱水油炸、速冻包装等工段的连续处理，主要工艺流程如下：

马铃薯预置、分选→去石清洗→去皮及皮薯分离→修整→切条→分级→漂烫→调理→干燥脱水→油炸→滤油→预冷→速冻→包装→冷藏

关键工艺流程说明如下。

（1）马铃薯预置、分选。要求原料外观整齐、大小均匀、表皮光滑、无严重畸形、无病害、无腐烂、无变绿等。原料在投入生产之前首先需对其成分进行测定，关键是还原糖含量的测定，当还原糖含量高时不易进行生产，仍需继续预置，直到糖分达到标准时为止。常用典型程序为马铃薯入库后的前 4 周内，保持每日降温幅度不超过 0.3℃左右，使薯块温度缓慢下降至贮存温度，以防止还原糖升高，出库加工前，需用 2 周以上时间逐步升温至加工所需的温度，这样可以有效地控制还原糖的升高。

（2）去石清洗。利用清洗和流送设备，除去马铃薯表面的泥沙和夹杂的异物（石头）。

（3）去皮及皮薯分离。用机械摩擦或蒸汽去皮的方式，除去马铃薯表皮并将皮薯分离，喷淋护色，防止去皮后的马铃薯表层氧化褐变。要求马铃薯的去皮率达到 95%以上，且去皮后表层无褐变现象出现。一般大型工业生产采用蒸汽去皮机，蒸汽压力为 0.12~0.20 MPa，压力越高，去皮层越薄。每次蒸汽时间 10~15 s，处理时间为 90 s。

（4）修整。利用人工将上一工序中未彻底去皮的薯块进一步清理，同时去除芽眼、不规则部分等。

（5）切条。将修整后的薯块经提升机进入切条机，根据生产要求切成不同规格尺寸、截面呈方形的条，同时用水冲洗表层淀粉。要求截面规整，表面光滑，条形较直。切条方式有水力切条和机械切条，水力切条由管道控制土豆竖向排布，在高水压下通过刀头，刀头形状各异，但竖向平面只能切直条状，而机械切条可切三角形、竖向波浪形。

（6）分级。马铃薯完成切条后，在薯条中混有一定数量的碎屑、短条、薄片等不规则形状的薯条，为了提高产品质量，需要将它们与合格薯条分

离开来。一般通过振动分级机，将不同规格的薯条进行分级，去除边角料和短条等，同时进一步清洗薯条表面淀粉，以防漂烫时表面发黏。去除的短条、碎屑等可再添加全粉生产马铃薯薯饼等产品，大型生产线用光感检查器除去带黑头的长条。

（7）漂烫。漂烫是薯条加工中的一个重要环节，漂烫工艺对薯条的色泽、质构、坚挺度、含油量均有影响。漂烫可灭酶、去糖、杀菌，防止薯条在后续的烘干、油炸过程中发生褐变，亦可使薯条部分淀粉糊化，改善原料组织结构，减少油炸时表面淀粉层对油的吸收，提高坚挺度并加快脱水速率。漂烫温度和时间是要控制的主要参数，漂烫过度会破坏细胞壁从而造成薯条空心；漂烫不足会造成细胞壁强度增大从而使得薯条内部质地不佳；合理的漂烫程度可产生高质量的粉状内部质地。一般采用一次漂烫，大型工业化生产采用二次漂烫，采用连续进料的网带式漂烫机和螺旋式漂烫机，漂烫温度75~95℃、时间5~10 min为佳，漂烫后薯条通体呈半透明状，棱角清晰，完整无断裂，油炸后有较好色泽和品质。

（8）调理。马铃薯薯条的分切加工过程中存在褐变问题，可采用添加护色剂的方法来抑制或钝化多酚氧化酶活性，降低其褐变程度，如若处理不当会影响薯条的色泽、口感及风味，通过调理可达到护色、硬化的辅助效果。在调理设备中加入品质改良剂，对薯条进行5~20 min时间的浸泡，改进薯条的表面组织结构，以利于产品最终获得外焦里嫩的口感。浸泡于浓度为0.1%的葡萄糖溶液中，可以有效改善产品表面的色泽，使产品颜色均匀一致，而不会产生深浅不一及斑点现象；经焦磷酸钠处理过的薯条，进行深度油炸后酥脆度较好；添加浓度为0.2%~0.3%的$CaCl_2$时薯条表面硬度和酥脆度能够达到平衡。在调理过程中，浸泡液会消耗减少，浓度也会下降，需要根据具体情况用备用溶液予以补充。浸泡液长期使用时，有可能因细菌的污染而变质，需要根据实际情况全部或部分更新。

（9）干燥脱水。烘干的目的是除去薯条中的部分水分，改变其固形物与水分的比率，使固形物含量达到成品要求，便于油炸和品质的形成。烘干是薯条加工工艺流程中最为关键的一步，它直接影响到薯条产品的最终品质，薯条的油炸过程可看作水油互换的动态过程，含油量与初始水分含量成正比，因而干燥后薯条水分含量将影响油炸时特有品质的形成。烘干过程中若水分去除太快，水分很难从变硬的表皮中流失，在油炸过程中可能起泡，给油炸薯条的外部表皮造成永久且不可逆的损伤（变硬）。过度干燥将导致薯条表面硬化，薯条外表没有保持充足的水分以至于产生表面粗糙、红边、红尖、起泡等现象；干燥不足将导致薯条吸油量增加从而降低油的重复利用率，干燥不足的薯条携带了更多的水分、含有更多的油脂，而油脂是绝热体，从而会导致速冻效率降低。为获得较均一的烘干效果，需要选用合适的烘干温度及烘干强度，保证水分在薯条内部迁移比较均匀，烘干后表面水分同心部水分相差不是很大，不会导致表面形成硬壳，薯条油炸后表面质量和颜色也比较理想。一般最佳的干燥条件为：60℃ 预烘干约 5 min，85~90℃烘干约 20 min，此时薯条水分降低约 25%。

（10）油炸。油炸是利用油脂作热交换介质，进一步降低薯条的含水量，同时在油脂的作用下使薯条的蛋白质变性、淀粉糊化、水蒸气溢出，进而获得酥脆外壳、疏松的结构及特殊的风味。油炸对薯条的色泽、脆度、风味、含油量等都有影响。通常薯条加工所用油为棕榈油，当薯条经油炸后含水量在 60%~70%，外表呈白色或黄白色，表层无气泡、焦硬现象时即达到产品的要求。如果是黄肉原料，油炸后薯条呈黄色，尖端部分允许有少量焦色。一般情况下，油温选择越低，油炸时间越长，产品的含油量相对较高；油温越高，油炸时间越短，产品含油量相对较低，但油温过高对油的品质会产生不良的影响，降低油的使用寿命，因此，油炸温度及时间应进行合理搭配。一般选择 170~175℃、油炸时间 35~40 s，此时，能得到含油量较低而风味最优的产品。速冻薯条油炸过程中丙烯酰胺的控制是加工中要考虑的问题，可以添加半胱氨酸（0.3%）及氯化钙（0.5%）处理以减少丙烯酰胺的产生。不同品种的马铃薯原料，其加工薯条时最佳的油炸温度和油炸时间是各不相同的，需要工艺实验进行调整。

(11)沥油。采用振动沥油法,去除薯条多余油脂,降低含油量,特别是表层的含油量,防止后续冷冻时,油凝结为固体,薯条表面含油发生粘连或污染冷冻仓。为了保证脱油效果,工作过程中必须保持筛面温度不低于60~80℃,这时通过蒸汽夹层套和电加热装置来加热和维持筛面温度。薯条经过振动的筛面不停沥出明油,该油经过过滤进入集油箱,由人工定期将浮油收集、过滤处理后返回油炸机中继续使用。大生产线一般采用流量为 13 000 L 的过滤机，小生产线采用流量最大为 3 785 L 的滚筒式过滤器,一级过滤采用 60 目筛网分离大的碎渣,二级过滤采用 200 目以上的纸袋或不锈钢网进行过滤。

(12)预冷。油炸后薯条温度较高,直接进入速冻机将耗用大量冷量,为提高速冻效率、减少能耗,利用室外冷空气或机械制冷对油炸后的薯条进行预冷处理,可节约大量能耗。

(13)速冻。油炸后的薯条进行速冻的目的是为了保持薯条的新鲜程度,延长产品的保质贮藏期。薯条在−32℃下、12~15 min 内使薯条中心温度快速降至低温(−18℃),这样薯条内部结冰晶体细密、均匀,薯条保鲜期长,贮藏质量好,薯条在再次深度油炸后其芯部松软,能够达到外焦里嫩、芯部不空的口感。速冻过程中应注意薯条是否发生冻黏现象。当传送带上薯条料层厚度过大、上料不均匀,或者进料温度偏高、循环风速过低都会加重冻黏现象。

(14)称重包装。速冻薯条的计量包装设备应该根据生产量来确定是采用人工称量包装还是自动计量包装方式。一般地,产量在 300 kg/h 以下时采用人工称量包装方式,配置若干台电子秤、塑料膜封口机等设备;产量在 300 kg/h 以上时以自动计量包装方式为宜。包装设备应单独安装在包装间并与生产车间隔断,温度应控制在 5~10℃,尽量低一点为好;未包装的速冻薯条在外暴露时间应尽量缩短,成品装箱后,应及时送入周转冷库中贮藏。封闭的包装空间可以减少外部的湿气因结露而过多地进入包装,也可以尽量避免速冻薯条过快地升温,造成冷冻薯条受热回软、吸潮结霜现象的发生。

（15）冷藏。包装完好的产品进入冷藏库冷藏，冷藏温度设置为-18℃。

（16）运输及销售。必须在冷藏状态下运输，整个销售过程必须在冷冻状态下进行。

8.3 马铃薯主食产品质量检测技术

当前，我国的马铃薯主食产品市场越来越繁荣，不仅仅是马铃薯主食产品的种类越来越多，同时其品质要求也越来越高，在这样的情况下，对产品的质量安全检验检测就显得格外的重要。一方面，通过质量安全检验检测，能够为主食产品的市场管理提供参考、依据，更好地规范、约束主食产品市场，构建和谐的市场秩序，推动市场进一步的繁荣、发展；另一方面，通过马铃薯主食产品质量安全检验检测，可以将质量不合格、不达标的产品抵制在市场之外，如重金属、农药残留超标的产品，进而保障产品的食用安全，确保人们的饮食健康。马铃薯主食产品质量安全检验检测的重要性非同一般，必须要引起高度关注与重视。

8.3.1 品质检测

品质检测主要通过物理方法进行，是能够反映马铃薯及其主食产品的商品外观、物理特性和工艺品质特性的检验，测定方法相对来说简便易行、快速、设备简单、容易普及。

8.3.1.1 马铃薯主食产品中水分的检验

（1）马铃薯主食产品中水分的存在形式。马铃薯及其主食产品中存在的水大致可以分为两类，游离水和结合水。游离水（或称自由水）是指组织、细胞中容易结冰，也能溶解溶质的这一部分水，主要存在马铃薯细胞间隙，能被细菌、酶和化学反应所触及，具有水的一切特性，也就是说100℃时水要沸腾，0℃以下要结冰，并且易汽化。游离水是我们食品的主要分散剂，可以溶解糖、酸、无机盐等，可用简单的热力方法除掉。结合水（或称束缚水）是与食品中脂肪（Fat）、蛋白质（Protein）、碳水化合物（CHO）等形式结合状态，以氢键的形式与有机物的活性基团结合在一起。结合水不具有水的特性，在食品中不易结冰（冰点-40℃），也不能作为溶质的溶剂，不能被微生物所利用，但它对马铃薯及其主食产品的风味起着重要的作用。结合水较难分离，如果将其强行除去，则会改变主食产品的风味和质量。

（2）水分测定的意义。没有水就没有生命，马铃薯及其主食产品组成离不开水，水分是影响产品质量的因素。控制水分含量，对于保持产品的感官性质、维持各组分的平衡关系、防止腐败变质等起着重要的作用。

1）水分测定的方法

①直接法：利用水分本身的物理性质、化学性质测定水分，重量法、蒸馏法、卡尔·费休法、化学方法。

②间接法：利用主食产品的物理常数通过函数关系确定水分含量，如测相对密度、折射率、电导率、旋光率等。

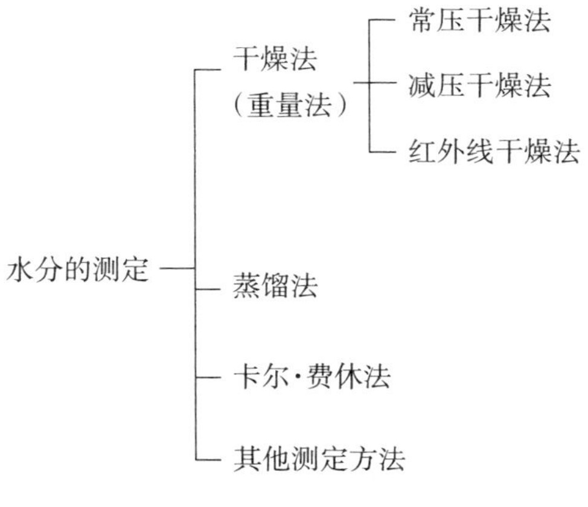

干燥法是在一定的温度和压力下，通过加热的方式将样品中的水分蒸发完全，根据样品加热前后的质量差来计算水分含量的方法。包括常压干燥法和减压干燥法。

以原样重量-干燥后重量 = 水分重量

2）干燥法的注意事项

①干燥法的前提条件(样品本身要符合3项条件)

a. 水分是样品中唯一的挥发物质，不含或含其他挥发性成分极少。

b. 可以较彻底地去除水分，即含胶态物质、含结合水量少。

c. 加热过程中，如果样品中其他成分发生化学反应，由此引起的质量变化可以忽略。

②操作条件的选择

a. 称量瓶的选择（铝制、玻璃）

图8–1　不同规格称量瓶

玻璃称量皿——能耐酸碱，不受样品性质的限制，常用于常压干燥法。

铝制称量盒——质量轻，导热性强，但对酸性食品不适宜，常用于减压干燥法或原粮水分的测定。

b. 称样量：样品一般控制在干燥后的残留物为1.5~3.0 g；固态、浓稠态样品控制在3~5 g；含水分较高的样品控制在15~20 g；马铃薯淀粉、全粉称3~5 g。

c. 干燥设备

烘箱：电热烘箱有各种形式，对流式、强力循环通风式。另外按工作时的压力干燥箱又分为普通干燥箱和真空干燥箱。

d. 干燥温度：一般是95~105℃；对含还原糖较多的主食产品应先在50~60℃条件下干燥，然后再在105℃加热；对热稳定的马铃薯主食类产品可用120~130℃干燥；对于脂肪高的样品，后一次重量可能高于前一次(由于脂肪氧化)，应用前一次的数据计算。

e. 干燥时间：根据经验，准确度要求不高的，一般2~4 h。最后2次重

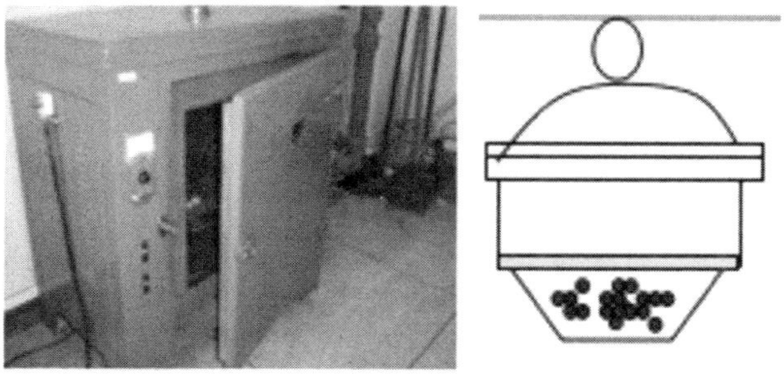

a. 普通干燥箱　　　　　　　b. 真空干燥器

图 8-2　干燥设备

量之差≤2 mg。基本保证水分蒸发完全。对于易结块或形成硬皮的样品要加入定量的海沙。称量皿放入烘箱内，盖子应该打开，斜放在旁边，取出时先盖好盖子，用纸条取，放入干燥器内，冷却后称重。

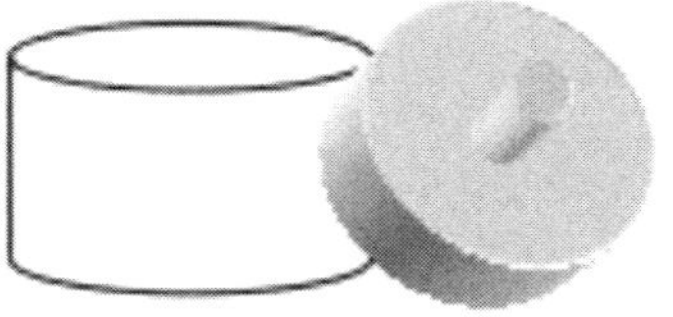

图 8-3　称量皿

3）直接干燥法

①原理：马铃薯主食产品中的水分一般是指在 100℃左右直接干燥的情况下所失去物质的总量。

②测定方法

a. 样品的预处理（对分析结果影响较大）

采集、处理、保存过程中，要防止组分发生变化，特别要防止水分的丢失或受潮。 固体样品要磨碎（粉碎），马铃薯含量高的主食达 18 目，其他 30~40 目。液态样品要在水浴锅上先浓缩，然后进干燥箱，不然难以烘干。浓稠液体（糖浆、炼乳等）加水稀释，最后要把加入的水除去。加入海沙，海沙与玻璃棒在水浴上干燥后入干燥箱，两者要知重量。含水量≥16%的谷类食品，采用两步干燥法。如马铃薯面包，切成薄片，自然风干 15~20 h，再称量,磨碎,过筛,烘干。

操作步骤(固体):称量瓶烘干、冷却到室温,并重复至恒重,称重 m_3→准确称称量瓶和样品重 m_1→95~105℃下烘干,2~4 h→取出,置于干燥器中冷却 30 min→称量干燥后的重量→再烘干 1 h,放入干燥器内冷却 30 min,称量。反复至恒重,准确称样品和称量瓶重量 m_2,2 次质量差不超过 2 mg→计算(失重/样品重)

操作步骤(半固态):蒸发皿+石英砂+一根小玻棒烘干、冷却至室温,重复干燥至恒重,称取重量 m_3→准确称蒸发皿+石英砂+小玻棒+样品重量 m_1→将蒸发皿+石英砂+小玻棒+样品放在沸水浴上蒸干,并随时搅拌→擦去皿底的水,于 95~105℃下烘干,约 4 h→取出,置于干燥器中冷却 30 min→称量干燥后的重量→再烘干 1 h,放入干燥器内冷却 30 min,称量。反复至恒重,准确称蒸发皿+石英砂+小玻棒+样品重量 m_2,2 次质量差不超过 2 mg。

水分的计算:水分(%)=$(m_1-m_2)/(m_1-m_3)\times100$

式中:

m_1——干燥前样品和称量瓶(蒸发皿+石英砂+小玻棒)质量,g。

m_2——干燥后样品与称量瓶(蒸发皿+石英砂+小玻棒)质量,g。

m_3——称量瓶质量(蒸发皿+石英砂+小玻棒),g。

说明:本法为国标法,设备操作简单,但时间较长,且不适宜胶体、高脂肪、高糖食品及含有较多的高湿、易氧化、易挥发物质的食品。本法测得的水分还包括微量的芳香油、醇、有机酸等挥发性物质。加入海沙是为了增大受热和蒸发面积,防止马铃薯主食产品结块,加速水分蒸发,缩短分析时间。

4)减压干燥法

①原理:利用在低压下水的沸点降低的原理,将取样后的称量皿置于真空烘箱内,在选定的真空度于加热温度下干燥到恒重,干燥后样品所失去的质量即为水分含量。

②适用范围:适用于在较高温度下易热分解、变质或不易除去结合水的马铃薯主食类产品,如利用马铃薯作为原料生产出的糖浆、果糖、味精、高脂肪食品及其制品等的水分含量测定。

③仪器及装置:准确称样置于真空干燥箱内,干燥箱连有真空泵,抽出干燥箱内空气至所需的压力,并同时加热至所需的温度,关闭连接真空泵的活塞,停止抽气,使干燥箱内保持一定的压力和温度,经 4 h 后,打开活塞,使空气经干燥装置缓缓通入干燥箱内,待压力恢复正常后再打开。

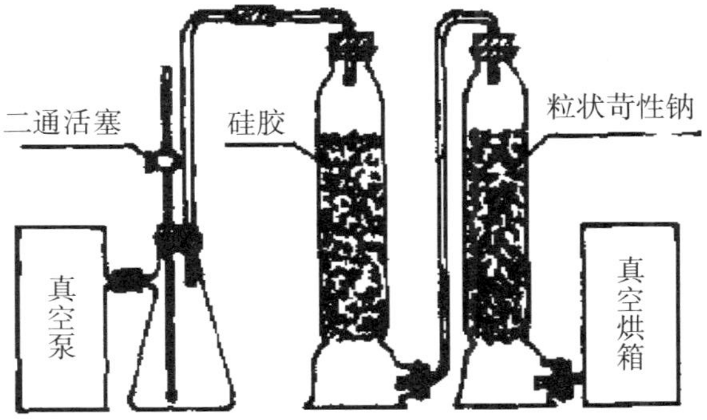

图 8-4　减压干燥装置

④注意事项:一般用铝制的称量瓶,因为导热性比较强,但对酸性样品不适宜。在真空干燥箱内放硅胶,可吸收从样品中蒸发的水分,降低环境的水蒸气分压,能加快干燥速度,使样品中的水分蒸发更彻底。

8.3.1.2　蒸馏法

(1)原理。基于两种互不相溶的混合液体——二元体系的沸点低于两种单独成分的沸点的原理,使用专门的水分蒸馏器,采用沸腾的有机溶剂,将样品中的水分分离出来,由于水与其他组分密度不同,馏出液在有刻度的接收管中分层,根据水的体积计算水分含量。从所得水分的体积,求得样品中水分的百分含量。

例:有关沸点

水 – 100℃;苯 – 80.2℃;水+苯 – 69.25℃。

有关相对密度:(20/4)

$d_{水} = 1.000\ 00$　$d_{苯} = 0.879\ 00$

$d_{甲苯} = 0.866\ 94$

(2)特点和使用范围。此法为一种高效的换热方法,水分可以被迅速地移去,加热温度比直接干燥法低,避免了挥发性物质减失的质量对水分测定的误差及脂肪氧化对水分测定的误差。另外是在密闭的容器中进行的,设备简单,操作方便,广泛用于各类马铃薯主食类产品水分的测定。

(3)蒸馏式水分测定仪如图所示。甲苯或二甲苯:取甲苯或二甲苯。先以水饱和后,分去水层,进行蒸馏,收集馏出液备用。

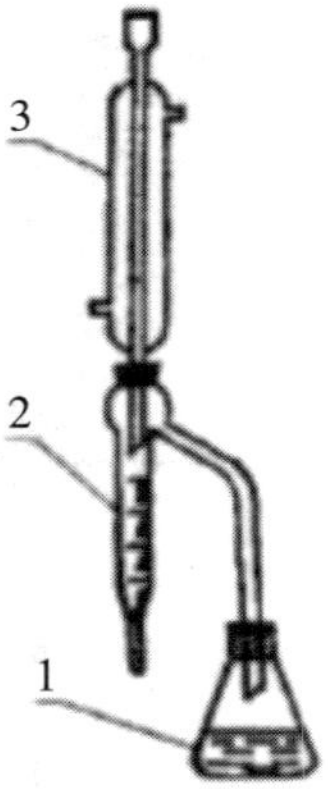

1. 250 mL 锥形瓶;2. 水分接收管,有刻度;3. 冷凝管

图 8-5　蒸馏式水分测定仪

有机溶剂的选择:甲苯(沸点 111℃)、二甲苯(沸点 140℃)、苯(沸点 69℃)

对热不稳定的马铃薯主食产品(易分解),一般不采用二甲苯,因为它的沸点高,常选用低沸点的苯、甲苯或甲苯–二甲苯的混合液。对含糖分可分解放出水分(高温下脱水碳化)的样品,含脂肪高的样品中的脂肪在高温下氧化,宜选用苯。

(4)操作方法。准确称取适量样品(估计含水量 2~5 mL),放入水分测定仪器的烧瓶中，加入新蒸馏的甲苯（或二甲苯）75 mL 使样品浸没，连接冷凝管及接受管。

加热慢慢蒸馏，使每秒约蒸馏出 2 滴馏出液，待大部分水分蒸馏出后，加速蒸馏使每秒约蒸出 4 滴馏出液，当水分全部蒸出后（接收管内的体积不再增加时），从冷凝管顶端注入少许甲苯（或二甲苯）冲洗。如发现冷凝管壁或接受管上部附有水滴，可用附用小橡皮头的铜丝擦下，再蒸馏片刻直到接受管上部及冷凝管壁无水滴附着为止读取接受管水层的体积。

（5）操作注意事项。要先接好冷水，且先打开冷凝水。试剂苯、甲苯、二甲苯，要预先蒸馏，除去水分备用。准确称量适量的样品（估计含水量 2~5 mL）。加热慢慢蒸馏，使每秒滴出 2 滴馏出液。

（6）计算

水分（%）=（V / W）×100

V——接收管内水的体积。

W——样品质量。

8.3.1.3　食品酸度测定

（1）食品酸度的定义。食品中的酸类物质构成了食品的酸度。酸度可分为总酸度、有效酸度、挥发酸度和牛乳酸度。

①总酸度：食品中所有酸性物质的总量，包括解离的和未解离的酸的总和，常用标准碱溶液进行滴定，并以样品中主要代表酸的百分含量来表示，故总酸度又称可滴定酸度。

②有效酸度：样品中呈游离状态的氢离子的浓度（准确地说应该是活度），常用 pH 表示。用 pH 计（酸度计）测定。

③挥发酸：易挥发的有机酸，如醋酸、甲酸及丁酸等可通过蒸馏法分离，再用标准碱液溶液进行滴定。

（2）测定酸度的意义

①可判断马铃薯主食类产品的新鲜程度：例如，新鲜牛奶中的乳酸含

量过高,说明牛奶已腐败变质;马铃薯制品中有游离的半乳糖醛酸,说明受到霉烂马铃薯的污染。

②酸度反映了食品的质量指标：马铃薯主食类产品中有机酸含量的多少,直接影响产品的风味、色泽、稳定性和品质的高低。酸的测定对微生物发酵过程具有一定的指导意义。如:马铃薯酒和酒精生产中,对麦芽汁、发酵液、酒曲等的酸度都有一定的要求。马铃薯发酵制品中的酒、啤酒及酱油、食醋等中的酸也是一个重要的质量指标。

③酸度的其他作用：酸在维持人体体液的酸碱平衡方面起着显著的作用。我们每个人对体液 pH 也有一定的要求,人体体液 pH 为 7.3~7.4,如果人体体液的 pH 过大,就要抽筋,过小则会发生酸性中毒。所以,食品中酸度的测定具有重要的意义。

(3)总酸度的测定

1)原理:$RCOOH+NaOH \rightarrow RCOONa+H_2O$

马铃薯主食产品中的有机弱酸,如酒石酸、苹果酸、柠檬酸、草酸、乙酸等,可以用强碱标准溶液直接滴定。用酚酞作指示剂,当滴定至终点(溶液呈浅红色,30 s 不褪色)时,根据所消耗的标准碱溶液的浓度和体积,可计算出样品中总酸含量。

2)操作方法

①样品制备

A. 固体样品:可以将样品用粉碎机或高速组织捣碎并混合均匀。取适量样品(按其总酸含量而定),用 15 mL 无 CO_2 蒸馏水(马铃薯干品类主食产品须加 8~9 倍无 CO_2 蒸馏水)将其移入 250 mL 容量瓶中,在 75~80℃水浴上加热 0.5 h(果脯类沸水浴加热 1 h),冷却后定容,用干滤纸过滤,弃去初始滤液 25 mL,收集滤液备用。

B. 含 CO_2 的马铃薯主食类饮料、酒类:将样品置于 40℃水浴上加热 30 min,以除去 CO_2,冷却后备用。

C. 不含 CO_2 的马铃薯主食类饮料、酒类:将样品混匀后直接取样,必要时加适量水稀释,若样品浑浊,则需首先进行过滤。

D. 固体饮料:称取 5~10 g 样品,置于研钵中,加少量无 CO_2 蒸馏水,研磨成糊状,用无 CO_2 蒸馏水倒入 250 mL 容量瓶中,充分振摇,过滤。

②滴定,准确吸取已制备好的滤液 50 mL 于 250 mL 锥形瓶中,加 3~4 滴酚酞指示剂,用 0.1 mol/L NaOH 标准溶液滴定至微红色 30 s 不褪色,记录消耗 0.1 mol/L NaOH 标准溶液的体积(mL)。

3)计算:按照相应公式计算总酸度

$$总酸度=\frac{C\times V\times K\times V_0}{m\times V_1}\times 100\%$$

式中:

C——氢氧化钠标准溶液的当量浓度,mol/L;

V——氢氧化钠标准溶液的用量,mL;

m——样品的重量或体积,g 或 mL;

V_0——样品稀释总体积,mL;

V_1——滴定时吸取的样液体积,mL;

K——换算为适当酸的系数,即 1 mmol NaOH 相当于主要酸的克数。

常见酸的换算系数如下:苹果酸 0.067;柠檬酸 0.064;柠檬酸(含一分子结晶水)0.070;醋酸 0.060;酒石酸 0.075;乳酸 0.090。

4)说明:样液的颜色过深,可加入等量蒸馏水再滴定,亦可用电位或电导滴定法。

(4)挥发酸的测定。测定挥发酸的方法有直接法和间接法。直接法是用碱液滴定由蒸馏或其他方法所得的挥发酸;间接法是将挥发酸蒸发除去后,滴定不挥发的残渣的酸度,再由总酸度减去此残渣酸度即得挥发酸含量。一般以直接法较为便利。现介绍挥发酸的测定方法。

1)原理:挥发酸可用水蒸气蒸馏使之分离,加入磷酸可以使结合的挥发酸离析。挥发酸经冷凝收集后,可用标准碱液滴定。

2)仪器和装置

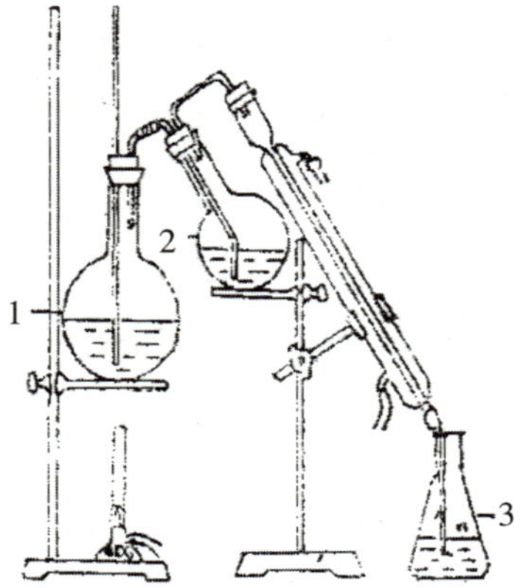

1. 蒸汽发生瓶;2. 样品瓶;3. 接收瓶

图 8-6　直接法测定挥发酸

3)操作方法:准确称取均匀样品 2.00~3.00 g(挥发酸少的可酌量增加),用 50 mL 煮沸过的蒸馏水加入 250 mL 烧瓶中。加入 10%磷酸 1 mL。连接水蒸气蒸馏装置,加热蒸馏至馏液 300 mL 为止。在严格的相同条件下做一空白试验(蒸气发生瓶内的水必须预先煮沸 10 min,以除去二氧化碳)。馏液加热至 60~65℃,加入酚酞指示剂 3~4 滴,用 0.1N 氢氧化钠标准溶液滴定至微红色于 1 min 内不褪色为终点。

4)计算

$$挥发酸(以醋酸计\%)=\frac{N(V_1-V_2)\times 0.06}{W}\times 100\%$$

式中:

N——氢氧化钠标准溶液的当量浓度;

V_1——样液滴定时氢氧化钠标准溶液用量,mL;

V_2——空白滴定时氢氧化钠标准溶液用量,mL;

W——样品的重量,g;

0.06——醋酸的 mg 当量。

(5)有效酸的测定。有效酸度是指溶液中 H^+的浓度,反映的是已解离的那部分酸的浓度，常用 pH 表示。在酸性溶液中 pH<7，pOH>7，而在碱性溶液中 pH>7，pOH<7，中性为 7。pH 的测定方法有很多，如电位法、比色法和化学法等，常用酸度计（即 pH 计）来测定。

8.3.1.4　电位法（pH 计法）

（1）原理。pH 计由一支能指示溶液 pH 的玻璃电极作指示电极，以甘汞电极作参比电极。它们在溶液中产生一个电动势，其大小与溶液中的氢离子浓度有直接关系。即每相差一个 pH 单位就产生 59.1 mV 的电极电位，由 pH 计表头上直接读出样品溶液的 pH。

（2）操作方法

①pH 计校正：先将 pH 计的电极接好，接通电源，调节补偿温度旋钮后，将电极浸入缓冲溶液中，然后按下读数开关，调节电位调节器使指针调在缓冲溶液的 pH 上。放开读数开关，指针应指在 7，重复上述操作 2 次以上。

②样品测定：马铃薯主食类产品样品经捣碎均匀后，可在 pH 计上直接测定。也可以在 1:10 的中性水中浸泡，过滤，取滤液进行测定。测定时先用标准 pH 溶液进行校正。但电极需先用水冲洗，用滤纸轻轻吸干，然后再进行测定。pH 直接从表头上读出。样品测定完毕后，将复合电极取下将电极护帽套上放好，帽内应放少量补充液，以保持电极球泡的湿润。

8.3.1.5　比色法

比色法是利用酸碱指示剂或其他混合物在不同的 pH 范围内显示不同的颜色来指示样品溶液的 pH。根据操作方法的不同，此法又分为试纸法和标准管比色法。

（1）试纸法。将滤纸裁成小片，放在适当的指示剂溶液中，然后取出干燥即可。用一干净玻璃棒蘸上少量样液。滴在经过处理的试纸上（有广泛与精密试纸之分）使其显色，在 2 s 后，与标准色板比较，以测出样液的 pH。

此法简便、经济、快速，但结果不甚准确，仅能粗略地测定各类样液的 pH。

(2)标准管比色法。用标准缓冲溶液配制成不同的pH标准系列,加入适当的酸碱指示剂使其在不同pH下呈不同颜色,形成标准色管。在样液中加入与标准缓冲溶液中相同的酸碱指示剂，显色后与标准色管颜色进行比较,与液颜色相近的标准色管中缓冲溶液的pH,即为待测样液的pH。此法可适用于色度和混浊度甚低的样液的pH测定,因其受样液的颜色、浊度、胶体物和各种氧化剂与还原剂的干扰,故测定结果仅能准确到0.1pH单位。

(3)说明。玻璃甘汞电极使用后要浸在水中。pH计经标准pH缓冲溶液校正后,不能移动样正旋钮了。

8.3.2 化学检验

依据待测物质的化学性质或本身是化学组成成分特性，通过化学分析技术或仪器分析技术,完成样品中营养物质、有害物质或添加物质等组分的分析。

8.3.2.1 马铃薯主食产品中各类微生物的检验

(1)马铃薯主食产品中菌落总数的测定。马铃薯主食产品中细菌数量越多,则食品腐败变质的速度就越快,甚至可引起食用者的不良反应。如有人认为细菌数量达到100万~1 000万个/g时，食品就可能引起食用者的食物中毒。食品中细菌数量越少,食品存放的时间越长。

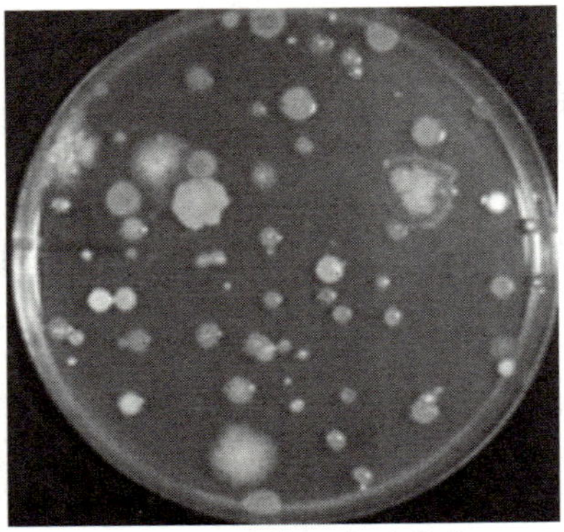

图8-7 培养皿中的菌落

按国家标准方法规定，即在需氧情况下，37℃培养48 h，能在普通营养琼脂平板上生长的细菌菌落总数，所以厌氧或微需氧菌、有特殊营养要求的以及非嗜中温的细菌，由于现有条件不能满足其生理需求，故难以繁殖生长。因此，菌落总数并不表示实际中的所有细菌总数，菌落总数并不能区分其中细菌的种类，所以有时被称为杂菌数、需氧菌数等。

检验方法

基本操作一般包括：样品的稀释→倾注平皿→培养48 h→计数报告。

以无菌操作取检样25 g（或25 mL），放于225 mL灭菌生理盐水玻璃瓶内（瓶内预置适当数量的玻璃珠）制成1:10的均匀稀释液。

用1 mL灭菌吸管吸取1:10稀释液1 mL，沿管壁徐徐注入含有9 mL灭菌生理盐水或其他稀释液的试管内，振摇试管混合均匀，制成1:100的稀释液 。

另取1 mL灭菌吸管，按上面操作顺序，制10倍递增稀释液，如此每递增稀释1次即换用1支1 mL灭菌吸管。

根据标准要求或对污染情况的估计，选择2~3个适宜稀释度，分别在制10倍递增稀释的同时，以吸取该稀释度的吸管移取1 mL稀释液于灭菌平皿中，每个稀释度做2个平皿。将凉至46℃营养琼脂培养基注入平皿约15 mL，并转动平皿，混合均匀。同时将营养琼脂培养基倾入加有1 mL稀释液（不含样品）的灭菌平皿内作空白对照。待琼脂凝固后，翻转平板，置（36±1）℃温箱内培养（48±2）h，取出计算平板内菌落数目，乘以稀释倍数，即得每克（每毫升）样品所含菌落总数。选取菌落数在30~300之间的平板作为菌落总数测定标准。

（2）马铃薯主食产品中大肠菌群的测定。大肠菌群系指一群在37℃能发酵乳糖、产酸、产气、需氧和兼性厌氧的革兰氏阴性的无芽孢杆菌。从种类上讲，大肠菌群包括许多生化及血清学特性均很不相同的细菌，其中有埃希氏菌属、枸橼酸菌属、肠杆菌属和克雷伯氏菌属等，以埃希氏菌属为主。大肠菌群MPN是指在100 mL（或100 g）食品检样中所含的大肠菌群的最近似或最可能数。在环境和食品卫生学上,常被用作粪便污染的检测指标;作为肠道病原菌污染食品的指示菌。当然马铃薯主食产品中检验出大肠菌群，只能说明有肠道病原菌存在的可能，两者并非一定平行存在。但只要马铃薯主食产品中检出大肠菌群,则说明有粪便污染,该食品仍可被认为是不卫生的。

①检测方法:大肠菌群 MPN 的常规检验方法是将不同倍数的检样稀释液接种到乳糖胆盐发酵管内,经一定的温度、时间发酵,若均不产气者则可报告为阴性;如有产气者,则需进行分离培养,证实试验,然后查取 MPN 检索表,报告出每 100 mL(g)大肠菌群的最近似数。

大肠菌群 MPN 的检验程序如下:

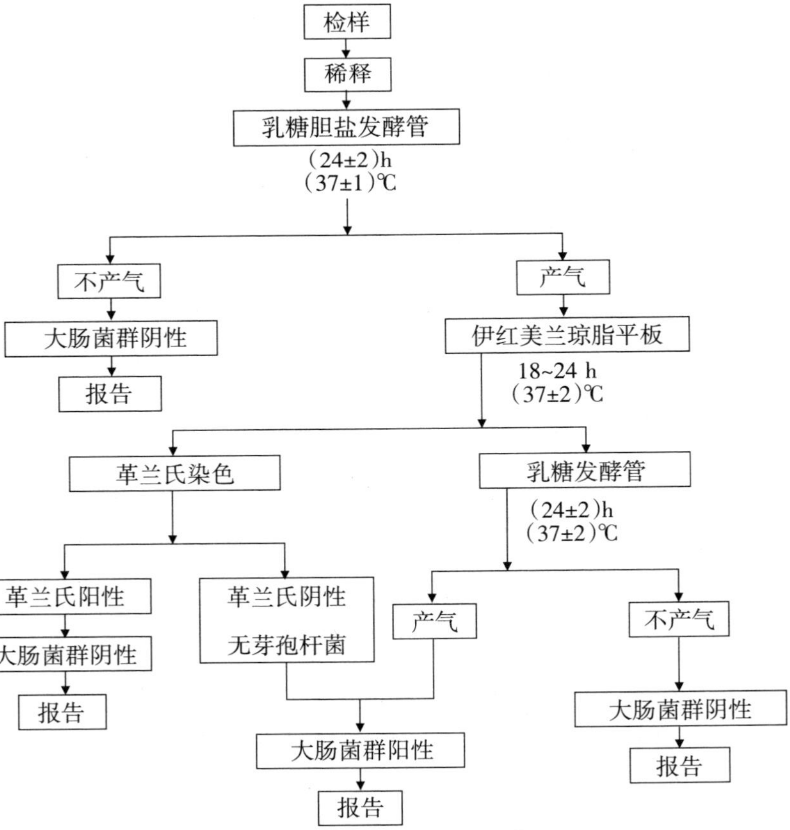

图 8-8 大肠菌群的检验程序图

②检样稀释

A. 以无菌操作将检样 25 mL(或 25 g)放于含有 225 mL 灭菌生理盐水或其他稀释液的灭菌玻璃瓶内(瓶内预置适当数量的玻璃珠)或灭菌乳钵内,经充分振摇或研磨作成 1:10 的均匀稀释液。固体检样最好用匀质器。以 8 000~10 000 r/min 的速度处理 1 min,做成 1:10 的均匀稀释液。

B. 用 1 mL 灭菌吸管吸取 1:10 稀轻液 1 mL,注入含有 9 mL 灭菌生理盐水或其他稀释液的试管内,振摇试管混匀,作 1:10 的稀释液。

C. 另取 1 mL 灭菌吸管,按上面操作依次作 10 倍递增稀释液,每递增稀释 1 次,换用 1 支 1 mL 灭菌吸管。

D. 根据食品卫生标准要求或对检样污染情况的估计,选择 3 个稀释度,每个稀释度接种 3 管。

③乳糖发酵试验:在乳糖发酵试验工作中,经常可以看到在发酵导管内极微小的气泡(有时比小米粒还小),有时可以遇到在初发酵时产酸或沿管壁有缓缓上浮的小气泡。实验表明,大肠菌群的产气量,多者可以使发酵导管全部充满气体,少者可以产生比小米粒还小的气泡。如果对产酸未产气的乳糖发酵如有疑问时,可以用手轻轻打动试管,如有气泡沿管壁上浮,即应考虑可能有气体产生,而应作进一步试验。

将待检样品接种于乳糖胆盐发酵管内,接种量在 1 mL 以上者,用双料乳糖胆盐发酵管;1 mL 及 1 mL 以下者,用单料乳糖胆盐发酵管,每一稀释度接种 3 管,置(36±1)℃温箱内,培养(24±2)h,如所有乳糖胆盐发酵管均不产气,则可报告为大肠菌群阴性。如有产气者,按下列程序进行。

④分离培养:将产气的发酵管分别转种到伊红美兰琼脂平板或麦康凯琼脂平板上,置(36±1)℃温箱内培养 18~24 h,然后取出,观察菌落形态,并作革兰氏染色和证实试验。

⑤证实试验:在上述平板上,挑取可疑大肠菌群菌落 1~2 个进行革兰氏染色。同时接种乳糖发酵管,置(36±1)℃温箱内培养(24±2)h,观察产气情况,凡乳糖发酵管产气、革兰氏染色为阴性的无芽孢杆菌,即可报告为

大肠菌群阳性。

⑥报告：根据证实为大肠群阳性的管数，查 MPN 的检索表，报告每 100 mL(g)大肠菌群的最近似数(MPN)。

大肠菌群检验中常用的抑菌剂有胆盐、十二烷基硫酸钠、洗衣粉、煌绿、龙胆紫、孔雀绿等。抑菌剂的主要作用是抑制其他杂菌，特别是革兰氏阳性菌的生长。国家标准中乳糖胆盐发酵管利用胆盐作为抑菌剂，行业标准中 LST 肉汤利用十二烷基硫酸钠作为抑菌剂，BGLB 肉汤利用煌绿和胆盐作为抑菌剂。

抑菌剂虽可抑制样品中的一些杂菌，而有利于大肠菌群细菌的生长和挑选，但对大肠菌群中的某些菌株有时也产生一些抑制作用。

(3)马铃薯主食产品中金黄色葡萄球菌的检验。金黄色葡萄球菌(*Staphylococcus aureus*)是人类的一种重要病原菌，隶属于葡萄球菌属(*Staphylococcus*)，有“嗜肉菌”的别称，是革兰氏阳性菌的代表，可引起许多严重感染。而对于金黄色葡萄球菌在速冻食品中的存在量，卫生部于 2011 年 11 月 24 日公布食品安全国家标准《速冻面米制品》，允许金葡菌限量存在。正常人带菌，30%~80%，通过工人手和呼吸道污染食品。

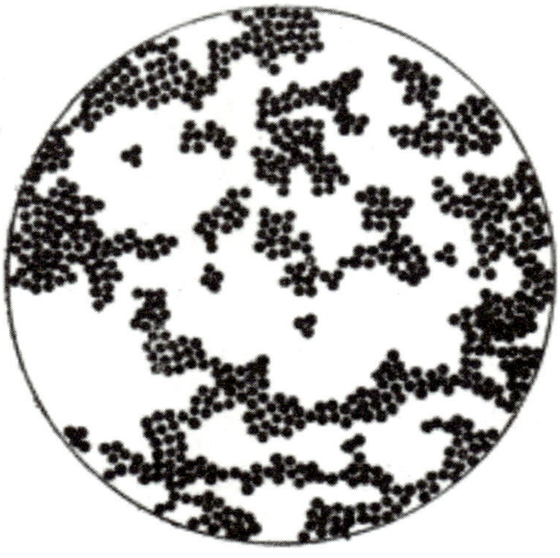

图 8-9　金黄色葡萄球菌菌落

1)检验方法

①样品处理:无菌取 25 g 或 25 mL 食品样品,放入 225 mL 灭菌生理盐水中均质,制成 1:10 稀释液。

②增菌培养:将 1:10 稀释液接入 7.5% NaCl 肉汤或胰蛋白胨肉汤中,37℃培养 24 h。

③分离培养:将上述稀释液或培养液分别划线血平板和 Baird-Parker 平板,置 37℃培养 24~48 h。金黄色葡萄球菌在血平板上呈金黄或白色菌落,大而凸起,表面光滑,周围有溶血圈。在 Baird-Parker 平板上菌落为圆形,直径 2~3 mm,颜色灰或黑色,周围有一浑浊带。

④染色观察:从平板上挑取可疑性菌落进行革兰氏染色,金黄色葡萄球菌为革兰氏阳性,显微镜下呈葡萄状排列无芽孢、荚膜,直径 0.5~1.0 μm。

⑤血浆凝固酶试验:吸取 0.5 mL 兔血浆与 0.5 mL 金黄色葡萄球菌肉浸液肉汤 24 h 培养物充分混匀,置(36±1)℃培养,每隔 30 min 观察 1 次,连续观察 6 h,出现凝固,即将小试管倾斜或倒置时,内容物不流动,判为阳性。同时做阴阳性对照。

⑥耐热核酸酶试验:将 24 h 肉汤培养物沸水浴处理 15 min,用接种环划线刺种于甲苯胺蓝-DNA 平板,(36±1)℃培养 24 h,在刺种线周围出现淡粉色者为阳性。

(4)马铃薯主食产品中沙门氏菌的检验。1885 年沙门氏等在霍乱流行时分离到猪霍乱沙门氏菌,故定名为沙门氏菌属。沙门氏菌属有的专对人类致病,有的只对动物致病,也有对人和动物都致病。沙门氏菌病是指由各种类型沙门氏菌所引起的对人类、家畜以及野生禽兽不同形式的总称。感染沙门氏菌的人或带菌者的粪便污染食品,可使人发生食物中毒。据统计在世界各国的种类细菌性食物中毒中,沙门氏菌引起的食物中毒常列榜首。我国内陆地区也以沙门氏菌为首位。

沙门氏菌病的病原体。属肠杆菌科,革兰氏阴性肠道杆菌。已发现的近 1 000 种(或菌株)。按其抗原成分,可分为甲、乙、丙、丁、戊等基本菌组。其中与人体疾病有关的主要有甲组的副伤寒甲杆菌,乙组的副伤寒乙杆菌和鼠伤寒杆菌,丙组的副伤寒丙杆菌和猪霍乱杆菌,丁组的伤寒杆菌和肠炎杆菌等。除伤寒杆菌、副伤寒甲杆菌和副伤寒乙杆菌引起人类的疾病外,大多数仅能引起家畜、鼠类和禽类等动物的疾病,但有时也可污染人类的食物而引起食物中毒。

沙门氏菌在水中不易繁殖,但可生存 2~3 周,冰箱中可生存 3~4 个月,在自然环境的粪便中可存活 1~2 个月。沙门氏菌最适繁殖温度为 37℃,在 20℃以上即能大量繁殖。因此,低温贮存食品是一项重要预防措施。

沙门氏菌是一种常见的食源性致病菌。沙门氏菌鉴定的传统方法主要是根据形态学特征、培养特征、生理生化特征、抗原特征、噬菌体特征等。

2)检验步骤

①前增菌：用无选择性的培养基使处于濒死状态的沙门氏菌恢复活力。沙门氏菌在食品加工过程中,常常受到损伤而处于濒死状态,因此,对经过加工的食品检验沙门氏菌时应进行前增菌，即用不加任何抑菌剂的培养基 BP 进行增菌。

②选择性增菌:前增菌后或未加工的食品进行选择性增菌,使沙门氏菌得以增殖,而大多数其他细菌受到抑制。直接增菌的食品应制成 1:1 稀释液,而不能做成 1:10 稀释液,因为食品中沙门氏菌数量较少,1:10 降低检出率,而 1:1 稀释液可提高检出率。增菌液有:SC、TTB、MM。增菌时必须用 1 个 SC 和 1 个 TTB 或 MM。

③平板分离:分离沙门氏菌的培养基为选择性鉴别培养基。

沙门氏菌主要来源于粪便,而粪便中埃希氏菌属占绝对优势,所以选择性增菌后,与沙门氏菌相伴随的主要是埃希氏菌属。因此,培养基中加入的指示系统主要是将沙门氏菌和埃希氏菌属的菌落特征最大限度的分开。

常用的分离沙门氏菌的选择性培养基有:BS、DHL、HE、WS、SS。

A. 生化试验鉴定到属。

B. 初步生化试验：三糖铁试验。测定细菌对葡萄糖、乳糖、蔗糖的分解、产气好产硫化氢情况。

C. 其他生化试验：靛基质、尿素、氰化钾、赖氨酸 4 项。若硫化氢+、靛基质-、尿素-、氰化钾-、赖氨酸+，这是典型沙门氏菌的反应。

（5）马铃薯主食产品中志贺氏菌的检验。志贺氏菌属（*Shigella Castellani*）是一类革兰阴性短小杆菌，是人类细菌性痢疾最为常见的病原菌，主要流行于发展中国家，通称痢疾杆菌，耐寒，能在普通琼脂培养基上经过 24 h 生长，形成直径达 2 mm 大小、半透明的光滑型菌落。在肠道杆菌选择性培养基上形成无色菌落。大小为（0.5~0.7）μm×（2~3）μm，无芽孢，无荚膜，无鞭毛，多数有菌毛。革兰氏阴性杆菌，是人和灵长类动物的肠道致病菌，引起细菌性痢疾。

检验方法

①增菌培养：GN 增菌液，6~8 h。

②选择性鉴别培养基分离志贺氏菌：选择性琼脂平板有 HE、SS、EMB、麦康凯。这些培养基中都含有乳糖。在这些平板上志贺氏菌的菌落为无色半透明不发酵乳糖。

初步生化试验、血清学分型和进一步生化试验，首先是三糖铁：斜面产碱（红色）、底层产酸（黄色）、不产气。如出现这样的结果，可疑为志贺氏菌，接着做血清学试验。

注意：志贺氏菌在常温存活期较短，因此，当样品采集后，应尽快进行检验。如果在 24 h 内检验，样品可保存在冰箱内，如果要较长时间保存，必须放在低温冰箱内。

（6）马铃薯主食产品中溶血链球菌的检验。溶血性链球菌在自然界分布较广，可存在于水、空气、牛奶、粪便等中。按其在血平板上溶血能力分类，可分为甲型溶血性链球菌、乙型溶血性链球菌、丙型溶血性链球菌、亚甲型溶血性链球菌。

与人类疾病有关的大多属于乙型溶血性链球菌，常可引起皮肤和皮下组织的化脓性炎症及呼吸道感染，还可以通过食品引起猩红热、流行性咽炎的暴发性流行。

(7)马铃薯主食产品中霉菌和酵母菌的检验。酵母菌和霉菌都是真菌，广泛分布于自然界并可作为食品中正常菌相的一部分。长期以来，人们利用某些霉菌和酵母菌加工食品，但在某些情况下，霉菌和酵母菌也可以造成食品腐败变质。

由于他们生长缓慢和竞争力不强，故常常在不适于细菌生长的马铃薯主食产品中出现，这些食品是pH低、湿度低，含盐、含糖高的食品，低温贮藏的食品，含有抗生素的食品等。

他们能抵抗热、冷冻以及抗生素和辐照等贮藏技术，还能转换某些不利于细菌的物质，而促进致病菌的生长。有些霉菌能合成有毒代谢产物——霉菌毒素。

因此，霉菌和酵母菌也可作为评价食品卫生质量的指示菌，并以霉菌和酵母菌计数来制订食品被污染的程度。

8.3.2.2 酵母菌

利用酵母菌酿酒、制造美味可口的饮料和营养丰富的食品（面包、馒头），生产多种药品（核酸、辅酶A、细胞色素C、维生素B、酶制剂等），进行石油脱蜡、降低石油的凝固点和生产各种有机酸。由于酵母菌细胞的蛋白质含量较高（一般大于细胞干重的50%），且含有多种维生素、矿物质和核酸等，所以，人类在利用拟酵母、热带假丝酵母、白色假丝酵母、黏红酵母等酵母菌处理各种食品工业废水时，还可以获得营养丰富的菌体蛋白。

当然，也有少数酵母菌（约25种）是有害的，如鲁氏酵母（*Saccharomyces rouxii*）、蜂蜜酵母（*Saccharomyces mellis*）等能使蜂蜜、果酱变质，有些酵母菌是发酵工业的污染菌，使发酵产量降低或产生不良气味，影响产品质量。白假丝酵母（*Candida albicans*）又称白色念珠菌，可引起皮肤、黏膜、呼吸道、消化道以及泌尿系统等多种疾病。新型隐球酵母（*Cryptococcus neoformans*）可引起慢性脑膜炎、肺炎等。

8.3.2.3　酵母菌的菌落特征

菌落表面湿润、黏稠、易被挑起，有些种因培养时间太长使菌落表面皱缩。其色多为乳白，少数呈红色，如红酵母、掷孢酵母等。

8.3.2.4　霉菌

霉菌是丝状真菌的统称，在自然界分布极广，与人类的关系密切，对人类有利也有害。

霉菌对人类有利的方面：食品工业利用霉菌制酱、制曲；发酵工业则用霉菌来生产酒精、有机酸（如柠檬酸、葡萄糖酸等）；医药工业利用霉菌生产抗生素（如青霉素、灰黄霉素等）、酶制剂（淀粉酶等）、维生素等；在农业上可用霉菌发酵饲料、生产农药；此外，霉菌还可分解自然界中的淀粉、纤维素、木质素、蛋白质等复杂大分子有机物，使之变成葡萄糖等微生物能利用的物质，从而保证了生态系统中的物质得以不断循环。

霉菌对人类有害方面主要是：使食品、粮食发生霉变，使纤维制品腐烂。据统计每年因霉变造成的粮食损失达 2%；霉菌能产生 100 多种毒素，许多毒素的毒性大，致癌力强，即使食入少量也会对人畜有害。

8.3.2.5　霉菌的菌落特征

菌落较疏松，常呈绒毛状、絮状或蜘蛛网状 。

菌落表面常呈现出肉眼可见的不同结构和色泽特征，这是因为霉菌形成的孢子有不同形状、构造和颜色，有的水溶性色素可分泌到培养基中，使菌落背面呈现不同颜色；一些生长较快的霉菌菌落，处于菌落中心的菌丝菌龄较大，位于边缘的则较年幼。

检验方法

（1）采样。选取有代表性的样品并避免采样时的污染。

①以无菌操作称取检样 25 mL，放入含有 225 mL 灭菌水的玻塞三角瓶中，振摇 30 min，即为 1:10 稀释液。

②取 1 mL 1:10 稀释液注入含有 9 mL 灭菌水的试管中，另换一支 1 mL 灭菌吸量管，此液为 1:100 稀释液。

③取 1 mL 1:100 稀释液注入含有 9 mL 灭菌水的试管中，另换一支 1 mL 灭菌吸量管，此液为 1:1 000 稀释液。

（2）接种培养。根据对样品污染情况的估计，选择 3 个合适的稀释度，分别在做 10 倍稀释的同时，吸取 1 mL 稀释液于灭菌平皿中，每个稀释度做 2 个平皿，然后将凉至 45 ℃左右的培养基注入平皿中，待琼脂凝固后，倒置于 25~28℃温箱中，3d 后开始观察，共培养观察 5 d。

（3）实验数据及结果。通常选择菌落数在 10~150 之间的平皿进行计数，一个稀释度使用 2 个平板，采用 2 个平板的平均数；选择稀释度也选择平均菌落数在 10~150 之间的稀释度，菌落平均数乘以稀释倍数，即为每克（或 mL）检样中所含霉菌和酵母数。

待琼脂凝固后，倒置于 25~28℃温箱中，3 d 后开始观察，共培养观察 5 d。

将各稀释平板上的菌落数填入表 8-1。

表 8-1　霉菌测定报告

稀释度	1:10			1:100			1:1 000		
平板号	1	2	平均	1	2	平均	1	2	平均
霉菌菌落数									

根据试验结果，报告检测结果：每 1 mL(g) 食品中的霉菌数是（　　）。

表 8-2　酵母菌测定报告

稀释度	1:10			1:100			1:1 000		
平板号	1	2	平均	1	2	平均	1	2	平均
酵母菌落数									

根据试验结果，报告检测结果：每 1 mL(g) 食品中的酵母菌数是（　）。

8.3.3　马铃薯主食产品中重金属的测定

8.3.3.1　概述

马铃薯主食产品中所含的元素有 50 多种。

从营养学的角度，可分为必需元素、非必需元素和有毒元素 3 类；

从人体需要的角度，可分为常量元素（含量在0.01%以上）、微量元素（含量低于0.01%）2类。

常量元素：需求比例较大如钾、钠、钙、镁、磷、氯、硫等[>50 μg/g(mL)]。

人体必需的微量元素有：碘、锌、硒、铁、铜、钼、铬、钴。

有毒元素：其极小的剂量即可导致机体呈现毒性反应，而且人体中具有蓄积性，随着在人体内的蓄积量的增加，机体会出现各种中毒反应，如汞、镉、铅、砷等。

限量元素：按食品卫生的要求有一定限量规定的元素，包括必需微量元素及有害元素。

8.3.3.2　重金属污染及危害

重金属：密度在5以上的金属统称为重金属，如金、银、铜、铅、锌、镍、钴、镉、铬和汞等。

从污染方面所说的重金属，实际上主要是指汞、镉、铅、铬以及类金属砷等生物毒性显著的重金属，也指具有一定毒性的一般重金属如锌、铜、钴、镍、锡等。

目前最引起人们注意的是汞、镉、铬等。

重金属离子对活的有机体有严重的毒理效应。

重金属对人体的危害，一方面通过直接饮用造成重金属中毒而损害人体健康；另一方面，间接污染马铃薯主食产品和水产品，通过食物链对人体健康构成威胁。

重金属能抑制人体化学反应酶的活动，使细胞质中毒，从而伤害神经组织，还可导致直接的组织中毒，损害人体解毒功能的关键器官——肝、肾等。

8.3.3.3　重金属检测方法

（1）样品的预处理。如何保持样品中元素各形态的稳定性是形态分析中的首要问题。为了避免化学形态的改变，常采用调节pH、调节温度和避免光照等措施保存样品。

(2)稀释和萃取。稀释可以消除一些复杂基体的干扰。

对于固体样品,要求将分析物种转移到溶液中,可用水或缓冲液,有机溶剂萃取后再进行形态分析。

测定甲基汞时,以 Cl^-作为 CH_3Hg^+的反离子,用甲苯萃取分离。

(3)样品的消化

①干法灰化:一定量的样品在坩埚中加热,使其中的有机物脱水、炭化、分解、氧化之后,再置于高温的灰化炉(马弗炉)中(一般温度为 500~550℃)灼烧灰化,使有机成分彻底分解为二氧化碳、水和其他气体而挥发,直至残渣为白色或浅灰色为止,所得的残渣即为无机成分,可供测定用。

②湿法消化:此法是通过向样品中加入氧化性强酸(如浓硝酸、浓硫酸和高氯酸),并结合加热消煮,有时还要加一些氧化剂(如高锰酸钾、过氧化氢)或催化剂(硫酸铜、硫酸汞、二氧化硒、五氧化二钒等),使样品中的有机物质被完全分解、氧化,呈气态逸出,而待测成分则转化为离子状态存在于消化液中,供测试用。常用的强氧化剂有浓硝酸、浓硫酸、高氯酸、高锰酸钾、过氧化氢等。

(4)微波消解当微波通过试样时,极性分子随微波频率快速变换取向,2 450 MHz 的微波,分子每秒钟变换方向 2.45×10^9 次,分子来回转动,与周围分子相互碰撞摩擦,分子的总能量增加,使试样温度急剧上升。同时,试液中的带电粒子(离子、水合离子等)在交变的电磁场中,受电场力的作用而来回迁移运动,也会与临近分子撞击,使得试样温度升高。

①微波消解的优点:密闭微波消解可通过提高温度/压力协助反应,使反应物在需要的特定温度下发生快速分解,减少分解所需的时间,提高工作效率,对传统方法这是不可能的。

挥发元素如 As,Hg 等可以被保留在溶液中,防止挥发造成结果的偏差和对环境的污染。同时也使操作人员避免接触酸雾和有害的气体。

由于微波消解试剂用量少,且无环境对样品的污染,因此有较低的空白。

样品的分解可以进行的更精确、更彻底。

能够实现从功率选择到消解反应的自动控制，避免了人为操作产生的错误和误差。

通过温度、压力参数的控制可以保证消解的质量，保证反应完全一致的平行性和重复性。

②微波消解方法步骤：食品样品的微波消解一般为取 0.1~0.5 g 样品，加入 5~8 mL HNO_3 和 0~2 mL H_2O_2 选取适当的温度和压力参数，一般消化时间为 10~40 min。

（5）马铃薯主食产品中重金属分析检测技术。

- 紫外-可见分光光度法（金属离子）
- 原子吸收分光光度法（可测定 70 多种元素，检出限：10^{-2}mg/L）
- 原子荧光光谱法（As、Bi、Pb、Sn、Se、Sb、Te、Zn、Cd（μg/L））
- 电感耦合等离子体-原子发射光谱（ICP-AES）（70 多种元素）
- 电感耦合等离子体-质谱（ICP-MS）检出限：10^{-3}μg/L（形态分析，联用技术：HPLC-ICP-MS，CE-ICP-MS）——多元素同时分析

参考文献

[1] 车树理,赵芳,武睿. 马铃薯保质储运与机械作业技术[M]. 武汉:武汉大学出版社,2015.

[2] 陈亚兰, 陈鑫. 马铃薯遗传育种技术[M]. 武汉: 武汉大学出版社,2015.

[3] 程天庆. 马铃薯栽培技术[M]. 北京: 金盾出版社,1996.

[4] 崔杏春, 李武高. 马铃薯良种繁育与高效栽培技术 [M]. 北京: 化学工业出版社,2016.

[5] 悳贤,杨国恒,王效瑜,等. 马铃薯栽培新技术[M]. 北京: 中国农业科学技术出版社,2015.

[6] 杜连启. 马铃薯食品加工技术[M]. 北京: 金盾出版社,2007.

[7] 郭静璇,王莉,王韧,等. 复配改良剂对马铃薯米线质构品质的影响[J]. 食品工业科技,2017,(2):170-174,186.

[8] 郭燕枝, 王秀丽. 马铃薯在世界的传播及中国消费现状原因探析[J]. 农业经济,2015,(10):123-124.

[9] 韩黎明,童丹,原霁虹. 马铃薯资源化利用技术[M]. 武汉: 武汉大学出版社,2015.

[10] 韩黎明,原霁虹,童丹,等. 国内马铃薯主食产品开发研究进展[J]. 中国食物与营养,2017,23(2):26-30.

[11] 何树海,王振鹏. 现代马铃薯产业技术[M]. 北京: 中国农业大学出版社,2013.

［12］何云昆，李树莲，孙茂林．马铃薯栽培新技术［M］．昆明：云南科技出版社，2014.

［13］侯宇，苏林富，姚元福．脱毒马铃薯生产与产业经营［M］．北京：中国农业科学技术出版社，2017.

［14］靳伟，李世云．现代马铃薯产业生产与经营［M］．北京：中国农业科学技术出版社，2015.

［15］李丁仁，李爽．菜用马铃薯无公害栽培与间套复种技术［M］．银川：宁夏人民出版社，2011.

［16］李树君．马铃薯加工学［M］．北京：中国农业出版社，2014.

［17］刘凤霞．马铃薯食品加工技术［M］．武汉：武汉大学出版社，2015.

［18］刘玲玲．马铃薯种薯繁育技术［M］．武汉：武汉大学出版社，2015.

［19］卢翠华，邸宏，张丽莉．马铃薯组织培养原理与技术［M］．北京：中国农业科学技术出版社，2009.

［20］卢肖平．马铃薯主粮化的意义、瓶颈和政策建议［J］．华中农业大学学报:社会科学版，2015，(3):1–7.

［21］鲁剑巍．马铃薯常见缺素症状图谱及矫正技术［M］．北京：中国农业出版社，2014.

［22］木泰华．不可不知的马铃薯发酵面制主食［M］．北京：中国农业出版社，2016.

［23］木泰华，孙红男，何海龙．马铃薯营养价值知多少［M］．北京：科学出版社，2016.

［24］木泰华，张苗，何海龙．马铃薯主食加工技术知多少［M］．北京：科学出版社，2016.

［25］农业部优质农产品开发服务中心．马铃薯优质高产高效生产关键技术［M］．北京：中国农业科学技术出版社，2017.

［26］蒲中荣．马铃薯脱毒种薯生产与高产栽培［M］．北京：金盾出版社，2007.

[27] 屈冬玉，金黎平，谢开云．中国马铃薯产业10年回顾[M]．北京：中国农业科学技术出版社，2010.
[28] 唐子永，郭艳梅．马铃薯高产栽培技术[M]．北京：中国农业科学技术出版社，2014.
[29] 田再民．马铃薯高效栽培与储运加工一本通 [M]．北京：化学工业出版社，2013.
[30] 王伟涛．马铃薯全粉—小麦粉混合面团质构品质评价及产品开发[D]．上海：上海师范大学，2017.
[31] 王晓丹．我国马铃薯种薯质量检测现状及对策探讨[J]．农产品质量与安全，2013，(4)：54-56.
[32] 谢开云，何卫．马铃薯三代种薯体系与种薯质量控制[M]．北京：金盾出版社，2011.
[33] 谢开云，何卫，曲钢，等．马铃薯贮藏技术[M]．北京：金盾出版社，2011.
[34] 邢宝龙，方玉川，张万萍，等．中国高原地区马铃薯栽培[M]．北京：中国农业出版社，2017.
[35] 徐文华，庞顺家，白爱红．脱毒马铃薯规模生产与经营[M]．北京：中国农业科学技术出版社，2017.
[36] 徐烨，高海生．国内外马铃薯产业现状及贮藏技术研究进展[J]．河北科技师范学院学报，2018，32(4)：24-31，47.
[37] 杨文玺．马铃薯生长发育与环境[M]．武汉：武汉大学出版社，2015.
[38] 姚佳，邓峰，杨佳宁，等．马铃薯馒头的研制与品质改良研究[J]．食品科技，2019，44(2)：164-169.
[39] 原霁虹，韩黎明，尹彩云．马铃薯生产技术[M]．武汉：武汉大学出版社，2015.
[40] 张翠翠，张丽红，钟华义．马铃薯规模生产与经营管理[M]．北京：中国农业科学技术出版社，2016.

[41] 张和义,王广印,李衍. 马铃薯优质高产栽培[M]. 北京：中国农业科学技术出版社,2018.

[42] 张丽莉，魏峭嵘. 马铃薯高效栽培 [M]. 北京：机械工业出版社，2016.

[43] 张尚智. 马铃薯文化[M]. 武汉：武汉大学出版社,2016.

[44] FURRER A N，CHEGENI M，FERRUZZI M G. Impact of potato processing on nutrients， phytochemicals and human health [J]. Critical Reviews in Food Science and Nutrition，2016(2):1-23.